走好中国式现代化道路

高质量发展的浙江探索

徐明华 徐梦周 潘家栋 著

Zhejiang's Practice
High-quality Development
Chinese Path to
Modernization

中国社会科学出版社

图书在版编目（CIP）数据

走好中国式现代化道路：高质量发展的浙江探索 / 徐明华, 徐梦周, 潘家栋著. —北京：中国社会科学出版社, 2022.11
ISBN 978-7-5227-1042-6

Ⅰ.①走… Ⅱ.①徐…②徐…③潘… Ⅲ.①现代化建设—研究—浙江 Ⅳ.①F127.55

中国版本图书馆 CIP 数据核字（2022）第 216474 号

出 版 人	赵剑英
责任编辑	马　明
责任校对	何欣欣
责任印制	王　超

出　　版	中国社会科学出版社
社　　址	北京鼓楼西大街甲 158 号
邮　　编	100720
网　　址	http://www.csspw.cn
发 行 部	010-84083685
门 市 部	010-84029450
经　　销	新华书店及其他书店
印刷装订	北京君升印刷有限公司
版　　次	2022 年 11 月第 1 版
印　　次	2022 年 11 月第 1 次印刷
开　　本	710×1000　1/16
印　　张	20.25
插　　页	2
字　　数	262 千字
定　　价	108.00 元

凡购买中国社会科学出版社图书，如有质量问题请与本社营销中心联系调换
电话：010-84083683
版权所有　侵权必究

序　言

党的二十大明确提出"以中国式现代化全面推进中华民族伟大复兴"[1]。现代化作为一种世界范围的经济社会转型和文明进步，是全世界发展的必然选择和不懈追求。当前，中国已经全面进入建设社会主义现代化国家的新征程，以习近平同志为核心的党中央开启了迈向全体人民共同富裕的新的伟大探索。"全体人民共同富裕的现代化"丰富了现代化内涵、拓展了现代化道路，标注了人类文明新高度，创造了人类文明新形态，是中国特色社会主义制度优越性的重要体现。[2] 习近平总书记深刻阐述了中国式现代化道路的科学内涵，并且指出"我国现代化是人口规模巨大的现代化，是全体人民共同富裕的现代化，是物质文明和精神文明相协调的现代化，是人与自然和谐共生的现代化，是走和平发展道路的现代化"[3]。中国式现代化具有五个方面重要特征，人口规模巨大是中国的基本国

---

[1] 习近平：《高举中国特色社会主义伟大旗帜　为全面建设社会主义现代化国家而团结奋斗——在中国共产党第二十次全国代表大会上的报告》，人民出版社2022年版，第21页。
[2] 习近平：《高举中国特色社会主义伟大旗帜　为全面建设社会主义现代化国家而团结奋斗——在中国共产党第二十次全国代表大会上的报告》，人民出版社2022年版，第22页。
[3] 习近平：《在省部级主要领导干部学习贯彻党的十九届五中全会精神专题研讨班上的讲话》，《中国应急管理》2016年第5期。

情，是中国式现代化的重要特征；全体人民共同富裕，是中国式现代化的一个基本特征；"两个文明"相协调是中国式现代化的题中应有之义；中国式现代化是人与自然和谐共生的现代化；中国式现代化是走和平发展道路的现代化。从全面建成小康社会到基本实现现代化，再到全面建成社会主义现代化强国，是新时代中国特色社会主义发展的战略安排。深刻理解中国式现代化新道路的根本要求，准确把握社会主义现代化先行省的定义内涵、重要使命和重大举措，意义重大。

作为现代化国家建设的省域展开，浙江的现代化面临着高水平现代化先行、共同富裕先行以及全面展示中国特色社会主义制度优越性的战略使命。浙江省第十五次党代会提出"在高质量发展中奋力推进中国特色社会主义共同富裕先行和省域现代化先行"[①]，这就要求浙江省的发展必须把全体人民全面发展、社会全面进步作为价值取向，探索中国式现代化道路。在此进程中，需要坚持以人的现代化为核心，扎实推进各领域现代化和共同富裕美好社会建设，充分做到发展依靠人民、发展为了人民、发展成果由人民共享，实现现代化的价值取向。在高质量发展中推进共同富裕和现代化，高质量发展是基础所在，是首要任务，关系现代化建设全局。改革开放四十余年来，浙江经济社会快速发展，经济实力不断增强、产业结构逐年优化、创新能力显著提升、社会治理日益完善，高质量发展取得了长足成效，这为浙江省域现代化先行奠定了扎实基础，而浙江探索共同富裕先行和省域现代化先行是大势所趋，也是历史使命，更是战略任务。

---

① 袁家军：《忠实践行"八八战略"坚决做到"两个维护"在高质量发展中奋力推进中国特色社会主义共同富裕先行和省域现代化先行——在中国共产党浙江省第十五次代表大会上的报告》，《浙江日报》2022年6月27日第1版。

一 浙江以高质量发展走在了时代前列

进入21世纪，浙江经济社会快速发展，经济结构调整成效显著，体制改革进一步深化，开放型经济迈上新台阶，人民生活水平和质量明显提高。但不可否认，浙江经济以传统要素驱动、投资驱动为主导，要素制约日趋严峻、产业层次低竞争力不强、创新要素供给不足、生态环境损伤较大、社会发展不够平衡等矛盾日益凸显，浙江经济遇到"成长的烦恼"，转型升级迫在眉睫。2003年，习近平同志在浙江工作期间明确提出"八八战略"，发挥体制机制优势、加速腾笼换鸟、全面接轨上海、推进山海协作等工作不断推进。近二十年来，浙江始终坚持沿着"八八战略"所指引的总路子走下去，干在实处、走在前列、勇立潮头，经济持续发展、机制不断完善、市场越搞越活、生活向善向好。尤其是近五年来，面对错综复杂的国际形势、艰巨繁重的改革发展稳定任务，浙江始终牢记嘱托，推进"八八战略"再深化、改革开放再出发，完整准确全面地贯彻新发展理念，加快构建新发展格局，坚持创新驱动战略、加快推进转型升级，把握时代大势、勇于塑造变革，扎实推进"重要窗口"和共同富裕示范区建设，高质量发展取得新突破、创造新成就、开启新局面。

第一，坚持创新首位战略，培育壮大新动能，全面创新驱动发展模式日益形成，走在发展模式前沿。浙江坚定不移实施人才强省、创新强省首位战略，以超常规举措推进"互联网＋"、生命健康、新材料三大科创高地和创新策源地建设，区域创新能力稳居全国第五位，研发投入强度达到2.9%，创新已经成为浙江最鲜明的时代特征。紧紧围绕基础性、前瞻性、引领性研究布局，大力推进实验室体系建设，目前，浙江已布局之江、良渚、西湖等10家省实验室，实现三大科创高地全覆盖。高能级创新平台加快打造，杭州城西科创大走廊集聚了全省70%以上的重点实验室，诞生了全省60%以上的国家科学技术进步奖和省科学技术进步奖一等奖；宁波甬江科创大走廊、温州环大罗山科创大走廊、浙中科创大走廊等科创走廊分布全省四大都市圈，建设进度加快推进。推进"卡脖子"技术攻关，累计取得197项进口替代成果，数字安防、结构生物学、高端磁性材料等领域技术水平领跑全国。

第二，深入实施数字经济"一号工程"，新兴产业发展势头强劲，走在数字时代产业前沿。当前，浙江拥有高新技术企业2.86万家、科技型中小企业8.6万家，国家制造业单项冠军数量、专精特新"小巨人"企业数量均排名全国第一，具有较强的竞争实力；高新技术产业实现增加值1.2万亿元，占规模以上工业增加值比重62.6%。不仅如此，浙江牢牢把握新一轮科技革命时代契机，紧紧抓住产业变革战略机遇期，深入实施数字经济"一号工程"并且不断迭代升级为数字经济"一号工程"2.0版、数字经济"一号工程"升级版，数字经济稳居全国第一方阵，成为引领浙江高质量发展的重要力量。2021年，浙江省数字经济核心产业规模以上企业达7089家，数字经济核心产业增加值达8348亿元，占GDP的比重上升至11.4%；全省规模以上数字经济核心产业利润总额3014亿元，数字经济核心产业劳动生产率超过43万元/人，约为全社会劳动生产率的2.5倍。大力推进数字技术跨界运用、融合应用，推动传统产业改造提升。"1+N"工业互联网平台体系不断完善，累计培育省级工业互联网平台285个、开发集成工业App超6万款，累计上云企业超过45万家，在役机器人13.4万台，产业数字化指数持续位居全国第一。截至2022年，已启动30个行业"产业大脑"建设试点，上线试运行14个；认定未来工厂32家，打造省级数字化车间、智能工厂423家，形成了"数字化车间—智能工厂—未来工厂"新智造梯队培育体系。

第三，持续扩大对外开放，深度融入长三角，推进长三角地区一体化发展，走在服务新发展格局前沿。浙江突出开放强省，坚持以"一带一路"统领新一轮对外开放，统筹利用国际国内两个市场、两种资源的能力不断增强，开放型经济发展开创新局面。2021年浙江进出口总额达41429亿元，规模位居全国第三，较2020年上升一个位次；出口规模占全国的份额由12.8%升至13.9%，已经连续11年居全国第三位；全省实际使用外资183亿美元；经备案核准的境外企业和机构673家，累计对外直接投资备案额89.91亿美元；数字服务贸易进出口额突破1500亿元。积极推进自贸区发展，2017年4月挂牌成立、2020年8月扩区升级，累计形成制度创新成果335项，其中全国首创113项。截至2021年，浙江自贸试验区外贸进出口总额累计达1.4万亿元，实际利用外资金额累计达42亿美元，新增企业9万余家。加大力度推进宁波舟山港一体化发展，2021年完成货物吞吐量12.24亿吨，连续13年位居全球第一；完成集装箱吞吐量3108万标准箱，成为继上海港、新加坡港后全球第三个跻身"超3000万箱俱乐部"的港口，为浙江省打造开放强省提供重要基础。长三角24项一体化协同事项深入推进，长三角生态绿色一体化发展示范区新探索形成46项制度创新成果，其中16条经验向全国复制推广。

第四，以数字化改革撬动系统性变革，优化营商环境，擦亮民营经济"金名片"，走在市场经济发展前沿。民营经济是浙江经济发展中最大的特色亮点及优势所在，民营企业家是浙江最宝贵的资源和最宝贵的财富。浙江把握数字化变革时代契机，优化营商环境，着力构建"亲清"新型政商关系，以新时代民营经济新飞跃助推高质量发展、实现共同富裕。2016年至2021年，浙江民营经济增加值从30810亿元增加到49200亿元，占GDP的比重从65.2%提高到67.0%。截至2021年末，在册市场主体868.5万户；根据

2021年公布的中国民营企业500强榜单，有96家浙江企业上榜，连续23年蝉联全国第一；规模以上工业企业中，有研发费用支出的民营企业高达3.4万家，占规模以上工业中有研发费用支出企业数量的89.8%，创新已经成为民营企业发展的内生动力。民营经济发展壮大助力共同富裕先行，在解决社会就业、乡村振兴、山区26县跨越式发展等方面贡的献不断提高。2021年，民营经济创造了浙江全省73.4%的税收、81.6%的货物出口、60.3%的货物进口和87.5%的就业人数；已有1223家民营企业（商会）与1249个村结对，发挥技术、人才、信息等优势，助力乡村产业发展和村民就业；深入开展浙商助力26县跨越式高质量发展专项行动，开展"把脉问需大调研、产业对接大招商、科技创新大赋能、组织建设大提升"四大行动，签约项目81个、总投资316.9亿元，新设立企业179家，注册资本超40亿元。

二 省域现代化先行成为浙江历史使命

从国际实践来看，全球200多个国家和地区中，人口超5000万且人均GDP超3万美元的国家仅7个。因此，中央提出的以全体人民共同富裕为核心的现代化发展是长期且艰巨的任务。作为先行探索者、先行示范者、先行带动者以及先行展示者，浙江在推进高水平现代化过程中承担着以下重要使命，而高质量发展也为浙江省域现代化先行打下了扎实基础。

第一，推动高质量发展和高水平安全的有机统一。现代化是由传统社会向现代社会全方位转变的过程，既充满着机遇，也充满了新的矛盾和挑战。随着现代化进程加速，各类矛盾和风险集中爆发。比如劳动力就业方面，据麦肯锡预测，到2030年多达2.2亿名中国工人可能需要在职业之间转换（下岗和再就业），约占劳动力总数的30%，这一转型过程必然带来巨大利益变化和安全隐患。

在追求发展的同时守好安全底线,在保障安全的同时达成发展目标,这既反映了现代化的内在逻辑,需要兼顾发展和安全两者关系,同时也是任何国家和民族必须切实遵循的规律,需要沿着这一规律推进现代化建设。浙江处于改革开放的前沿,也是应对各类风险挑战的"前哨",一些领域在先行发展的同时更会先行遭遇各种新的风险挑战。今后十几年有充分条件继续实现经济的较快增长,但发展上更多考虑安全要求,不因发展而不顾及风险挑战,同时也不能因安全而在发展上裹足不前。因此,浙江现代化先行要有效防范和应对可能影响现代化进程的各类风险,把握高质量发展和高水平安全的有机统一的总体性要求。

第二,科技自立自强与高水平对外开放的有机统一。科技自立自强是浙江高质量发展实现现代化先行的战略支撑。在国际环境日趋复杂、不稳定性不确定性明显增加的大背景下,要成为"先发优势的创建者",浙江必须要坚持问题导向,奔着最紧急、最紧迫的问题去探索,在特定技术领域、新兴产业发展中形成引领全国乃至全球的能力。这意味着浙江要成为越来越多的创新技术的供给方,成为创新思想、原始创新的发源地,从而成为创新中心、创新高地。要实现技术引领,必须科学先导。也就是要大规模发展基础科学,夯实基础研究,厚植创新能力。相应的,创新工作重点要从侧重技术创新到技术创新与基础研究并重、从侧重下游末端创新到下游末端与上游前端并重、从侧重技术创新到技术创新与科学教育并重。科技自立自强不等于自给自足、闭门造车。开放发展是浙江的重要特色。在走向科技自立自强过程中,浙江要同步探索建立更高水平开放型经济新体制,从客场全球化转向主场全球化,主动参与国际经贸规则制定来引领全球化进程,积极融入全球经济发展大潮,增强规则制定、议程设置、舆论宣传、统筹协调等能力,由此提升制度型开放实力,推动全球治理体系朝着更加公正合理的方向发展。

第三，产业现代化与"教育—就业"结构优化的有机统一。长期以来，浙江是创业创新的热土，为百姓就业提供了充裕的机会。产业现代化会改变对劳动力的需求，带来就业结构的转变。当前"有人没活干，有活没人干"的现象十分普遍，除了就业观念的影响，劳动者知识、能力与就业岗位要求存有差距是主要原因。在现代化先行过程中，如何营造公平就业环境、赋予每个劳动者以充分尊严，实现"人人参与、人人尽力、人人享有"是重要一关。在追求赶超型发展的条件下，转型悖论的表现会更突出，形势会更严峻。这意味着浙江需要率先构建形成以共同富裕为导向的高质量就业创业体系，支持多渠道灵活就业和新就业形态发展，鼓励人人创业、人人就业。随着中国经济不断发展，后发优势及人口红利逐步消失，更多的需要依靠创新驱动推进产业转型升级，而其背后的逻辑在于劳动力素质得以提升，从人力向人才转变。因此，在产业结构快速调整升级优化阶段，也是教育大有作为之时。浙江要同步推进就业结构、教育结构共同转型升级，在良性互促中实现此长彼长。

第四，社会快速进步与人的全面发展的有机统一。人的发展是评价社会发展的重要价值尺度。从传统社会向现代社会的转变，不仅是社会环境和社会制度的转化，而且是人自身的转化，要求人们从心理、态度、价值取向和行为上与现代经济和社会的发展相互匹配。然而快速推进的现代化，让人与人、人与自然之间的矛盾与冲突凸显，使现代人日益陷入生存的困境、精神状态的困境。正因如此，习近平总书记强调，"中国式现代化的本质要求是：坚持中国共产党领导，坚持中国特色社会主义，实现高质量发展，发展全过程人民民主，丰富人民精神世界，实现全体人民共同富裕，促进人与自然和谐共生，推动构建人类命运共同体，创造人类文明新形态"①。因此，浙江现代化先行要解决"从有到好"的问题，应该更加注重全面发展、平衡发展、共同富裕等关键词，更加注重增强人民的获得感、幸福感、安全感，其背后折射出的是在探索中国式现代化道路中所迫切需要解决的协调性、均衡性、和谐性等问题。

第五，良好社会秩序和巨大社会活力的有机统一。社会分化与整合是现代化的双重逻辑，保持二者之间的均衡，是稳健推进现代化的保证。有分化无整合必然破裂、有整合无分化必然停滞。因此，一个现代化的社会，应当是充满活力与良好秩序并存的，在合法合规的框架下保持社会创新创业的发展活力。对于政府而言，一方面要维护社会正常秩序、促进社会安定有序；另一方面要激发社会活力、促进经济社会多元发展。体制机制优势是浙江最具辨识度的优势，是活力浙江的奥秘所在。在现代化先行过程中，浙江需要加快探索一种能够容纳持续变迁的问题与要求的制度结构，以更强的包容性、适应性和柔韧性推进高水平分工下的社会整合。特别是数字技术进步和数字经济发展，使我们的治理工具和治理方式也发生了新的变化。所有这些，使影响体制机制优势的因素更多元、更复杂、更不确定。在这样的条件下，如何通过资源整合、组织变革、制度重塑，重构浙江的体制机制优势变得十分重要。

作　者

2022 年 11 月

---

① 习近平：《决胜全面建成小康社会 夺取新时代中国特色社会主义伟大胜利——在中国共产党第十九次全国代表大会上的报告》，人民出版社 2017 年版，第 50 页。

目　　录

第一章　高质量发展是中国式现代化的首要任务 …………… 001
　　第一节　中国式现代化道路的内涵与意义 ……………… 001
　　第二节　高质量发展的内涵与时代特征 ………………… 014
　　第三节　高质量发展作为首要任务的内在逻辑 ………… 019

第二章　浙江高质量发展推进现代化的实践与成就 ………… 022
　　第一节　浙江高质量发展的实践 ………………………… 022
　　第二节　浙江高质量发展取得的成就 …………………… 027
　　第三节　浙江高质量发展推进现代化的瓶颈 …………… 035
　　第四节　现代化先行省：新时代浙江新探索 …………… 039

第三章　坚持创新在现代化建设全局中的核心地位 ………… 049
　　第一节　以省实验室为牵引完善创新体系 ……………… 049
　　第二节　把握全球趋势打造创新人才高地 ……………… 057
　　第三节　以龙头企业为主导集聚创新资源 ……………… 066
　　第四节　探索新型举国体制的浙江路径 ………………… 076

第四章　构建以数字经济引领的现代产业体系 ……………… 087
　　第一节　发展与壮大数字经济产业体系 ………………… 088

第二节 促进数字经济与实体经济深度融合 …………… 101
第三节 稳步发展工业互联网与消费互联网 …………… 110
第四节 数据赋能产业链与供应链有效治理 …………… 121

第五章 民营经济高质量发展助推现代化 …………… 128
第一节 提升民营经济创新能力 …………………………… 129
第二节 加快民营经济数字化转型 ………………………… 139
第三节 提高民营企业社会责任 …………………………… 144
第四节 优化民营经济发展环境 …………………………… 157

第六章 构建新型生产空间体系支撑现代化建设 …… 165
第一节 推动传统园区有机更新 …………………………… 166
第二节 打造现代化科创大走廊 …………………………… 182
第三节 构建"三生融合"的城市创新区 ………………… 199
第四节 融入城市群的分工网络体系 ……………………… 218

第七章 构建具有竞争优势的现代化制度 …………… 230
第一节 落实中央全面深化改革总要求 …………………… 230
第二节 建设社会重大风险的防范机制 …………………… 248
第三节 数字化改革赋能治理体系现代化 ………………… 264

第八章 展望 ………………………………………………… 279

参考文献 ……………………………………………………… 294

后　记 ………………………………………………………… 310

第一章

高质量发展是中国式现代化的首要任务

中国式现代化道路是以人的全面发展为核心，是区域之间更为协调、人与自然更为和谐的发展道路。高质量发展是以人民为中心的发展，既包括了经济持续稳定健康增长，也凸显了创新驱动、生态优先等现代发展理念，所以高质量发展是中国式现代化道路的基础所在，是本质要求，也是首要任务。具体而言，高质量发展与中国式现代化具有一致的内涵及行动逻辑，而高质量发展能够为中国式现代化道路提供支撑、提供路径及提供保障。本章将从中国式现代化道路及高质量发展的内涵入手，探讨高质量发展与中国式现代化道路的内在逻辑。

第一节 中国式现代化道路的内涵与意义

一 中国式现代化的概念内涵

现代化作为一种世界范围的经济社会转型和文明进步，是全世界发展的必然选择和不懈追求。从社会构成来看，现代化涉及"器物""制度""观念"三个子系统,其中器物系统反映了一个社会的技术能力、物质水平和经济实力。制度系统是观念系统的具体化和制度化,包含经济制度、法律制度、政治制度、文化制度等。正如英格尔斯所指出的,一个现代社会要有效地发挥作用,必须要求公民具备某种品质、态度、价值观念、习惯和意向,观念系统为社会提供各种思想理念,尤其是社会所拥有的价值观念会对人们行为和社会运行产生根本性的影响。

对应三个子系统,现代化体现为物质现代化、制度现代化以及人的现代化,其中人的现代化包括思想观念、受教育程度、知识结构、行为方式等,既是主要内容,又是根本动力。现代性是以"人的理性与解放"为内在价值的诉求表达与本质呈现,其基本精神与核心取向主要体现在两个层面。一是理性化体系的全面确立。在横向上呈现为经济工业化和市场化、政治民主化和法治化、文化人本化和开放化、社会科层化和多元化、生态共容化和共生化;在纵向上呈现为观念的自主化、器物的便捷化、科学的确定化、技术的高端化、产业的高质化、制度的高效化。二是人的全面解放。人的现代化水平是社会现代化程度的决定性因素。理性化体系对传统的"祛魅"必然带来人的自立理性与作为主体价值的多元释放。作为现代性所有属性的基础和源泉,理性化促使人类从"上帝之城"到"人间之城",从"君王之城"到"人民之城",推动人类在理性世界中的全面解放。

1979年3月23日,在中央政治局讨论国家计委1979年计划和国民经济调整时,邓小平同志在党内正式提出"中国式的现代化"①。1982年9月1日,邓小平同志为党的十二大致开幕词,在改革开放实践的基础上,将"中国式的现代化"反对照搬西方、走

---

① 《邓小平文选》第3卷,人民出版社1993年版,第54页。

中国自己的发展道路所包含的科学内涵进行提炼升华，由此提出了有中国特色的社会主义理论。[①] 中国式现代化新道路形成并确立于中华民族复兴的历史过程，其内涵随着中国社会主义建设、改革开放和新时代的历史演进不断丰富和发展。从"伟大的社会主义国家"发展为"富强民主文明和谐美丽的现代化强国"，表明我们的现代化是全面的、系统的现代化，具备以下内涵。

第一，中国式现代化是逐步摆脱不发达的状态，经济持续增长是中国式现代化的基础所在，突出表现在人均GDP能够持续提升。在此过程中，中国式现代化所依靠的发展模式又不断从传统的投资驱动、要素驱动转向创新驱动，逐步从传统农业转向工业化、城镇化、现代化的发展而演进，具体表现在产业结构不断调整、创新对于发展的支撑作用日益凸显、经济发展效率不断提升，是更为有效率的发展模式。第二，中国式现代化是以人的全面发展为核心的现代化道路。在发展成果方面，体现在人民共享发展所取得的成果，人民的收入水平不断提高，人民对美好生活的向往不断获得满足，蕴含着共同富裕的理念；在发展能力方面，中国式现代化强调人力资本现代化水平不断提高，通过教育等途径，不断扫除文盲，大力发展科技，从而提高人的现代化的水平，从劳动力不断转向人力资本，这也为现代化发展注入内生性活力；在发展协调方面，中国式现代化道路关注贫困人口，着力打赢脱贫攻坚战，促使全体人民奔小康，扎实推进共同富裕。第三，中国式现代化道路充分关注到协调性、和谐性、均衡性、充分性等问题。在区域协调上，中国式现代化道路强调经济社会在地区之间的平衡，由先发地区带动后发地区，通过有先有后的发展缩小区域之间的差距；在城乡统筹上，充分考虑城市与农村之间的均衡发展，尤其是基础设施、公共服务均

[①] 中共中央文献研究室编：《十二大以来重要文献选编（上）》，人民出版社1956年版，第15页。

等化；在人与自然的关系上，中国式现代化道路强调和谐共生，人与自然之间的差距不断缩小，两者发展趋势更为一致。第四，中国式现代化道路是赶超式的现代化，能够为全球其他发展中国家实现现代化提供借鉴与参考。中国式现代化道路是在中华民族伟大复兴的进程中所必须经历的阶段，体现在中国同世界发达国家之间的差距不断缩小，其意义不仅在于缩小与发达国家的差距，实现社会主义现代化，更重要的是走出一条优于资本主义国家的现代化道路，能够为其他发展中国家实现现代化提供启示，具有全球意义。

中国式现代化体现了发展依靠人民、发展为了人民的理念，以人的全面发展为核心，所以在发展过程中时刻关注人民的意愿，把最广大人民的根本利益作为一切工作的出发点和落脚点，这是中国共产党在领导开创和推进中国特色社会主义事业过程中始终坚持的根本理念。中国式现代化最突出的地方是把追求人的现代化放在核心位置，物质现代化、制度现代化服务于人的现代化，形成一套"为了人民、依靠人民、发展成果由人民共享"的制度体系。着眼于人民的现实利益、整体利益、根本利益，中国式现代化实现了四重突破：一是在需求满足上，实现了从初级需求到高级需求，单一需求到多元需求满足的突破；二是在主体能力上，实现了从劳动到创造、从同质到异质的转变，人尽其才、才尽其用；三是在参与范围上，实现了从少数人受益到全民受益的转变，中国现代化追求的富裕是更为协调更为均衡的现代化，全体人民的共同富裕是其本质性的特征；四是在发展关系上，实现了从竞争到和谐的转变。中国式现代化追求人与自然、内部与外部和谐共生，既发展自身，又造福世界。

二 中国式现代化的重要特征

现代化在一般意义上是传统社会向现代社会的系统性变迁，它是一个既漫长演进又急剧变革的历史过程。现代化是一个世界性潮流，实现现代化是各国人民的共同向往。现代化包括广义和狭义之分，广义现代化主要指的是18世纪工业革命以来，科技进步所带来的生产方式转变，由此实现经济社会现代化进程，狭义现代化通常指"二战"之后，后发国家不断追赶发达国家的进程。罗斯托、亨廷顿、英格尔斯、布莱克等学者对于现代化内涵等进行了广泛研究，指出经济现代化、政治现代化是现代化的关键内核[1]。观察英国、美国、日本、韩国、苏联等国家现代化道路，可以概括为三种类型：一是以美国、英国等为代表的原发型现代化国家，这些国家在资产阶级革命中确立资本主义制度，并开始走向现代化；二是以日本、韩国等为代表的依附型现代化国家，这些国家在第二次世界大战之后，广泛学习英美等原发型发达国家的经验，短时期内快速发展工业、服务业等提升现代化水平，进入现代化国家序列；三是以苏联为代表的实行高度集中的计划经济，由此走现代化道路[2]。现代化不仅是历史问题、世界问题，更是政治问题，这要求我们坚持历史思维和世界眼光来深刻认识中国式现代化的比较特征。

第一，中国式现代化是坚持社会主义的现代化，这是中国式现代化所内含的总体性政治属性，也是最为基础的特征。现代化一般是和资本主义社会相伴发生的，当今世界的现代化也是首先从资本主义国家发生的，然而，脱胎于资本主义并扬弃资本主义的社会主义同样拥抱现代化。一句话，现代化既可以和资本主义相结合，也可以和社会主义相结合。中国式现代化是社会主义的现代化，在推进现代化进程中，必须坚持中国特色社会主义道路、坚持中国特色社会主义理论体系、坚持中国特色社会主义制度，由此夺取中国特

---

[1] 汪青松、陈莉：《社会主义现代化强国内涵、特征与评价指标体系》，《毛泽东邓小平理论研究》2020年第3期。

[2] 宋艳华：《论中国式现代化的科学内涵、实践优势与价值超越》，《思想教育研究》2021年第12期。

色社会主义新胜利，这是走中国式现代化道路的基本要求。具体体现是：在政治上体现为坚持党的领导、人民当家作主和依法治国相统一；在经济上体现为坚持公有制主体地位、坚持按劳分配且兼顾效率公平、坚持社会主义市场经济体系、坚持走共同富裕道路；在文化上体现为坚持以人民为中心、社会主义核心价值观和集体主义；在社会上体现为坚持公平正义；在生态上体现为坚持人与自然和谐共生。

第二，中国式现代化是执政党驱动的现代化，必须坚持党的领导，这是中国式现代化最本质的特征。从核心驱动机制看，世界现代化主要可分为三种类型：以英美为代表的国家，依靠社会和市场力量，通过漫长自发演进实现的现代化；以德日为代表的国家，主要借助资产阶级革命完成民族国家建构，通过强有力的国家力量（大略以英为参考）较为快速实现的现代化；以苏联和东欧为代表的国家，主要通过本国共产党夺取政权，以执政党为主导，通过高度集中的政治经济体制来推动现代化，这类国家的现代化一度呈现出强大势能，但往往因为全能性体制的僵化而导致国家现代化陷入停滞。中国式现代化起步之初是向苏联学习的，但在实践过程中，中国共产党将马克思主义理论与中国实际相结合，不断通过自我改革走中国式现代化道路，既坚持政府宏观调控，又充分发挥市场作用，用好举国体制，克服高度集中体制的弊端，推动现代化稳健可持续发展。现代政党的执政能力、领导水平等，集中而鲜明地体现在其领导现代化的能力和水平上。中国式现代化从国家利益、民族利益、根本利益和长远利益出发，始终坚持以人民为中心，恪守公共性逻辑，注重运用市场和资本，但不被市场和资本所俘获。中国式现代化道路为发展中国家实现现代化贡献了中国智慧。

第三，中国式现代化是追赶式的现代化，从后发国家不断进行赶超，这是中国式现代化的时空特征。从世界现代化发展的脉络追溯，现代化最早可以追溯到 18 世纪的欧洲，甚至有人认为世界现代化是以英国大革命为起点的世界性变革，而中国现代化大致是从 19 世纪中叶开始起步的，比西方主要发达国家晚了约 100 年。从时空特征看，中国是世界现代化的落伍者和追赶者。我们从第二个百年（即 21 世纪中叶前后）建成社会主义现代化强国这个预设时间往前倒推：按照政治标准，从 1640 年英国革命到 2050 年，以英国为代表的西方现代化大致积累 400 年历程；按照经济标准，从 1765 年工业革命到 2050 年，西方现代化大致积累 300 年历程；按照中国社会性质变化标准，从 1840 年鸦片战争到 2050 年，西方现代化大致积累 200 年历程。从中国共产党执政到 2050 年，中国式现代化要用 100 年的时间，完成西方 200 年、300 年、400 年走过的路，这种历史追赶的时间特征是非常明显的。进一步讲，中国式现代化的追赶特征是不以人的意志为转移的，是中国无法回避无法选择的。因此，作为历史追赶者，中国式现代化时间是非常急迫的，任务是非常沉重的，难以避免带有粗糙性。另外，中国追赶式现代化并不是完全被动的，而是我们主动选择的，也是具有后发优势的。世界现代化经历三次转变，即第一次是从农业社会向工业社会的转变，第二次是从工业社会向知识社会的转变，第三次是从知识社会向高质量生活社会的转变。中国的现代化，将是"两步并作一步走"，积聚两次现代化的精华，避免现代化过程的失误，走一条低成本、高效益的现代化新路，迎头赶上未来的世界前沿，这将为发展中国家的现代化开辟一条新道路。

第四，中国式现代化是规划型的现代化，从长远而言进行谋篇布局，具有深远的战略导向，这是中国式现代化的实现形式。中国式现代化是中国共产党领导中国人民为实现中华民族伟大复兴而作出的战略决策，是有目的有计划的历史行动，具有典型的人为设计和科学规划的特征，从而能够被有效地贯彻执行。从第三届全国人民代表大会制定的"两步走"战略,到党的十三大制定"三步走"发展战略,再到党的十五大提出"新三步走"发展战略和"两个一百年"奋斗目标,然后到党的十九大提出新时代中国特色社会主义发展的战略安排,党的二十大提出全面建成社会主义现代化强国分两步走的战略安排,中国式现代化的战略步骤日益明确、战略路径日益清晰、战略规划日益完备。从战略规划的一般规律看,合理预测实现现代化的历史时间,科学设计对不同历史阶段的现代化方案,有效执行具体的既定现代化方案,如期或提前达成理想的现代化结果,这既是中国式现代化战略的鲜明特点,也是中国共产党作为一个极富战略领导力的、成熟的社会主义大国执政党的显著标志。

中国共产党是领导中国走社会主义现代化道路的核心,中国共产党与中国的现代化命运紧密相连,不可分割[①]。在走中国式现代化道路上,需要始终坚持党的领导,在此基础上统筹推进现代化建设。从中国式现代化的特征而言,需要把握好如下四个着力点。

第一,始终坚持党的领导,夯实现代化建设领导核心。中国共产党是中国式现代化新道路最坚强的领导核心,中国式现代化能取得巨大成就,最根本的原因在于中国共产党的领导,这是毫不动摇的。在推进现代化建设进程中,要始终维护党中央权威,确保中国式现代化道路沿着正确的方向前进,且不受任何干扰和影响。在此基础上,要进一步完善党的全面领导制度,健全党领导现代化建设的组织机制、制度体系、工作架构等,以此夯实现代化建设的领导核心,为中国式现代化道路提供根本保障。与此同时,要加强全面从严治党,推进党的各方面建设,将党的建设质量提高转化为党的执政能力提升,增强党领导现代化建设的效能。

---

① 胡伟:《中国共产党与中国的现代化:百年探寻和思想》,《科学社会主义》2021年第6期。

第二，以经济建设为中心，筑牢现代化建设底层架构。中国式现代化建设的基础在于经济现代化，稳中求进保持适当的经济增长速度仍旧是现代化建设中的中心工作。中国在2035年建成社会主义现代化国家，在2030年前后经济体量可能超越美国，以及在科技创新、产业结构、医疗保障、高等教育等方面进入现代化国家水平，这些指标的完成都需要经济增长，而经济增长指标也是现代化指标体系中最为核心的指标所在[①]。不仅如此，中国与美国等国家的差距在缩小，但人均GDP缩小的进度慢于经济总量等其他指标，这意味着中国需要进一步转变经济发展模式，转换经济增长动力机制，提高经济增长效率，保证经济总量与人均生产总值同步提升。现代化建设仍旧需要以经济建设为中心，保持适当的经济增长速度，经济总量的稳步增长仍是未来发展的关键所在，也是筑牢现代化基础的底层架构所在。

第三，注重统筹协调发展，确保现代化建设协调均衡。中国式现代化在保证经济增长的基础上，要扎实推进共同富裕、促进物质文明和精神文明共同发展、人与自然和谐共生，这就意味着中国在发展过程中需要关注环境保护、民生保障等，走一条绿色协调的发展之路。中国与美国、日本、德国等发达国家的主要差距在于人均GDP，而在城市化率、产业结构等方面，已经接近世界发达国家平均水平，与美国等主要发达国家的差距也在缩小，说明中国在经济发展过程中，充分关注社会保障，能够更好地推进协调性、均衡性发展。从同历史时期来看，中国城市化率、产业结构、科技创新等指标都超过了发达经济体。所以中国在注重经济增长过程中，需要确保其他现代化指标协同性增长，既要尽力而为，也要量力而行，在两者之间保持张力，找到平衡点。

[①] 何传启：《中国现代化进程的阶段划分与模式演进》，《人民论坛》2021年第24期。

第四，构建人类命运共同体，增强现代化建设全球贡献，摒弃发达国家在现代化进程中所经历的侵略性路径。中国式现代化走的是和平发展之路，且为世界其他国家现代化建设提供借鉴，中国需要坚定维护世界和平，积极推进世界发展。当前世界正处于百年未有之大变局，不稳定不确定因素有所上升，中国应当发挥大国角色，更加主动地参与到国际热点难点问题的解决中去，在应对全球不稳定不确定因素、"黑天鹅事件"等问题上发挥更大作用。不仅如此，中国作为世界第二大经济体，不断完善多边贸易体系，推进"一带一路"国际合作，推动世界经济更加多元化、开放化发展，积极帮助发展落后的经济体，增强现代化建设对于全球的贡献。

三　中国式现代化道路的重大意义

习近平总书记在庆祝中国共产党成立100周年大会上的讲话指出："我们坚持和发展中国特色社会主义，推动物质文明、政治文明、精神文明、社会文明、生态文明协调发展，创造了中国式现代化新道路，创造了人类文明新形态。"[①] 围绕"建设什么样的社会主义现代化强国、怎样建设社会主义现代化强国"这一时代课题，习近平总书记形成了完整的中国式现代化理论，对马克思主义现代化理论做出了原创性贡献。习近平总书记对中国式现代化新特征的重要论述，为我们理解中国式现代化特征提供了科学的理论指引。

第一，在大规模人口基础上实现现代化。中国式现代化是人口规模巨大的现代化，这是中国社会主义现代化的鲜明特征，中国实现现代化满足了全体人民共享发展的成果，是全体人民的现代化，对于国家发展具有重大意义。习近平总书记指出："现代化的本质

---

① 习近平：《在庆祝中国共产党成立100周年大会上的讲话》，人民出版社2021年版，第17—18页。

是人的现代化。"① 在中国进行现代化建设,归根结底就是要实现人的现代化,推进全体人民实现自由而全面的发展。从这个意义上讲,人的现代化是中国式现代化的逻辑起点与主线。实现人的现代化、推动人的全面发展,主要表现为促进人口规模和人口素质的现代化,促进人口资源向人力资源和人才资源的转变。根据第七次人口普查数据,中国总人口达到 14.43 亿,中国实现现代化是全世界历史上涉及人口最多的现代化,规模巨大的人口是中国式现代化的典型特征,为中国式现代化注入了动力,但也带来了挑战。一方面,现代化的基础在于经济持续发展,巨大的人口规模意味着经济发展中的巨大人口红利,能够为现代化建设提供丰富的劳动力资源,促进经济增长;另一方面,现代化体现在微观层面是人的现代化,中国式现代化要实现全部人口的现代化,而巨大的人口规模也意味着实现人的现代化面临更大的压力。

第二,共同富裕是中国式现代化的本质规定。中国式现代化是全体人民共同富裕的现代化,这是中国社会主义现代化的价值目标,而共同富裕是中国式现代化所蕴含的内在特征。习近平总书记指出:"共同富裕本身就是社会主义现代化的一个重要目标","共同富裕是社会主义的本质要求,是中国式现代化的重要特征"。② 我们追求的现代化是实现全体人民共同富裕的现代化,旨在满足人民对美好生活的需要,进一步丰富和发展了社会主义现代化建设理论,凸显了中国式现代化道路的本质要求和价值追求。一方面,共同富裕建立在高度发达的社会生产力基础上,这要求我们大力发展社会生产力;另一方面,社会生产力的发展并不必然带来富裕,资本主义社会生产力的发展带来贫困积累和贫富悬殊,社会主义社会要通过制度正义和分配正义促进人民共享社会发展成果。考察西

---

① 习近平:《论"三农"工作》,中央文献出版社 2022 年版,第 56—59 页。
② 习近平:《扎实推动共同富裕》,《求是》2022 年第 20 期。

方发达国家的现代化可知，环境污染、贫富差距、社会保障等不平衡、不充分的问题日益突出。中国式现代化是社会主义现代化，将"社会主义"和"现代化"有机融合统一，主要体现在促进全体人民共同富裕、实现全方位高质量发展、构建人类命运共同体三个方面①。共同富裕是在全面建成小康社会后的一种更高级的社会形态，是一场涉及政府、社会、企业、个人关系重塑的深刻变革，在创造基础上实现更为公平有效的分配，能够解决发展过程中不平衡不充分的问题，符合中国式现代化的内涵。

第三，促进物质文明和精神文明相协调。中国式现代化是物质文明和精神文明相协调的现代化，这是中国社会主义现代化的内在要求，充分体现了以人为核心的全面现代化的发展路径。社会主义现代化是努力实现协调发展、全面发展的现代化，协调性和全面性是中国式现代化的内在要求。物质文明是现代化的基础，但不能简单地将物质文明与现代化相等同，物质富裕并不是现代化所涵盖的全部内容，社会主义现代化是在物质文明基础上实现精神文明，社会主义现代化离不开精神文明。从这一逻辑而言，社会主义现代化需要实现物质文明和精神文明的协调发展。只有物质文明和精神文明相互促进、相辅相成、协调发展、均衡演进，中国式现代化道路才能顺利向前推进。中国式现代化是"两个文明"相协调的现代化，物质文明是重要文明，但物质文明并不是现代化的全部，而是在物质文明的基础上，实现精神生活的充实，丰富人民精神世界，满足人民对美好生活的向往。在此进程中，经济现代化是中国式现代化的重要基础，强大的经济发展是现代化的重要标志，经济现代化是社会主义现代化强国的基础，经济持续增长是现代化的重要特征；文化现代化是中国式现代化的重要目标，高度发达的文化或者

---

① 冯留建、马雪梅：《全面建设社会主义现代化国家的逻辑理路》，《新视野》2022年第1期。

文明是中国式现代化道路的目标,最终体现在人的现代化层面,文化强国是现代化强国的必然目标;社会现代化是中国式现代化的重要体现,不仅包括社会分工、工业化、城市化等,也包括医疗、教育、住房等方面平衡发展。

第四,处理好人与自然和谐共生的重大问题。中国式现代化是人与自然和谐共生的现代化,这是中国社会主义现代化的重要方略。中国式现代化道路始终强调坚持人与自然的互利共生,正确处理经济发展与生态建设的关系,不断走生态优先、绿色发展之路。中国式现代化道路实现了对传统现代化道路的超越,是将经济发展与生态环境保护统筹考量和推进的现代化,是高质量发展、可持续发展的现代化,必将为世界现代化的发展提供示范。在中国式现代化推进过程中,人与自然和谐共生是显著特征。西方发达国家现代化道路往往导致贫富差距越来越大、经济增长与环境保护相脱钩等问题,在经济发展取得成效之后,才开始关注民生问题、环境问题等。中国式现代化是一场涉及政治、经济、文化、生态、社会等各个方面的变革,习近平总书记指出,"要在坚持以经济建设为中心的同时,全面推进经济建设、政治建设、文化建设、社会建设、生态文明建设,促进现代化建设各个环节、各个方面协调发展,不能长的很长、短的很短"①,中国式现代化是在"五位一体"的基础上进行全面协调布局的。

第五,中国式现代化将为全球现代化提供经验启示。改革开放四十余年来,中国经济快速发展,已经成为世界第二大经济体。2006年至2021年,中国经济总量占全球的比重从5.35%上升至18.85%,在国际上的影响力日益攀升,但中国一直走和平发展的道路。不仅如此,中国在探索中国式现代化道路上加快经济发展、

---

① 习近平:《在党的十八届五中全会第二次全体会议上的讲话(节选)》,《求是》2016年第1期。

推进物质文明与精神文明相协调、人与自然和谐共生等经验值得发展中国家借鉴，为发展中国家实现现代化做了有益探索。中国式现代化是走和平发展道路的现代化，这是中国社会主义现代化的世界意义。社会主义现代化坚持互利共赢、和平发展、共同发展，走的是一条追求人类文明进步、实现人类共同价值的全新道路，这与西方资本主义掠夺性、霸权式现代化道路有本质差别。习近平主席指出："中国坚定不移走和平发展道路，既通过维护世界和平发展自己，又通过自身发展维护世界和平。"[1] 中国在推进社会主义现代化建设进程中始终坚定维护世界公平正义，推动构建人类命运共同体，成为维护世界和平、促进共同发展的中坚力量。中国式现代化新道路既遵循世界现代化的一般规律，又探索中国作为后发国家走向现代化的特殊规律，极大地丰富了现代化理论、拓展了现代化实践，给世界上那些既希望加快发展又希望保持自身独立性的国家和民族提供了全新选择，为人类对现代化道路的探索做出了巨大贡献。胡鞍钢认为中国式现代化既是结合国情实现现代化的过程，为人类共命运、共发展做出贡献。[2] 中国式现代化不仅是中国全面建设社会主义现代化强国的道路保障，也为全球各国实现现代化提供了新选择，拓展了人类文明的新形态。[3]

第二节　高质量发展的内涵与时代特征

　　高质量发展，是区别于传统经济发展方式，在新发展理念的指

---

[1] 习近平：《出席第三届核安全峰会并访问欧洲四国和联合国教科文组织总部、欧盟总部时的演讲》，人民出版社2014年版，第31页。
[2] 胡鞍钢：《中国式现代化道路的特征和意义分析》，《山东大学学报》（哲学社会科学版）2022年第1期。
[3] 宋艳华：《论中国式现代化的科学内涵、实践优势与价值超越》，《思想教育研究》2021年第12期。

导下，变革经济发展的推动力，提升经济发展的效率，改善经济发展的质量，使发展成果惠及全体人民的公平、高效、可持续的发展。高质量发展是经济增长数量和经济增长质量的结合，这并不意味着要否认经济增长速度的重要性，而是增长速度和增长质量的统一，在经济增长的基础上实现高质量发展。社会主要矛盾的变化没有改变"我国仍处于社会主义初级阶段"这一基本国情，扩大经济基本盘的量仍然是摆在决策者面前的重要议题。在推动经济增长的同时需要注意经济结构转变、新旧动能转换、高新产业赋能、新经济增长方式培育等重要方面。高质量发展更重要和更具开创性的要求在于五位一体的协调发展，而不是单一维度的发展，经济发展固然是高质量发展的首要环节，但是片面地追求经济发展而忽视文化建设、社会保障和环境保护工作，引发文化贫瘠、收入差距不断拉大、社会矛盾尖锐和环境恶化等一系列问题同样也是不可取的。高质量发展理论赋予了经济发展之外其他领域更多的关注和更多的权重，促进全面发展。高质量发展所体现的和所遵循的就是新发展理念，实现创新、协调、绿色、开放、共享五大发展理念的相统一。

一　高质量发展是以人民为中心的发展

发挥人的主观能动性，推进高质量发展，既为高质量发展注入了内生性活力，也是主体实现价值、满足需求的关键所在。人是经济体系的主体，既是供给者，又是需求者，从这个角度而言，既是消费主体，也是生产主体，涉及供给和需求双方市场，是最具活力的要素。社会主义发展的根本目的是满足人民需要，而这种需要也要求我们必须走高质量发展的道路，实现大多数人社会效应最大化是推动高质量发展的根本力量，是回归发展本源的重要举措。当前，中国进入现代化建设新征程这一新的历史时期，也开启了扎实推进共同富裕的新历史阶段，这就要求能够坚持高质量发展，通过人的努力实现高质量发展。在此过程中，最为重要的是发挥人的主观能动性，能够有效提升人力资本的质量及其专业技能，从传统发展劳动力投入转向创新驱动发展中的人力投入。通过这一转变，也有助于更好地扩大中等收入群体，形成橄榄型社会，通过14多亿人共同努力，一起迈入现代化。

二　高质量发展是经济持续稳定健康发展的保障

经济持续增长是中国发展的关键，也是基础所在。经济增长往往呈现波动性趋势，但过多的冲击会对既有的发展秩序造成极大的冲击。纵观全球各国经济发展的轨迹，不少国家在经历高速增长后遇到了经济危机，而传统的发展模式难以适应经济危机所释放的新机遇及新挑战，导致这些国家陷入了经济增长的困局。当前，世界面临百年未有之大变局，不稳定不确定的风险依然很高，稳定宏观经济发展是中国实现现代化的基础保障。高质量发展注重从供给侧发力，在坚持扩大内需这一战略基点上，以供给侧结构性改革为主线，坚持稳中求进工作总基调，保持适当的经济增长速度仍旧是高质量发展的中心之一。在此基础上，完善宏观经济治理，创新宏观调控思路和方式，增强宏观政策自主性，以高质量发展破解发展中不平衡不充分的问题，从根本上防范和化解经济金融等各类风险，由此实现稳增长和防风险的长期均衡。

三　高质量发展的微观基础在于富有竞争力的企业

企业是创新创业的主力军，也是经济发展的主体力量。高质量发展以企业成长作为核心逻辑，推进企业做优做强做大，培育核心竞争力，从而形成现代化企业体系，为现代化经济体系奠定微观基础。企业好则经济好，经济好则就业好，就业好则社会稳定。从现阶段中国企业发展来看，取得了长足成效，世界前500强企业数量不断增多，规模持续做大。但从全球竞争力来看，创新引领、全球赋能等与世界一流水平仍旧存在一定差距。而由于受到新冠肺炎疫情、中美贸易摩擦等冲击，数量庞大的小微企业发展受到影响。高质量发展充分关注企业作为发展主体的作用，出台相应政策稳定企业持续健康发展。与此同时，高质量发展进程中，也充分关注到企业家在资源配置中的独特作用。企业家尤其是民营企业家是要素整合者、市场开拓者、创新推动者，在高质量发展中需要发挥好企业家的作用。企业家就像鱼一样，水质水温适宜就会游过来，所以要坚持竞争中性原则，进一步优化营商环境，为企业家创造公平有序的市场竞争环境，使他们发挥更大的作用，这也是高质量发展的内涵特征所在。

四　高质量发展是以创新驱动为核心模式的发展

党的十九届五中全会明确提出，"要坚持创新在我国现代化建设全局中的核心地位"[①]。创新是引领发展的第一动力，高质量发展必须坚持创新核心地位，加快转入创新驱动的发展模式。只有依靠全面的创新驱动发展模式，才能使中国经济发展从只关注数量增长转向数量增长与质量提升的协调发展，更加符合中国式现代化道路所提出的内涵特征。从熊彼特等学者的研究来看，创新包括了新的生产要素投入、新的组织方式转变及新的发明技术等，不论何种形式的创新模式，根本的落脚点都在于培育新的经济增长点，推动经济发展。观察"二战"以来，世界发达经济体演进路径，都是在经历了传统要素驱动的基础上，向创新驱动所转变，从发展动力机制上实现根本性的转换，譬如韩国、新加坡、以色列等发达国家都注

---

① 《中华人民共和国国民经济和社会发展第十四个五年规划和2035年远景目标纲要》，人民出版社2021年版，第13页。

重全球创新布局、产业链分工，从而跨过中等收入陷阱，成为发达国家。中国即将迈入高收入经济体的序列，开启全面建设现代化国家的新征程，需要坚持创新核心地位，而高质量发展的内核也在于创新驱动，包括强化国家战略科技力量，加强基础研究的投入与突破；加快重点领域尤其是制造业产业链"卡脖子"技术突破；调整优化科技结构，真正发挥企业创新主力军作用，发挥大企业引领支撑作用，强化大中小企业融通发展；加强创新领域国际合作，推进全球科技生态治理；完善科技创新激励机制和科技评价机制，打破传统以论文数量、项目经费等量化指标为标准的考评机制，真正以创新实效来论英雄。

五 高质量发展是生态优先绿色发展

绿色是高质量发展的底色，也是协调发展的生动体现。中国在发展进程中，一直都避免走发达国家的老路——先污染后治理，而是在发展进程中，注重民生保障、注重生态保护，以此达到和谐、协调的发展目标。当前，中国加速推进碳达峰碳中和，体现了大国担当，实现高质量发展，需要在"双碳"目标框架下，逐步推进生产发展向绿色低碳转型，走绿色化、集约化、现代化的发展道路，这势必是一场深刻的生产变革。在此过程中，需要坚持系统观念，持续推进经济发展与生态保护相适应，尤其是当前，需要统筹推进碳达峰碳中和工作，先立后破，处理好发展和减排、整体和局部、短期和中长期的关系。在此进程中，以市场化改革为抓手，促进绿色市场更为完善和健全。加快建立和完善绿色低碳政策和市场体系，充分发挥市场在资源配置中所起到的决定性作用，以完全的市场机制来激励和约束。

第三节 高质量发展作为首要任务的内在逻辑

一 高质量发展与中国式现代化内涵一致

中国式现代化是以人的全面发展为核心，注重协调发展、注重生态保护等，为世界其他后发国家现代化提供借鉴。从目标来看，高质量发展的内涵在于经济建设、政治建设、文化建设、社会建设、生态文明建设等方面都能取得新的进展和突破，这与中国式现代化所要求的经济现代化、政治现代化、文化现代化、社会治理现代化、生态文明现代化等具有高度的统一性。从主体来看，高质量发展也强调以人为核心，突出以人民为中心，人的发展既为高质量发展注入了动力，也是高质量发展所直接满足的对象和群体。同样，中国式现代化道路也要求人的全面发展，发展依靠人民、发展为了人民是根本落脚点。从关键点来看，不论是高质量发展还是中国式现代化道路，最为关键的点仍旧在于保持经济持续增长，这是两者的基础所在。从特征来看，协调发展、和谐发展等是内生特征，也是必然要求。

二 高质量发展为中国式现代化提供支撑

中国式现代化道路是在大规模人口的基础上实现现代化，从这个角度而言，共同富裕是中国式现代化道路的本质特征，这就说明经济持续健康发展是关键所在。高质量发展的核心在于经济高质量发展，能够建立起现代产业体系，为经济发展奠定基础，也为劳动力就业提供渠道和支撑。高质量发展的本质在于助力经济持续增长，不论是创新驱动还是深化改革等举措，根本上都是为了培育新的经济增长点，释放经济发展的活力和红利，这就能够为中国式现代化提供最为前置的条件，在经济现代化基础上，更好地实现协调、和谐、共赢。所以，高质量发展是中国式现代化的关键支撑所在。

三 高质量发展为中国式现代化提供路径

中国式现代化道路是在经济不断发展的基础上实现的，而经济发展需要动力机制转换、产业结构升级、就业问题解决等。高质量发展在以下三个方面进行了转型与升级。一是高质量发展是以创新驱动为核心的，能够转入全面创新驱动的轨迹，解决了动力机制转型升级的问题，从传统的要素驱动、投资驱动转向现在的创新驱动发展模式。二是高质量发展是以企业为主体的，解决了市场活力的问题。不论是经济发展还是社会保障，都需要市场主体参与其中，企业尤其是民营企业作为市场的主力军，已经成为高质量发展的微观基础，也不断成为激发中国式现代化进程中经济发展潜力的主体所在。高质量发展以企业为基础，构建富有竞争力的现代企业体系，这为中国式现代化道路提供了路径。三是高质量发展强调协调发展以及生态绿色发展，这与中国式现代化道路所强调的环境和谐保护等理念不谋而合。在创新基础上，以产业转型升级为载体，经济发展不断走绿色发展、和谐发展道路，能够在增长的同时保护环境，实现共生共赢。

四 高质量发展为中国式现代化提供保障

共同富裕是中国式现代化的本质特征，发展红利由全民贡献是内生要求，体现了共享的发展理念。高质量发展也强调协调、强调共享，能够为中国式现代化提供保障。在文化建设方面，高质量发展着力促进文化繁荣，推进文化现代化建设，使物质富有与精神富有相统一，为精神层面现代化提供有力保障。在社会建设上，高质量发展架构起社会主义核心价值体系，同时又不断完善和健全社会保障体系，让每一个人都能够享受高质量发展所带来的红利，这充分体现了中国式现代化道路中的协调发展、以人为本等理念，而且也提供了实现的保障。在生态文明方面，高质量发展以绿色为底色，走的是资源节约型发展道路，以新技术、新产业推动经济与环境和谐发展，且不断将绿水青山转化为金山银山，从区域层面更好地破解不平衡不充分的问题。

第二章

浙江高质量发展推进现代化的实践与成就

改革开放四十余年来,浙江经济社会快速发展,取得了长足进步。尤其是近二十年来,浙江始终沿着"八八战略"所指引的路子前进,一张蓝图绘到底、一任接着一任干,走在了高质量发展的前列。当前,浙江省正在奋力推进共同富裕先行和省域现代化先行,开启了未来发展新篇章,而前期高质量发展已经为浙江推进"两个先行"奠定了扎实基础。本章将梳理浙江高质量发展的实践及成就,指出高质量发展推进现代化进程中的瓶颈所在,进一步明确浙江作为省域现代化先行的定位、特征及重点方向。

第一节 浙江高质量发展的实践

从经济增长和保障等协调性而言,高质量发展需要充分体现创新、协调、绿色、开放、共享新发展理念。新发展理念既是高质量发展的理论内涵,也是高质量发展的评价标准,体现了内在逻辑具有一致性。同时,新发展理念所要求的五大方面既是高质量发展的具体表现,也是高质量发展所采取的具体路径。浙江积极践行新发展理念,推进高质量发展,实现创新成为第一动力、协调成为内生特征、绿色成为普遍形态、开放成为必由之路、共享成为根本目的的战略目标,推动经济实现质量变革、动力变革和效率变革。

一 充分释放改革活力从外部倒逼转向内生驱动

从高速增长转向高质量发展,不仅是发展方式和动力机制转换,更重要的是体制机制转换,能够为发展奠定基础。在新发展理念的指引下,深化制度改革,提高治理能力和治理体系现代化水平,使其更加助力浙江经济社会发展。在此过程中,浙江充分发挥好政府"看得见的手"和市场"看不见的手"之间的关系,促进有为政府和有效市场的深度融合。具体而言,浙江采用"四步走"推进政策迭代升级:第一步是1999年在全国率先启动行政审批制度改革,着力打造审批事项最少、审批效率最高、审批环境最好的省份,把制度改革的红利充分释放出来。第二步是2013年在全国率先启动实施"四张清单一张网"改革,着力处理好政府与市场之间的关系。通过建立权力清单、责任清单、负面清单、专项资金清单和政务服务网等一系列举措,浙江有效厘清了政府权力的边界,更好规范政府的行政行为,由此防止政府乱作为、不作为的发生。理顺政府与市场之间的边界,实现营商环境优化,以此更好地激发市场活力。第三步是2016年开始启动的"最多跑一次改革",让数据跑起来、让群众少跑,利用数字技术赋能政府职能转变,着力推进政务服务数字化转型,大力推行线下"一窗受理"和线上"一网通办",积极探索"一证通办一生事",创新"前台综合受理、后台分类审批、综合窗口出件"的政务服务新模式,以此提升政府治理体系现代化水平。第四步是2021年开始全面实施的数字化改革,推进数字治理在各个领域的拓展,提升基层治理能力和治理体系现代化的能力，让数字化改革的红利被每一个人民共享，其中所蕴含共创改革的新价值，让改革惠及每个民众，能够使其共享数字红利。

二 坚持创新第一动力从要素驱动转向创新驱动

党的十九届五中全会首次提出坚持创新在我国现代化建设全局中的核心地位，浙江一直坚持创新驱动发展战略，以此推进现代化建设。浙江省第十五次党代会明确提出要转入全面创新驱动的发展模式，这是以创新作为全要素生产率的核心资源，打造高质量发展的"发动机"。从政策体系上，浙江大力实施创新强省、人才强省首位战略，出台科技新政、人才新政等政策举措，以科技和人才"双轮"驱动高质量发展。在此过程中，浙江大力发展以数字经济为主导的高新技术产业和战略性新兴产业，并且以互联网+、标准化+、机器人+、大数据+为重点加快实现传统产业转型升级，打造全球先进制造业中心。2017年浙江提出数字经济"一号工程"，2020年浙江提出数字经济"一号工程"2.0版，2022年浙江省第十五次党代会提出数字经济"一号工程"升级版，以此赋能实体经济，培育实体经济竞争新优势，加快构建具有竞争力的现代产业体系。在创新平台载体上，以科技创新为核心引领全面创新，集聚起高端创新要素资源。谋划建设杭州城西科创大走廊、甬江科创大走廊、环大罗山科创大走廊、浙中科创大走廊等平台，建设西湖大学等重大科创平台，积极创建杭州国家自主创新示范区，并布局了之江实验室等十大省实验室，以十大省实验室为导向，争创国家实验室，瞄准世界科研前沿，加快建设国际顶级科技创新平台。在创新主体上，发挥企业主体作用，发挥市场在资源配置中的独立性作用，加快构建产学研深度融合的技术创新体系。在体制改革上，深化全面创新改革，先后确定杭州市、嘉兴市、长兴县、新昌县、滨江区和余杭区作为试点地区，形成"两市两县两区"试点格局；

2018年浙江19个县（市）启动全面创新改革联系点建设。全面创新改革聚焦实施创新驱动发展的体制机制关键点，破解创新链、产业链、人才链和资金链"四链融通"的制度难题，推进各领域、多层次的特色化改革，积极探索全面创新改革推动经济高质量发展的新机制、新模式，不断优化浙江创新创业的环境，为做好创新策源地这篇大文章提供有利条件。

三 注重区域协调发展从先行先富转向共富共赢

2021年浙江省人均GDP达到1.75万美元，就单一经济体而言，相当于已经进入高收入经济体序列，统筹城乡协调、区域协调发展，增强经济发展的均衡性和协调性成为高质量发展的内在要求，也是内生特征，符合高质量发展的共享理念。共享发展是高质量发展的内生特征，其本质在于坚持人民主体地位，以最广大人民根本利益为出发点和落脚点，满足人民群众日益增长的美好生活需要，共享理念符合共产党人的初心和使命。浙江在推进高质量发展过程中牢固树立以人民为中心的发展理念，全面践行共享发展理念，充分体现了发展依靠人民、发展为了人民。在推进全面建设小康社会的进程中，落实精准扶贫理念，实施欠发达乡镇奔小康工程、低收入农户奔小康工程、低收入农户收入倍增计划、低收入农户全面小康行动计划等扶贫攻坚行动，持续增强低收入群众造血功能和自我发展能力。在高质量发展建设共同富裕示范区进程中，明确提出要缩小城乡差距、收入差距、地区差距，这是从先富转向共富、先富带动共富，最终实现共赢的主要路径。针对各个地方、各个区域的差异，浙江以资源禀赋、发展阶段、功能定位为依据，充分应用第二次分配对于城乡统筹、区域协调的作用，包括完善省对市、县财政机制、优化转移支付方案等。在此过程中，继续实施新一轮"山海协作"，着力推进山区26县跨越式发展，使区域共生性更强、协调性更好。2021年，浙江城乡居民收入比缩小到1.94∶1，连续9年呈现下降趋势。

四 筑牢绿色底色基础从增长优先转向绿色优先

绿水青山就是金山银山，浙江深入贯彻习近平生态文明思想，自觉践行"绿水青山就是金山银山"理念，以生态文明示范创建行动为总抓手，以提升良好环境普惠度，推进形成全域共富大美格局为主线，着力推动生态文明建设先行示范。浙江始终将人与自然和谐共生放在重要位置，构建人、自然、社会协调发展的生态系统，为绿色经济、生态经济发展提供重要支撑。从本质上看，绿色发展就是避免走发达国家走过的老路，即"先发展、后治理"的歧途和"边发展、边治理"的弯路，绿色发展的道路致力于破解人与自然互利共生的难题，探索经济建设与生态建设协同推进的最佳路径，这也是中国式现代化道路中所要求的人与自然和谐共生。浙江于2003年全方位全地域启动生态省建设，牢牢守住绿水青山、蓝天白云的底色和底线，深入实施生态文明建设，扎实推进"811"生态文明建设行动和"811"美丽浙江建设行动，大力推进"垃圾革命""厕所革命"，持之以恒打好治水治气治土、治城治乡治村等转型升级组合拳。当前，浙江系统推进碳达峰碳中和工作，在全国率先出台金融、科技助力碳达峰政策文件，提出金融支持碳达峰碳中和25项举措和科技创新"八大工程"，出台相关配套政策十余个。有序推进"6+1"领域绿色低碳转型，启动实施新一轮制造业"腾笼换鸟、凤凰涅槃"攻坚行动，优化能源结构，非化石能源消费占比提升至20.8%，煤炭消费占比下降至43.5%。在此基础上，深入打好污染防治攻坚战，全面加强生态修复和生物多样性保护，加速拓宽"绿水青山就是金山银山"转化通道，打通"绿水青山"转化为"金山银山"的高效通道。

五 打造"一带一路"枢纽从开放大省转向开放强省

一直以来,浙江是开放大省、开放强省,在"一带一路"建设中,浙江深度对接国家需求,发挥"一带一路"重要战略枢纽优势,以数字化改革撬动制度性改革,着力打造自由贸易试验区,统筹利用国际、国内两个市场、两种资源,不断打造开放高地、开放强省,实现更高水平的开放发展。尤其是面对国际国内复杂形式,浙江以服务国家大局为导向,坚持以共建"一带一路"为统领推动高水平对外开放,着力构建国内大循环的战略支点、国内国际双循环的战略枢纽。在自贸区建设上,全力打造以油气为核心的大宗商品资源配置基地,加速推进大宗商品资源配置基地建设,聚焦制度创新建设新型国际贸易中心。同时,把握数字时代契机,加速数字经济发展示范区建设。在"一带一路"倡议重要枢纽建设上,持续深化"一带一路"经贸合作、产能合作,2021年浙江与"一带一路"沿线国家货物贸易额达到14226.8亿元,对"一带一路"沿线国家直接投资额达到54.1亿美元。提升义甬舟双向开放大通道辐射能级,畅通国际物流通道,东向依海出港,"一带一路"国际航线突破100条,西向依陆出境,开辟"中欧班列+海铁+海运"多式联运新通道,2021年集装箱海铁、江海、海河联运量分别达到120万标准箱、55万标准箱、53万标准箱。

第二节 浙江高质量发展取得的成就

一 经济实力显著增强

2008年至2021年浙江省经济总量节节攀升,经济实力显著增强,全员劳动生产率大幅提升,呈现出经济持续增长、结构不断优化、新旧动能快速转换的高质量发展新趋势,为现代化先行奠定了强有力的基础。浙江 GDP 总量从 2008 年的 21462.69 亿元增长到 2021 年的 73515.8 亿元，增加了 242.53%；人均 GDP 从 2008 年的 41405 元增加到 2021 年的 113838.98 元，增加了 174.94%（如图 2.1）。2021 年，浙江人均 GDP 达到 1.75 万美元，按照世界银行 2015 年标准划分，人均 GDP 在 1.3 万美元之上属于高收入国家，由此判断，若将浙江作为一个单独经济体，则浙江已经进入"高收入经济体"序列。与此同时，杭州和宁波两大城市带动效应强劲。2021 年，杭州和宁波人均 GDP 分别为 23455 美元、24021 美元，高于全省平均水平，远超 1.3 万美元的高收入经济体标准，并且超过了 2 万美元的发达经济体最低标准。杭州、宁波在浙江省 GDP 中的份额也呈现上升趋势，2008 年至 2021 年，杭州从 22.31% 上升至 24.63%，宁波从 18.47% 上升至 19.85%（如图 2.2）。

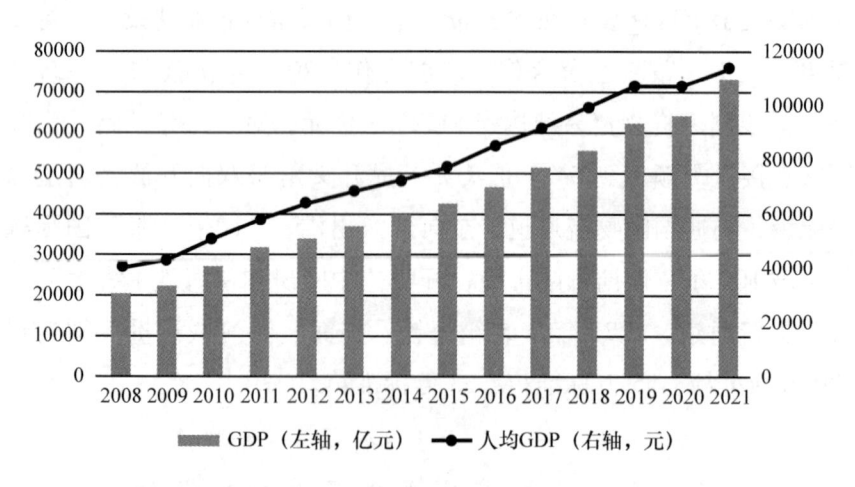

图 2.1 2008—2021 年浙江省 GDP 及人均 GDP

资料来源：历年《浙江省统计年鉴》。

二 产业结构不断高级化

高端制造业和现代服务业成为经济增长的新引擎。互联网、大数据的广泛应用和深度渗透，成为浙江高端制造业和现代服务业快

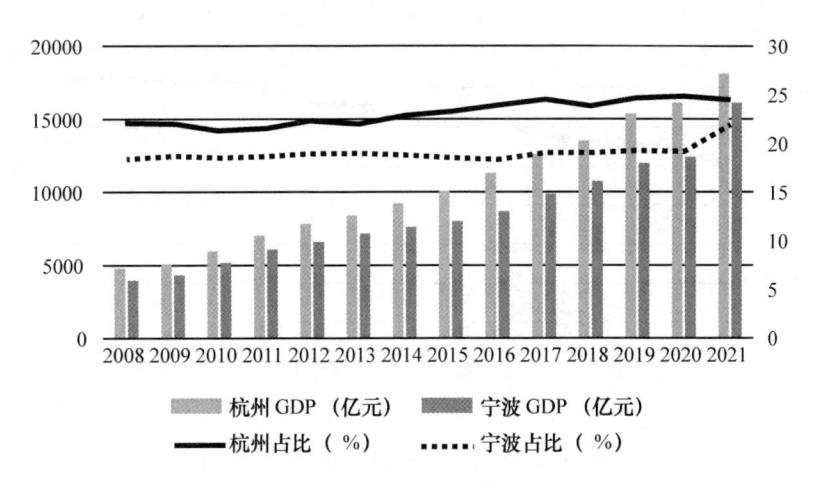

图 2.2 2008—2021 年杭州和宁波 GDP 占浙江省 GDP 的比重

资料来源：根据历年《浙江省统计年鉴》数据测算而得。

速发展的强劲动力，"工业经济"向"服务经济"转型的趋势十分明显。2008年至2021年，浙江省产业结构不断从以制造业为主体转向以服务业为主导，服务业不断成为支柱性产业；三次产业比重从5.1∶53.9∶41调整为3.3∶40.8∶55.9，服务业成为主导产业。其中，第二产业增加值从11580.33亿元增长至26413亿元，增长了128.09%；第三产业增加值从8799.31亿元增长至40118亿元，增长了355.92%，制造业发展与服务业增长齐头并进。2016年第三产业生产值占浙江生产总值的比重超过50%（如图2.3），占据浙江经济发展的半壁江山，意味着浙江正式迈入服务型社会。

三 创新驱动成为主要动力

创新投入强度已超过OECD成员国平均水平。2008年至2020年，浙江省R&D经费支出从345.76亿元增加至1859.9亿元，增长了437.92%。2008年至2020年R&D占GDP的比重从1.61%提升至2.90%，说明浙江十分重视创新能力的提升（如图2.4）。与

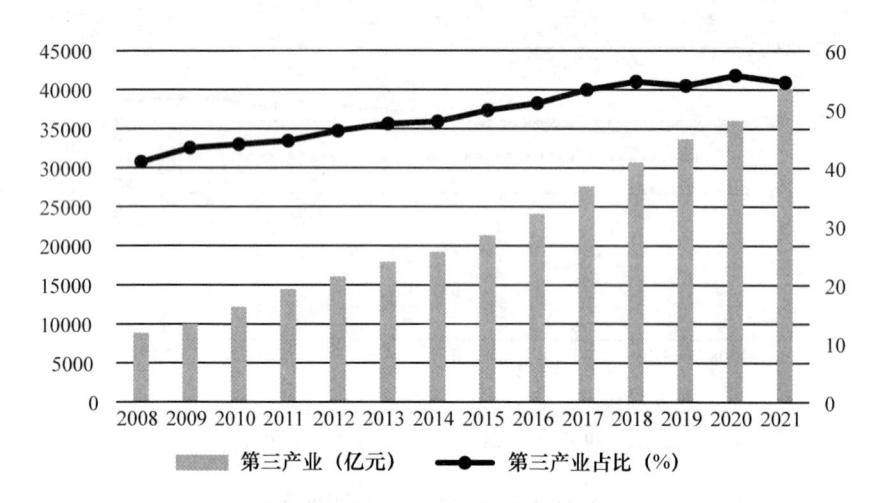

图 2.3　2008—2021 年浙江省第三产业产值占 GDP 比重

资料来源：根据历年《浙江省统计年鉴》数据测算而得。

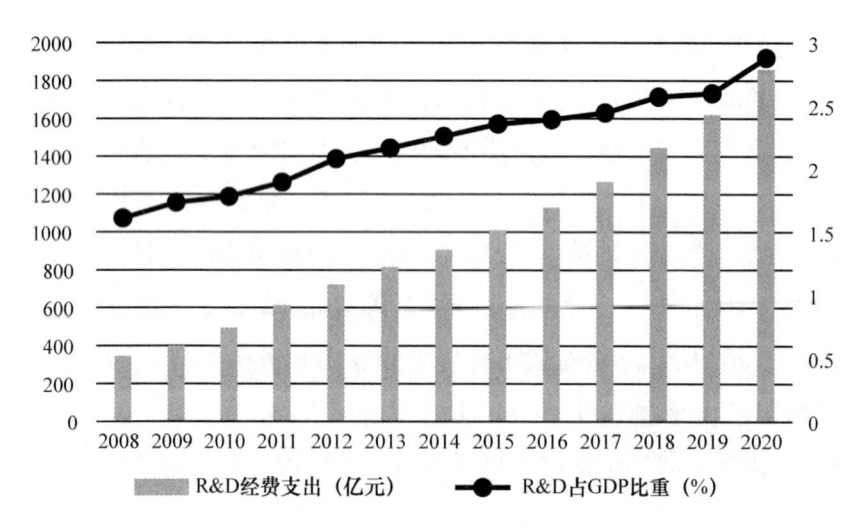

图 2.4　2008—2020 年浙江省 R&D 经费支出及其占 GDP 的比重

资料来源：根据历年《浙江省统计年鉴》数据测算而得。

此同时，专利申请数从 2008 年的 89931 项增加至 2020 年的 507050 项，增长了 463.82%；其中，拥有发明专利数从 3269 项增加至 49888 项，增加了 1426.1%，发明专利授权量占专利申请量的比重从3.63%提高至9.84%，说明浙江的原创能力不断提升，创新既有数量又有质量（如图2.5）。

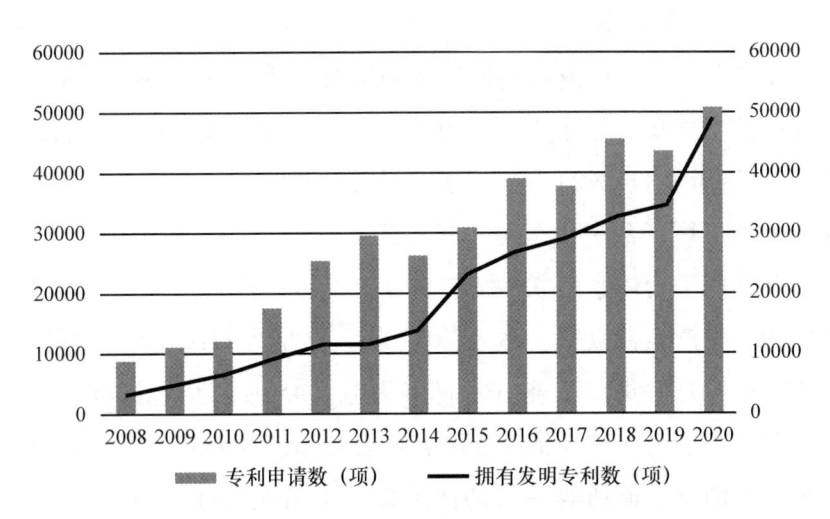

图 2.5　2008—2020年浙江省专利申请数及拥有发明专利数量
资料来源：根据历年《浙江省统计年鉴》数据测算而得。

四　数字经济领跑全国

根据《浙江省互联网发展报告2021》，浙江数字经济核心产业增加值从2014年2854亿元跨越到2021年8348亿元，约增长了1.92倍，年均增长16.5%，涌现了阿里巴巴、海康威视等一大批数字经济领军企业，数字经济逐步成为实体经济转型升级的重要拉动力量。以创新为引领培育新产业，截至2021年底，浙江数字经济有效发明专利高达89198件，同比增长26.8%。2021年数字经济核心产业增加值总量突破8000亿元大关，占GDP的比重达到11.4%，对全省贡献率达到14.9%，拉动GDP增长1.3个百分点。在此进程中，企业作为创新主体力量加速数字化转型。根据浙江省工商联2021年公布民营企业200强榜单，有158家企业规划数字化转型升级战略，其中19家企业研发投入超过10亿元。数字经济蓬勃发展丰富和完善了实体经济产业部门，成为稳增长、促发展的"压舱石"和加速器。

制造业等传统产业是实体经济的重要组成部分，浙江率先探索构建"产业大脑+未来工厂"基本形态，激发起数字技术赋能传统实体经济新动力。2021年浙江新增应用工业机器人2.3万台，累计建成智能工厂（数字化车间）423家、未来工厂32家。以"1+N"工业互联网平台体系串联传统制造业产业链，提升传统产业资源配置能力、生产运营效率。截至2021年，已培育省级工业互联网平台285个，开发集成工业App超6万款，45万家企业深度上云用云。数字经济与实体经济深度融合需要打造应用新场景，尤其是数字技术在消费、流通等领域的渗透催生了新业态和新模式。譬如，数字技术赋能消费环节，直播电商、跨境电商等应运而生；数字技术赋能流通环节，物流产业、电子支付等蓬勃发展。从浙江实践而言，跨境电商、直播电商、数字贸易、数字生活等新模式不断拓展。

五 开放型经济大省地位巩固

2021年，浙江全省进出口规模首次突破4万亿元人民币，实现货物贸易总额4.14万亿元，较2020年增长22.4%，高于全国1个百分点，排名全国第三，较2020年上升1个位次。其中，货物贸易出口额首次突破3万亿元，较2020年增长19.7%；货物贸易进口额首次突破1万亿元，较2020年增长30.3%，进口增速高于全国8.8个百分点。实际利用外资183.4亿美元，较2020年增长16.2%，规模再创新高。对外直接投资备案额89.91亿美元，其中，在"一带一路"沿线国家对外直接投资备案额达到54.12亿美元，占对外直接投资备案额的60%。

聚焦"一带一路"重点领域，建设四大重要枢纽，"一带一路"四大枢纽功能加快提升。数字创新枢纽亮点纷呈，数字自贸试验区、数字金融中心、数字文化国际合作区等平台稳步推进，实现跨境商综试区设区市全覆盖。跨境电商进出口总额占全国16%，与"一带一路"沿线国家跨境人民币结算额达1809.5亿元，较2020年增长69.1%。贸易物流枢纽量质齐升，海外仓数量占全国比重超过1/3。2021年中欧（义新欧）班列开行1904列，返程率升至29%。产业合作枢纽扩面提速，国家级境外经贸合作区数量稳居全国第一。人文交流枢纽有效促进民意民心相通，举办中国国际茶叶博览会、"国际经贸代表团浙江行"、"国际友人品浙江"等系列重大国际交流活动，新增丝路学院2所，成立"浙江—中东欧国家教育智库联盟"。

六 环境污染治理成效明显

浙江在全国率先走出了一条环境保护与经济发展共赢的新路子。浙江深入贯彻"两山"理念，加快实施"大花园"建设，持续推进"五水共治""美丽乡村""腾笼换鸟"等系列战略举措，加速产业转型升级与生态环境治理，成功走出一条经济发展与环境保护共赢的新路子，绿色发展水平领先全国。生态文明建设全国领跑，2021年生态环境部与浙江省政府签署《共同推进浙江高质量发展建设共同富裕示范区合作协议》，共同打造全域美丽、共富大美的省域范例、全国样板。嘉兴、衢州等10个市、县（市、区）创成国家生态文明建设示范区，宁波市北仑区、温州市文成县创成"绿水青山就是金山银山"实践创新基地。累计创成35个国家生态文明建设示范区和10个"绿水青山就是金山银山"实践创新基地，数量均居全国第一。生态环境质量持续改善，2021年浙江全省设区城市PM 2.5平均浓度24微克/立方米，达到世卫组织过渡时期第二阶段标准,继续领跑长三角。设区城市日空气质量优良天数比例为94.4%,地表水国控断面Ⅰ—Ⅲ类水质比例达到96.2%,位列华东地区第1、全国第5。绿色低碳发展加快推进,2021年新增国家级绿色工厂49家、绿色供应链管理示范企业18家,数量均居全国第一。全省万元GDP能耗降至0.38吨标准煤;万元GDP用水量22.6立方米。生态修复和生物多样性保护系统推进,修复河湖生态缓冲带180千米,完成钱塘江流域水生态健康调查和苕溪、瓯江4个河段评估试点。生态文明制度创新深入推进,在全国率先一体化推进生态环保数字化改革,成为全国唯一的"无废城市"数字化改革试点省。

七 消费结构优化升级

浙江居民恩格尔系数达到了联合国粮农组织认定的生活富裕标准。浙江已发展成为消费大省,居民消费升级的趋势十分明显,在收入水平提高和消费观念转变的基础上,呈现出消费拉动作用增强、消费结构优化升级、消费环境持续改善的趋势和特征。据《浙江省统计年鉴2020》统计,2020年浙江居民人均消费支出31295元,比全国平均水平(21210元)高10085元,居全国31个省(自治区、直辖市)第3位,在各省(自治区、直辖市)中位居首位;浙江社会消费品零售总额26630亿元,网络零售额22608.1亿元,均居全国前列;浙江居民恩格尔系数为27.8%,达到了联合国粮农组织认定的生活富裕标准(30%)。根据联合国粮农组织规定的标准,一个国家的恩格尔系数超过60%,属于贫穷;在50%至60%之间,属于温饱;在40%至50%之间属于小康水平;在30%到40%之间,属于相对富裕;在20%到30%之间,属于富裕;而在20%以下,属于极其富裕。高收入经济体的显著特征是消费率和消费对经济增长的贡献率都在70%以上,浙江现有消费水平与之相比还存在较大差距。因此，补足这一差距将为未来浙江经济持续发展提供充足动能。

八 中等收入群体不断壮大

浙江省社会结构正从"底大、中瘦、上细"的"倒丁字形"结构向"两头小、中间大"的"橄榄形"结构转变，民生发展的公平性、普惠性优势凸显。按照世界银行2015年统计标准，中等收入为年收入3650美元至36500美元（折合人民币2.44万元至24.45万元）。2020年浙江省家庭年均可支配收入从10万元到50万元群体约占全省人口的67.4%，"橄榄形"社会结构逐步形成。截至2021年，浙江省城、乡居民人均可支配收入分别连续21年和36年居全国各省（自治区、直辖市）第一位，城、乡居民收入比继续缩小至1.94∶1，共11个设区市中最高市与最低市的倍差降至1.61，是全国城乡区域收入差距最小的地区之一。同期，浙江居民恩格尔系数下降至27.7%，接近发达国家（地区）水平。扶贫攻坚战全面打赢，浙江省在全国各省份中第一个全面消除家庭人均收入低于4600元的绝对贫困现象。

第三节 浙江高质量发展推进现代化的瓶颈

浙江省在推进现代化进程中，已经取得了巨大成就，为共同富裕先行和省域现代化先行奠定了扎实基础，但从科技创新、劳动力受教育程度等发展型指标来看，与高水平的现代化仍旧存在差距。

一 科技创新支撑高质量发展的动能不强

存在科技创新投入总量不足、结构不优、地区不平衡，重大创新平台和载体偏少，高端创新人才紧缺，战略科技力量还没有形成强有力体系化布局等问题。2020年，浙江研发支出与GDP之比为2.88%（2021年预计为2.9%），低于上海（4.16%）、广东（3.14%）、江苏（2.93%）。浙江国家级高新区仅8家，与江苏（18家）、广东（14家）差距明显，发展水平相对滞后，规模超千亿的只有杭州、宁波两家。国家重点实验室仅15家，远低于上海（44家）、江苏（29家）、广东（28家）；国家级大科学装置仅1个，少于广东（10个）、安徽（5个）、江苏（2个）。在企业创新方面，2020年浙江高新技术企业仅有2.2万家，与广东（5.3万家）、江苏（3.3万家）有明显差距。

二 劳动力受教育程度仍然偏低、人口老龄化加速

根据第七次全国人口普查数据，十年间浙江新增常住人口超过1000万，增量居全国第2，但从劳动力受教育程度来看仍然不容乐观。与2010年第六次全国人口普查相比，每10万人中拥有大学文化程度的人口由9330人升至16990人；每10万人中拥有高中文化程度的人口由13562人升至14555人，对比北京（41980人/17593人）、上海（33872人/19020人）等地差距明显。2020年浙江文盲率仍有2.7%，高于全国平均水平。此外，60岁及以上人口为12072684人，占18.70%，其中65岁及以上人口为8566349人，占13.27%，人口老龄化速度加快。

三 教育投入与经济社会发展需求还不够契合

2020年浙江一般公共预算教育经费支出1879.70亿元，居全国第四，低于广东（3537.82亿元）、江苏（2419.23亿元）、山东（2281.82亿元），占比18.64%，低于广东（20.30%）、山东（20.31%）、福建（19.67%）、贵州（18.71%）。从一般公共预算教育经费与财政经常性收入增长幅度比较来看，浙江居于全国第23

位。从生均一般公共预算教育经费来看,浙江2020年幼儿园教育经费为15516.33元,居全国第6位,增长7.01%,居全国第17位;普通小学为18715.85元,居全国第5位;普通初中为27258.2元,居全国第5位;普通高中为33188.97元,居全国第4位,增长4.54%,居全国第15位;中等职业学校为27006.24元,居全国第5位;增长2.84%,居全国第11位;普通高等学校24756.22元,居全国第9位,相比2019年下降5.32%(全国第25位)。与浙江在全国的地位影响,与人才强省、创新强省首位战略要求,与人民群众期盼还有明显差距。

四 产业链现代化水平不高

传统产业竞争力偏弱,高端化、专业化的生产性服务业发展相对滞后。从全国已创建的17家国家制造业创新中心来看,北京3家,上海、湖北、江苏、广东各2家,浙江尚无。2021年11月工信部新增组建4家国家制造业创新中心,其中安徽2家,广东、山东各1家,浙江未能实现突破。制造业投资乏力,2020年浙江制造业投资占比分别低于江苏、山东21.2个、8.5个百分点。数字产业规模与广东、江苏还有较大差距,2020年,浙江规上电子制造业营业收入仅为广东的23.9%、江苏的46.8%,软件业务收入仅为广东的52.1%、江苏的65.1%。

五 经济绿色程度不够、高碳特征明显

单位生产总值的资源消耗仍然处于较为落后阶段,大部分资源达到发达经济体的两倍。2020年浙江单位GDP碳排放为0.76吨/万元,高于广东、江苏、上海,是美国的1.9倍、欧盟的2.3倍、日本的1.9倍。2020年浙江单位GDP能耗为0.41吨标准煤/万元,扣除国家能耗单列项目后为0.37吨标准煤/万元,仍高于广东、江

苏、上海，是美国的1.5倍、欧盟的1.6倍、日本的1.7倍。生态环境治理的长效机制尚未全面建立，生态环境质量与公众期待仍有差距，空气质量持续改善基础不够稳固。环杭州湾地区臭氧污染防治有待加强，部分平原河网水质仍为轻度污染。长江口—杭州湾近岸海域水质改善难度较大。对臭氧、长江口—杭州湾近岸海域、受污染耕地等环境问题成因机理以及内在演变规律的科学研究不足。

六 区域城乡协调发展机制不完善

杭州、宁波、温州、金义四大都市区核心区以不到浙江省40%的面积集聚了全省68%的常住人口。其中，杭州作为省会城市，对全省发展的带动作用不强。相较于上海、深圳等城市，杭州创新能力偏弱，配置全球资源能力较低。2020年杭州研发投入强度3.5%，低于上海（4%）及深圳（4.9%）。宁波市辖区面积较小，空间拓展受限。温州近十年来人口从净流入转为净流出，对所辖县市的统筹能力不强。金华市区GDP不足全市的20%，与周边县市的人员往来和经济联系较弱。而湖州、嘉兴、绍兴、舟山、台州、衢州、丽水等市的综合实力也不及发达兄弟省份的同位城市。山区发展政策机制协同融合不够，交通等基础设施建设补助不足，重大产业项目支持倾斜力度不够，援建资金使用效率有待提高。

七 民生领域发展均衡性有待提升

作为全国主要的人口流入地之一，浙江公共服务供给面临较大压力，民生实际需求与民生实事效果之间还存在较大偏差。以医疗服务为例，医疗配置结构和医疗资源发展不充分，多数城市医疗资源紧张，每千人医疗卫生机构床位数不及全国平均水平，医疗资源配置城乡间、区域间还不够均衡，基层医疗卫生机构缺能力、缺人才、缺技术、缺管理的问题依然较突出，部分加快发展地区医疗服务质量和能力有待提升。此外，城市幼托、养老、家政等设施也明显不足。

第四节 现代化先行省：新时代浙江新探索

一 浙江现代化先行省的定义内涵

中国特色社会主义进入新时代，我国社会主要矛盾已经转化为人民日益增长的美好生活需要和不平衡不充分的发展之间的矛盾。推进中国式现代化建设必须紧扣新时代社会主要矛盾变化，更好地满足人民在政治、经济、文化、社会、生态等方面日益增长的需要，更好地推进人的全面发展和社会全面进步。中国式的现代化必须是社会主义的现代化，必须是全面的、系统的现代化。

首先，社会主义现代化先行省是社会主义现代化国家在省域层面的有效展开，是社会主义现代化强国的坚实基础和基本单元。争创社会主义现代化先行省必须紧扣中国式现代化的本质要求，着力体现在"先行"两个字，具体表现在充分明确社会主义现代化强省的历史方位，朝着富强浙江、民主浙江、文明浙江、和谐浙江和美丽浙江的目标前进，推进人的全面发展和社会进步取得实质性进展。也就是说，浙江社会主义现代化先行省首先必须是现代化的发展架构，必须具备社会主义现代化所要求的基本特征，就是"富强民主文明和谐美丽"。其次，它是中国特色社会主义现代化在一个省域层面的先行探索和展开，因此，一方面它是先行一步，走在前列的现代化；另一方面它又必然带有鲜明的区域特征，体现浙江的特色和优势，当然，同时也带有浙江的不足和短板。再次，浙江的现代化是社会主义的现代化而不是别的什么现代化，因此它必然要充分体现社会主义现代化和社会主义制度的优越性。最后，中国特色社会主义现代化开创了人类现代化新道路和文明新形态，必然具备许多过往的或已有的现代化不具备的或没有经历过的特点，即具有超越性。

概括地说，浙江现代化先行省是中国开启全面建设社会主义现代化国家新征程、向第二个百年奋斗目标进军，实现中华民族伟大复兴进程中区域先行的现代化，是社会主义现代化国家在省域层面的有效展开，是富强民主文明和谐美丽的现代化，构成社会主义现代化强国的坚实基础和基本单元；是物质文明、精神文明、社会文明、政治文明和生态文明相协调的现代化，是共同富裕的现代化，是展示中国特色社会主义制度优越性的现代化，是昭示人类现代化新道路和文明新形态的现代化，是对人类文明发展具有原创性贡献的现代化，具有鲜明的浙江特色、彰显的中国气派和重大的世界意义。

浙江现代化先行省应该具备以下内涵特征。

第一，鲜明的浙江特色。浙江的现代化是在"八八战略"指引下的现代化，必然带有鲜明的浙江特色，体现浙江优势。更重要的是，在未来的现代化建设中要充分发挥并放大已有的优势。关于浙江的优势，"八八战略"阐述的八个优势是第一次全面系统的概括。浙江省委十四届八次全会提出的努力实现数字赋能、产业体系、科技创新、农业农村、对外开放、省域治理、文化建设、生态文明、公共服务、人的现代化"十个先行"，其实也是浙江的十个优势。浙江省委十四届十次全会提出要放大政治建设、战略指引、体制机制、发展活力、社会凝聚力、对外开放、群众创新创造、民主法治、以文化人、风险识别与闭环管控、生态文明、全面从严治党十二个新优势，则是对浙江发展优势的新概括。无论是"十个先行"还是"十二个新优势"，都是对"八八战略"的延续、传承和创新，是在"八八战略"的指引下取得的新成绩、新优势。但从现代化发展的动力机制看，体制机制的优势是更基础、更根本的优势，其他的优势大多是从属性或辅助性的。关于浙江的体制机制优势，习近平同志在浙江工作期间，在阐述"八八战略"第一个优势时指出，浙江的体制机制优势有两个：一是市场先发；二是民营先发。从未来的发展趋势看，数字经济对现代化建设和发展具有决定性意义。因此，我们认为，未来的现代化先行省建设，浙江最突出的优势，也是最需要充分发挥和放大的优势主要就是市场体制、民营经济和数字经济。

一是完善的市场体制。历史和现实都充分证明，完善的市场体制对发展具有决定性作用，因此任何时候都不能影响市场的决定性作用。"市场先发，民营先发"是浙江突出的体制机制优势，并且一直保持至今，也是浙江一直走在前列的关键因素。因此，现代化先行省建设必须不断完善社会主义市场经济体制，进一步发挥和放大这一体制机制优势。二是强大的民营经济。民营经济是浙江体制机制优势的一个突出体现，也一直是浙江的金名片，是"活力浙江"的源头活水，也必将是浙江现代化先行省建设的最主要支撑，没有强大的民营经济，浙江建设现代化先行省是不可想象的。因此，浙江必须始终将发展壮大民营经济放在最重要的位置，浙江的现代化必须是民营经济强大的现代化。三是领先的数字经济。习近平同志在浙江工作期间就提出了关于"数字浙江"的重要论述，在这一重要论述的指引下，浙江领风气之先、顺发展潮流，数字经济发展蹄疾步稳，走在全国前列，目前数字经济已经成为浙江现代化经济体系的重要牵引。人类已经步入数字时代，数字经济必定也是现代化先行省的重要牵引，因此浙江必须持续发力建设"数字经济最强省"。

第二，彰显的中国气派。所谓中国气派，就是中国式现代化新道路，它遵循人类发展的一般规律，又展示了不同于西方现代化的新模式，彰显了中国特色社会主义制度的优越性。比如西方资本主义国家强调自由市场竞争，中国则注重市场决定性作用与更好政府作用的有机结合，实现了更高的效率。再如，西方社会强调一人一票的选举民主，中国则注重将民主选举、民主协商、民主决策、民主管理、民主监督各个环节贯通起来的全过程民主，展现了更高的效能，等等。因此，现代化先行省必须是能够充分彰显中国特色社会主义制度的优越性、展示中国气派的现代化，为中国式现代化新道路和人类文明新形态提供浙江实践、素材和方案。重点是以下几个方面。

一是在市场和政府的完美结合方面示范引领，真正充分发挥市场决定性作用和更好发挥政府作用，提供浙江实践、素材和方案；二是在践行全过程人民民主方面示范引领，提供浙江实践、素材和方案；三是在治理体系和治理能力现代化方面示范引领，提供浙江实践、素材和方案；四是在坚持绿色发展，实现碳达峰、碳中和，实现人与自然和谐共生方面示范引领，提供浙江实践、素材和方案；五是在建设新时代文化高地，构建中国话语体系，提升中国文化软实力方面示范引领，提供浙江实践、素材和方案；六是在实现共同富裕方面示范引领，提供浙江实践、素材和方案。

第三，重大的世界意义。党的十九届六中全会指出，"党领导人民成功走出中国式现代化道路，创造了人类文明新形态，拓展了发展中国家走向现代化的途径，给世界上那些既希望加快发展又希望保持自身独立性的国家和民族提供了全新选择"[①]。这一论述深刻阐明了中国式现代化道路的世界意义。作为区域先行的现代化，浙江现代化先行省建设中的探索实践也必然具有世界意义。主要体现在以下方面。

一是探索现代化新道路：以执政党为核心、以人民为中心、以

---

① 《中共中央关于党的百年奋斗重大成就和历史经验的决议》，人民出版社2021年版，第64页。

规划为引领、实现市场机制与政府作用完美结合、通过全过程人民民主促进发展、快速实现现代化的新路子。二是展示人类文明新形态：在发展的动力机制、过程形式、成果分配，以及经济结构、社会结构、制度结构等方面创造了有别于现有西方现代化和文明形态的新样态。三是贡献原始性技术创新：一方面，必须通过自主创新解决欧美国家的技术"卡脖子"问题；另一方面，在有些领域我们已经完成了从追赶、模仿到并跑、领跑的转变，开始为世界贡献原始性技术创新。

二 浙江现代化先行省的主要特征

浙江省第十五次党代会明确提出共同富裕先行和省域现代化先行，其关键点在于"先行"，能够促使富强民主文明和谐美丽的社会主义现代化强国在省域层面展开有效探索，为将中国建设成为社会主义现代化强国探索路径。基于中国式现代化道路的内涵和特征，这就要求浙江能够朝着富强浙江、民主浙江、文明浙江、和谐浙江和美丽浙江不断前进，推进人的全面发展和社会全面进步，而浙江探索省域现代化先行也呈现如下特征。

在经济发展上，浙江的现代化先行体现在富强浙江方面。中国式现代化是富强的现代化，社会主义现代化先行省必须朝着富强浙江的目标迈进，坚定不移地推进物质文明建设。形成较为强大的现代化经济体系，高质量发展取得明显的实质性成效，奠定雄厚的现代化物质基础。在社会建设上，浙江的现代化先行体现在民主浙江。中国式现代化是民主的现代化，社会主义现代化先行省必须朝着民主浙江的目标迈进且是全过程人民民主，坚定不移地推进政治文明建设。党的领导、人民当家作主和依法治国三者的有机统一得到生动展示，全过程人民民主得到充分发挥，民主成为推动经济社会发展、建设现代化先行省的核心力量。在精神文明上，浙江的现代化先行体现在文明浙江。中国式现代化是文明的现代化，强调物质文明和精神文明相协调，社会主义现代化先行省必须朝着文明浙江的目标迈进，坚定不移地推进精神文明建设。以数字科技文明为代表的人类先进文明得到充分发展和应用，以中国特色社会主义为本质特征的人类文明新形态得到充分展示，以宋韵文化为代表的区域优秀传统文明得到充分传承弘扬，成为新时代文明高地。在人民生活上，浙江的现代化先行体现在和谐浙江。中国式现代化是和谐的现代化，社会主义现代化先行省必须朝着和谐浙江的目标迈进，坚定不移地推进社会文明建设。进一步提升治理体系和治理能力现代化的水平，全体人民安居乐业，享受美好生活，尤其关注"一老一小"，人的个性和创造性得到全面自由发展。在生态建设上，浙江的现代化先行体现在美丽浙江。中国式现代化是美丽的现代化，社会主义现代化先行省必须朝着美丽浙江的目标迈进，坚定不移地推进生态文明建设，人与自然和谐相处。坚持"绿水青山就是金山银山"理念，率先实现碳达峰、碳中和，形成完善的现代生态治理体系，走出一条不同于西方的生态文明之路，展现现代版富春山居图。

省域现代化先行省要求浙江在现代化建设上先行一步、走在前列。我们要建设的现代化是中国特色社会主义的现代化，必须充分体现中国特色社会主义现代化的本质要求。同时，浙江担负新时代全面展示中国特色社会主义制度优越性的重大使命。因此，社会主义现代化先行省必须要在既能体现中国特色社会主义现代化本质要求，又能展示中国特色社会主义制度优越性方面走在前列，先行示范。从浙江省第十五次党代会来看，浙江省域现代化先行主要体现在八个方面，即浙江所要打造的"八个高地"——新时代党建高地和清廉建设高地、高质量发展高地、数字变革高地、全过程人民民主实践高地、新时代文化高地、社会全面进步高地、生态文明高地、促进全体人民全面发展高地，充分体现了经济发展、全过程人民民主、治理能力、绿色发展、精神文明等方面的先行示范。

三 建设现代化先行省的重点方向

对照浙江省域现代化先行的目标要求，基于对浙江发展现状和存在问题的分析，按照"八八战略"发挥优势、补齐短板的思路，聚焦影响现代化先行建设的关键环节和核心问题，着力从以下六大方向进行破题。

第一，实施数字经济"一号工程"升级版，打造数字变革高地，制胜未来发展。当今世界，数字技术创新、数字经济发展、数字赋能治理已经成为制胜未来的决定性因素。谁能最充分有效地利用数字技术、数字经济和数字治理，谁就拥有未来。因此，浙江必须牢牢抓住"数字"不动摇，深入数字经济"一号工程"升级版，打造数字变革高地，推进"数字浙江"建设。所谓数字浙江，是指数字技术与浙江经济、政治、社会、文化、生态等的全方位、系统化、深度有机融合，使数字成为促进发展最重要的生产要素、最有效的治理工具、最活跃的催化因素、最强大的推动力量，迸发乘数效应，产生聚合效能。开展数字浙江行动，建设数字浙江，需要以系统观念，在深化数字化改革的基础上，大成集智现有数字经济、数字社会、数字政府等所有相关"数字"行动、项目，产生整体效应，不断把数字化改革的成果转化为经济社会发展的成效。

第二，坚持创新强省、人才强省首位战略，加速转入全面创新驱动发展模式，贡献原始性创新。一直以来，我们实施的是创新驱动发展战略，实质是一种在科技处于追赶的状态下，通过在技术的引进、消化、吸收基础上的模仿+创新，维持竞争优势的策略。而目前，一方面欧美技术领先国家对我们实施封锁、断供和"卡脖子"；另一方面，我们在很多领域已经从追赶、模仿阶段转为并跑、领跑阶段，很多新技术已经无从引进、无从模仿。在这种态势下，我们需要转变思路，超前谋划，从创新驱动转为创新引领、从创新技术的需求方转为原始创新的供给方，从而为世界提供更多的公共产品，为人类文明做出更大的贡献。一个国家或地区只有成为技术创新的供给方时才可以真正地走在前列。这就要求浙江能够加大创新支撑力度，成为全球创新策源地，让浙江成为越来越多的创新技术的供给方，成为创新思想、原始创新的发源地，从而成为创新中心、创新高地。要实现技术引领，必须科学先导。也就是要大规模发展基础科学，夯实基础研究，厚植创新能力。相应的，我们科技工作的重点要逐渐从侧重技术创新到技术创新与基础研究并重、从侧重下游末端创新到下游末端与上游前端并重、从侧重技术创新到技术创新与科学教育并重。要探索新型举国体制从基础研究到技术创新全过程的实现机制，不断壮大战略科技力量。

第三，推行以精神富有为标志的文化发展模式，增强先进文化凝聚力，展示文明新形态。中国式现代化新道路创造了人类文明新形态，这个新形态根植于中国特色社会主义制度，是中国特色社会主义制度优越性的外在呈现，是此前任何文明所不具备的。浙江肩负着新时代全面展示中国特色社会主义制度优越性重要窗口的重要使命，因此，必须要在未来的发展中呈现出这种文明新形态。同时，中国发展所呈现的文明新形态并不排斥人类创造的已有文明，相反，两者是相互促进的。因此，所谓文明浙江是指整体的文明，是发展成果的总和，既包括物质文明和精神文明，也包括政治、社会、生态领域的文明；既包括中国创造的新形态文明，也包括人类已经创造的所有文明。因此，文明浙江行动就是要全方位提升文明水平，构造新时代文明高地。

第四，践行共同富裕示范区建设神圣使命，着力在共富制度建设上进行有益探索，彰显制度优越性。党的十九届四中全会指出，中国特色社会主义制度有13个显著优势,但从发展的结果、影响最大的社会层面看,共同富裕是最直接、最直观、最突出的体现,这也是此前的任何制度所难以实现的,共同富裕也是中国式现代化的本质特征。[①] 因此,现代化先行省必须率先实现、展示共同富裕,才能够在共同富裕上率先示范引领。中共中央、国务院已经作出支持浙江高质量发展建设共同富裕示范区的决定,浙江也因此做出一系列部署制定了详细的规划方案。共富浙江行动计划就是要在已有的基础上,不断完善,落实落细,把规划方案分解为切实的行动。

第五,坚持"两个毫不动摇",拓展民营经济发展空间,促进新时代民营经济新飞跃。民营经济是浙江最具辨识度的金名片,强大的民营经济是现代化先行省最可依靠的重要力量。但我们也看到,一方面,广东、江苏、山东等省份民营经济也得到了非常迅速的发展,浙江民营经济的优势地位在不断弱化,这可以从民营企业的各种排行榜中看出;另一方面,也是更重要的,近年来民营经济发展的环境条件发生了很大的变化,无论国际环境还是国内环境、无论是市场竞争环境还是政策制度环境都发生了很大的变化,这使得民营经济发展成长的路径方式也随之改变。在这一过程中,不可避免地会带来一些消极的影响,诸如预期不确定、投资下滑等。在这一新的条件下,如何使我们的民营经济再上新台阶、再创新辉煌、再增新优势,是我们必须思考的。因此,需要对近年来民营经济发展的成效得失进行系统的总结、对民营经济发展的政策制度进行系统的梳理,开展民营浙江行动计划,推进民营经济发展再出发。

第六,以数字化改革撬动整体性变革,重塑体制机制新优势,打造活力浙江。体制机制优势是浙江最具辨识度的优势,是活力浙

---

① 《中国共产党第十九届中央委员会第四次全体会议公报》,人民出版社2019年版,第5—7页。

江的奥秘所在。但我们也看到，一方面，随着制度的普及趋同，浙江固有的体制机制优势在弱化；另一方面，随着中国特色社会主义进入新时代，国际环境的变化、产业竞争态势的变化，以及技术的进步等，使我们对市场体制的认识和理念发生了很大的变化，比如对于资本的无序扩张、对市场的垄断等都有了新的认识，因而规制的方式也有了新的变化，也就使我们的政策制度有了新的变化。再者，技术的进步，特别是数字技术进步和数字经济的发展，使我们的治理工具和治理方式也发生了新的变化。所有这些，使影响体制机制优势的因素更多元、更复杂、更不确定。在这样的条件下，需要以数字化改革为牵引，通过资源整合、组织变革、制度重塑，重构浙江的体制机制优势，这也是开展活力浙江行动计划的目的所在。

第三章

坚持创新在现代化建设全局中的核心地位

党的十九届五中全会明确指出要坚持创新在现代化建设全局中的核心地位,浙江省第十五次党代会也明确提出加速转入全面创新驱动发展模式。浙江一直将创新强省、人才强省放在首要位置,以创新驱动助推高质量发展。在此过程中,浙江省谋划布局了十大省实验室、着力集聚全球高层次创新人才、以龙头企业为主导集聚创新资源、积极探索新型举国体制浙江路径等,这些为浙江高质量发展提供了核心驱动力,也为浙江推进省域现代化先行注入了动力和活力。本章将从省实验室布局、打造创新人才高地、集聚创新资源、探索新型举国体制四方面对浙江走创新驱动发展道路的实践进行提炼。

第一节 以省实验室为牵引完善创新体系

优化创新体系是区域科技创新治理的重点,而建设和布局省实验室已经成为各地优化区域创新体系的重要举措。放眼全球,科技竞争和产业竞赛日趋白热化，经济社会问题的复杂化也对科学探索提出了迫切需求。近年来，作为开展基础研究的重要载体，实验室的建设在中国受到广泛重视。党的十八届五中全会提出，"在重大创新领域组建一批国家实验室"和"布局一批体量更大、学科交叉融合、综合集成的国家实验室"。[1] 党的十九届五中全会再次强调推进国家实验室建设，重组国家重点实验室体系。[2] 浙江省第十五次党代会明确提出要"构建以国家实验室和全国重点实验室为龙头的新型实验室体系、以国家产业创新中心为重点的产业创新体系"[3]。2020年，浙江省发布了首批4家省实验室，截至2022年6月，浙江省实验室已达10家。整体而言，浙江10家省实验室不仅覆盖"互联网+"、生命健康和新材料三大科创高地，更直指未来科技，积极布局国家战略性、基础性产业。

一 省实验室建设呈现新特点

从省级层面来看，各地纷纷以省级实验室为核心优化调整实验室体系，以培育战略科技力量。从市场主体来看，越来越多的龙头企业也启动建设实验室以维系行业领先地位。面对实验室建设热潮以及潜在的巨大投入，在遵循科学研究规律的同时，面向经济社会发展需求，推动前沿科学探索与应用技术突破的深度融合成为有效培育实验室经济，引领支撑经济社会高质量发展的关键所在。纵观实验室发展历程，可以发现实验室体系的有效运营需要体量巨大的人力、物力投入，同时辅之于良好的科研氛围以鼓励和支持科学家

---

[1] 《中共中央关于制定国民经济和社会发展第十三个五年规划的建议》，人民出版社2015年版，第54、56页。

[2] 《中华人民共和国国民经济和社会发展第十四个五年规划和2035年远景目标纲要》，人民出版社2021年版，第14页。

[3] 袁家军：《忠实践行"八八战略"坚决做到"两个维护"在高质量发展中奋力推进中国特色社会主义共同富裕先行和省域现代化先行——在中国共产党浙江省第十五次代表大会上的报告》，《浙江日报》2022年6月27日第1版。

开辟新领域,提出新理论。但从科学与经济社会的关系来看,仅有自由探索,没有商业化的应用,实验室发展难以维系。20世纪80年代以来,贝尔实验室的日渐式微已充分说明这一点。正因如此,实验室的发展定位出现了转向,一方面推进战略性、前瞻性、基础性的科研探索仍然是首要使命;另一方面更好服务经济社会发展也同步被提上议事日程。这一变化推动实验室经济发展呈现以下几方面特征。

一是任务导向型研究逐步强化。在实验室所展开的基础研究包含自由探索型研究和任务导向型研究,其中自由探索型研究赋予了科研人员极高的自主性,主要解决"为什么""是什么"的问题,任务导向型研究以具体任务、使命为导向,不仅要解决"为什么""是什么",还要解决"怎么样"的问题。任务导向型研究的强化源于市场主体的竞争压力以及经济社会问题的复杂化。市场主体竞争压力的扩大让越来越多企业意识到跟随式研发模式已经走到尽头。技术变化很快,企业之间的竞争已经从拼产品、资金、专利、标准进入拼基础研究能力的阶段。如果按照传统的由高校先做基础研究,再去做技术研发、工程试验及产品开发等实践将失去战略机遇。经济社会问题的复杂化让政府部门认识到需要强化整体认识,从更高的层面、更宽的视野对复杂问题形成系统和科学认识,并调动多部门、多领域力量进行集中攻关,为解决社会重大问题寻求新解决方案。

二是地方政府成为积极推动者。在国家整体战略的指引下,全国各省市对实验室的重视程度远超以往。其中,浙江省围绕数字经济和生命健康等领域谋划布局了之江实验室、良渚实验室、西湖实验室和湖畔实验室等10家省级实验室;江苏省启动建设紫金山实验室、姑苏实验室和太湖实验室等;早在2017年至2019年广东省就开始先后分三批启动建设10家省实验室,无论是规模还是数量都领跑全国。此外，北京、上海、山东、湖北、安徽等地也都实施了类似举措。地方政府的积极参与一方面传递了融入国家创新体系的强烈愿望；另一方面也体现了致力于在新一轮科技革命抢占先机，以新动能培育推动区域经济高质量发展的迫切渴求。

三是校企合作推进实验室共建。企业和高校实验室合作进一步深化，从以往的技术转让、委托研究与培养、联合开发转向共建实体，通过综合企业和科研机构的比较优势，形成"实验室+市场"的组织结构。这一点在互联网、人工智能、5G等新兴领域尤为明显，比如阿里巴巴与浙江大学、清华大学、中国科学院、新加坡南洋理工大学等共建实验室，腾讯也与哈尔滨工业大学、清华大学、中国科学院计算技术研究所、北京大学、华中科技大学、西安交通大学、中国人民大学和南京大学等8所高校成立协同创新实验室及创新合作平台等。

二 浙江布局省实验室体系的实践

2020年以来，浙江省分三批布局了十大省实验室，分布点从杭州城西科创大走廊扩展至宁波甬江科创大走廊、温州环大罗山科创大走廊，串珠成链，形成"一廊引领、多廊融通"的创新空间格局，为浙江高起点打造创新策源地提供充沛动能。不仅如此，十大省实验室分工明确，围绕浙江三大科创高地建设及未来先导产业进行着力攻关。之江实验室和湖畔实验室聚焦"互联网+"领域，打造全球科创高地；良渚实验室、西湖实验室和瓯江实验室聚焦生命健康领域；甬江实验室聚焦新材料领域，是浙江省新材料领域的省实验室。天目山实验室、白马湖实验室、东海实验室3家省实验室则都指向未来科技；湘湖实验室则聚焦农业这一战略性、基础性领域研究，以加快打造农业科创高地为目标。从三大科创高地到一系列战略性、基础性研究领域，省实验室的布局正加快实现多个重大科研领域的全覆盖。

2020年浙江省公布了首批四大省实验室，包括之江实验室、良渚实验室、湖畔实验室和西湖实验室。经过两年的运行，各个实验室在数字经济、生命健康等领域做出了大量有益探索，取得了丰硕成果，也向着全球科创高地不断迈进。其中，之江实验室是成立最早的省实验室，早在2017年9月就已经开始建立并运行，两年来，之江实验室也打造了新型研发机构的"浙江范本"。有别于传统的科研机构，之江实验室是浙江首家混合所有制事业单位性质的新型研发机构，探索了政府主导、院校支撑、企业参与的模式，既有浙江省政府的力量，也有浙江大学作为高校、阿里巴巴作为商业主体参与其中的力量。之江实验室的建设充分发挥各方优势，围绕智能计算、人工智能、智能感知、智能网络、智能系统5个研究方向打造科创高地，实现政府、高校、企业1+1+1>3的效果。截至2012年6月，之江实验室已经取得了一系列前沿重大科技成果，包括"神威量子模拟器"获2021ACM"戈登·贝尔奖"并入选2021年度中国十大科技进展等。取得这些成就的背后，关键在于之江实验室能够会聚天下英才。在人才体制机制探索上，之江实验室以项目为核心招引全球最强大脑，探索了矩阵式的人才管理模式，引才聚才机制更为灵活，为打造全球科创"高地"注入了动力。目前，之江实验室已集聚了2700多名科研人员，人才规模不断扩大。

与此同时，其他首批三大省实验室也取得了积极成效。良渚实验室瞄准"浙江省医学科技策源地，生命健康产业主引擎"定位，聚焦重大精神疾病、疑难未诊断疾病、血液与免疫疾病三大重点攻关领域，打造集"疑难重症诊治中心""个性化诊疗技术创新源""健康产业孵化基地"于一体的生命健康科创高地。良渚实验室主要依托浙江大学，充分借助并发挥浙江大学在综合优势、学科优势和人才优势等方面的领先地位，在此基础上充分整合政府、高校、社会、企业等多方资源，组建起多学科交叉、灵活聘用的一流研究团队。从成立以来，良渚实验室在生命健康领域取得了一系列丰硕的成果，包括绘制了全球首张"人类细胞图谱"等。湖畔实验室面向世界数据科学与应用领域最前沿方向，构建数据科学中心、前沿科技中心、产业应用中心三大基础能力中心，推动浙江成为世界数字经济的创新策源地。在体制机制上，湖畔实验室积极探索科技成果转化的创新机制，以市场化引领科技成果转化，使科学创新更加面向经济发展。以市场需求为导向，设立科研项目，让科研成果转化链条更短，转化效率更高。西湖实验室由西湖大学牵头建设，瞄准全球生命健康科技和产业发展前沿，聚焦国家和浙江省生命健康重大战略需求，通过高端人才队伍打造、创新平台建设、体制机制优化，致力于医学等领域取得具有标志性的突出成就。

2021年浙江省发布了第二批两大省实验室，包括甬江实验室和瓯江实验室。其中，甬江实验室位于宁波，围绕"前瞻创新，从0到1，厚植产业，造福社会"的宗旨，开展材料前沿科学研究，而甬江实验室也是浙江在打造"互联网＋"、生命健康、新材料三大科创高地中，新材料领域的省实验室，具有重要意义。成立一年来，甬江实验室始终把人才作为关键要素，把人才队伍建设及管理放在首要位置，推出了甬江灯塔、领航、舵手、翘楚、新秀等多层级人才计划，梯次引进了一批战略科学家、学术/技术带头人、科技骨干、有潜力的青年人才和优秀的博士毕业生。截至2022年6月，甬江实验室已引进8支研究团队、20多名学术带头人和100多名科研骨干，所涉及的领域包括了特种功能聚合物薄膜、3D数字制造等新材料领域的先进技术方向，为甬江实验室打造成为新材料领域的创新高地奠定了扎实基础。瓯江实验室位于温州，聚焦"打造'国内第一、国际一流'的重大科创平台"总目标，旨在打造具有国际影响力的再生调控与眼脑健康重大科技创新平台。瓯江实验室以创新集群方式突破关键领域核心技术，已经布局了"五大集群"，包括组织器官再生与重塑研究集群、脑疾病与认知功能康复研究集群、眼疾病与视觉功能康复研究集群、再生医学材料研究集群和高端医疗器械（装备）研究集群，以此夯实瓯江实验室发展的基础。

2022年浙江省相继发布了第三批4家省实验室，分别为白马湖实验室、东海实验室、天目山实验室及湘湖实验室。白马湖实验室是在碳达峰、碳中和背景下，聚焦浙江发展绿色能源助力双碳，由此提供关键性的技术支撑；东海实验室位于舟山，以打造智慧海洋为核心领域，助推浙江省建设海洋强省、海洋经济强省来进行打造；天目山实验室聚焦航天航空领域，符合浙江省对于未来先导产业的布局，能够在未来产业领域提供关键性的技术支撑；湘湖实验室面向绿色农业领域，能够更好地保障粮食安全，破解农业发展中现代化程度、集约化程度不高的问题。

三　加速省实验室建设完善创新体系

完善区域创新体系是创新发展的重要举措，省实验室作为区域创新体系的重要主体和载体，在创新驱动的背景下将发挥更大作用。浙江在前期探索和布局省实验室基础上，应当以此为重点，进一步加强统筹、集聚人才、创新机制、深化改革等，不断推进区域创新治理体系现代化，优化区域创新体系。

第一，加强系统谋划与资源统筹。瞄准世界科学前沿方向，综合考虑国家、区域战略需求以及本地科技资源、产业优势，优化调整实验室体系。一是强化实验室研究方向的系统性谋划，避免出现盲目建设、冷热不均以及系统性项目碎片，通过研究成果的集成建设形成具有重大影响力的基础学科群；二是系统调配财政资金和相关资源政策，对关系到国家和地方战略需求的重大项目给予持续稳定的支持；三是谋划实施一批大科学工程、建设大科学装置，全面提升科研设施与仪器资源的整合协同和运行效率，构建跨领域、多层次的优势科研资源网络。

第二，优化高端人才会聚能力。一要创新人才引进模式。以"进驻带动""项目驱动"的模式，大力推进全球范围"高精尖"人才引进，着力引进具有标志性和影响力的人物，对急需的紧缺特殊人才开展定制化招聘。二要优化高端人才培育机制。引导科研人员"干中学"，鼓励研究人员将学术生涯与社会科学界面的参与结合起来，提高从实践中凝练和解决科学问题的能力。建立"重大科技创新平台＋重大科技项目"相结合的高水平人才培养模式，在重大科技活动实践中培养一批具有国际水平的战略科技人才、科技领军人才、创新团队。三要推动对人才的支持由"支持项目"向"支持团队"转变，建立面向创新质量的科研团队考核评价体系、激励体系、保障体系，使科研团队逐步形成技术能力和国际竞争力，提升人才在实验室的获得感和荣誉感。

第三，探索企业参与的多元模式。一是进一步向企业开放公共实验室和大型仪器设备，促进企业与大学和研究机构间的人员、知识交流，节约企业研发成本；二是鼓励企业参与实验室共建，按照责任共担、利益共享的原则，推动企业与高等院校、科研院所的合作研究机制和人才交流长效机制；三是支持在具备冲击"领跑"地位的优势领域建设企业实验室、公共开源平台，切实落实已有减税降费、研发支出加计扣除所得税等普惠性政策，为企业实现前瞻性基础研究、引领原创性成果重大突破提供物质资源保障。

第四，强化实验室自主管理权。一是简化组织结构，按照机构改革的方向和去行政化的要求，合理设置内部管理部门和科研业务部门，重点布局业务部门，减少保障日常运转的综合部门；二是建立相应的聘任制、年薪制、合同制、考核制等市场化运行机制，更好地发挥实验室主任在人才引进、职称评聘、人员聘用、条件建设等方面的管理自主权；三是优化实验室内部管理体系，健全党组织全面领导、实验室高度自主、全球招募人才、企业化运作的内部综合管理体系，切实提升各级实验室管理效率和资源集约利用水平。

第二节 把握全球趋势打造创新人才高地

后疫情时代，随着全球产业链重构和科技竞争进一步加速，各国纷纷把引进科技人才纳入国家战略，科技人才已为全球人才争夺的主要对象。面对科技人才缺口大、培养周期长的现状，如何把握海外科技人才流动特点，提高人才引进效率将直接影响浙江建设全球人才蓄水池的质量和水平。

一 浙江建设高水平创新型省份中的人才短板

自2016年以来，浙江先后出台人才新政25条、高水平建设人才强省行动纲要33条等一批关键性政策，引导各类人才到创新发展主战场建功立业。人才总量的快速增长、质量的稳步提升以及结构的不断优化为打造高水平创新型省份奠定了良好基础。但与发达国家、地区的人才储备以及浙江高水平建设创新强省目标相比，仍存在诸多短板。

第一，人才规模增量受区域性局限，对高水平创新支撑不足。2019年，浙江省以84.1万人的净流入量登上榜首。但浙江高素质人才主要流入杭州、宁波两地，其他地区由于受经济发展水平、区位条件、产业结构特点等因素制约，高素质人才队伍发展相对滞缓，对高水平创新的支撑力明显不足。以硕士引进为例，截至2019年上半年，浙江新引进硕士数量将近3.4万人，其中，杭州、宁波新引进硕士数量分别达到21560人、3977人，舟山、丽水、衢州、台州新引进硕士数量仅有111人、166人、203人、221人，四地新引进硕士人数之和仅占全省的2.06%。根据界面商学院与中国人民大学信息分析研究中心联合发布的《2019中国城市人才品牌吸纳度50强报告》显示，杭州是浙江省唯一入围榜单前十位的城市，排名第4位。相比之下，深圳、广州、佛山、东莞均入围榜单前十位。

第二，领军型人才和高水平科研平台偏少，原始创新能力不强。2019年，浙江通过全职、柔性等方式新引进的顶尖人才和领军人才总数达1437人，其中杭州、宁波、湖州、嘉兴等地均超过200人。但从支撑原始创新上看，浙江与北京、深圳、江苏等地在顶尖人才、领军人才招引和培育上都存在一定差距。在招引上，深圳近年来重点布局生物医药、新材料等基础科研领域，"十大诺奖实验室"已经建成9家。而北京、上海、广东、江苏分别有79家、32家、11家、20家国家重点实验室。相比之下，浙江仅有9家国家重点实验室。在培育上，浙江高校总数少于北上广，特别是"双一流"高校数量更少。教育部公布的42所世界一流大学建设名单中，浙江仅有浙江大学一所高校入选，而北京、上海、广东、江苏入选数量分别为8所、4所、2所、2所。从产业分布来看，2019年浙江省级人才项目、领军型团队主要集中在数字经济和生命健康领域，相比之下传统产业原始创新突破面临更大难度。

第三，对青年人才吸引力偏低，创新生态活力不足。青年人才是区域创新的活力来源。2019年浙江组织350家高校57万名大学生来浙实习，留下2.2万名。全年引进大学生96万名，同比增长89%，其中博士6463名，同比增长55%。但根据DT财经发布的《2019中国青年理想城报告》显示，在综合考虑人口、消费、GDP、产业结构等因素的基础上，浙江省仅有杭州一个城市位列最吸引中国年轻人的城市前十，宁波仅排在第16位，嘉兴、温州、金华、绍兴、台州分别排在第31、32、34、39、43位。从具体指标上看，浙江入围城市在工作机会含金量、居住便利度、环境友好度上表现突出，但是除了杭州，其他入围城市在商业资源、生活新鲜感、文化娱乐活力等青年人才高层级需求指标上得分普遍不高。

第四，人才管理灵活度偏低，产学研协同创新效率不高。尽管浙江不断创新人才体制机制，但从促进产学研协同创新效率提升上看，还存在人才评价机制不够灵活，科技成果转化激励政策执行不到位的问题。在评价人才上，浙江缺乏长远宽松的评价手段，一个尺度的评级指标达不到发现人才，尤其是特殊创新人才的目的。比如在职称认定上存在地区限制，在人才认定上存在衡量标准单一的限制。而深圳在人才认定和评价上通道多，路径丰富，可以让一些特殊领域、特殊人才通过多样科学的评价手段涌现出来，并且鼓励企业成为高层次创新创业人才的认定评价主体，对战略科学家放松时间，鼓励深耕，宽容失败。在激励科技成果转化上，近年来，国家和浙江省都出台了相关政策鼓励科研人员参与科技成果转化。但是在实际操作过程中，省里相关部门和科研院所相关配套细则不完善，财政、审计等部门对成果转化评估认可标准不明确，科研人员创新创业活力没有得到充分释放，影响了产学研协同创新效率提升。

第五，人才国际化程度偏低，创新的国际竞争力不强。近年来浙江坚持全球视野、开放聚才，仅省本级就在海外建立了33家引才联络站、27家海外孵化器，带动全省各地与200多家海外人才科技组织建立合作关系。但从增强创新国际竞争力上看，浙江社区国际化水平相对偏低，对优秀海归人才吸引力不足。例如，北京今年将基本完成朝阳望京、中关村大街、未来科学城、新首钢四个国际人才社区试点区域；上海的碧云国际人才社区聚集了来自世界60

多个国家和地区的 1000 余户外籍人才家庭，在此基础上，上海还在张江加大力度建设集科创与宜居宜业结合的国际人才社区。而杭州、宁波等在国际人才社区的建设规划配套、体制机制上对国际人才的吸引、集聚效应还相对不足，国际学校和国际教师资源、高端医疗服务和国际医生匮乏，国际人才资源服务的市场化程度不够，缺少国际国内知名的国际科技人才猎头，国际文化交流活动少，难以满足国际人才需求。

二 全球创新人才队伍建设呈现新动向

当前全球主要发达国家和新兴经济体国家都加大了高层次人才的争夺，把吸引人才作为一项基本创新战略。总体而言，全球人才竞争加剧、优秀专业人才招引难度加大，高层次、创新型人才流失概率加大，创新人才环流与全球共享成为不可忽视的现象。而各地为了更加有效地吸引顶尖人才、青年人才，不断优化政策供给，驱动人才工作制度化、系统化，朝着深度契合区域创新战略的方向演进。

第一，升级移民政策聚焦高层次人才引进。收紧对低技能人士签证，积极争抢高层次人才是全球移民政策及人才战略调整的重要内容。以美国为例，特朗普执政以来提高了移民门槛，但对于高层次人才保持了积极态度，比如苹果、脸书、Google、英特尔和微软等核心企业的 H1-B 签证通过率仍然高达 99%，此外还特别制定了吸引企业家移民的政策规则等。同样加拿大移民政策在收紧低技能人士签证的同时，增加了高素质移民的数量。2019 年，英国推出全球人才签证（Global Talent Visa）以吸引世界上最顶尖的科学家、数学家、研究人员、技术人才赴英定居，而且不设上限。该签证由英国研究与创新局（UKRI）直接处理，缩短审理时间，且为某些重要的研究项目开启签证快速通道，包含抵达英国前无须雇主担保,3年即可获永居等系列优惠。此外,德国"蓝卡制度"、以色列"卓越计划"、韩国"智力回归计划"等,也都是很有针对性和竞争力的人才措施。

第二,强化跨学科、复合型人才培养。数字时代,科学探索及技术创新进入了融合阶段,涉及跨学科、跨领域以及跨部门的信息、知识以及数据汇聚。为此,全球在人才培养方面更加强化了综合能力的提升。在重视通识教育的基础上,更加关注跨学科课题,培养人才复合技能。比如考虑人工智能在学科上的高度交叉性和综合性,发达国家纷纷推进多学院联合教学或跨学科研究中心。2018年麻省理工学院宣布成立一个新的人工智能(AI)学院,将计算和人工智能融入麻省理工学院的所有研究领域中,鼓励跨学科的努力。在职业教育层面,产教融合成为综合性人才培育的重要途径。英国实施新"学徒计划"为英国的数字经济培育技能人才。该计划由非营利组织"技术合作伙伴"(The Tech Partnership)的企业和高等教育机构联合开发"数字与技术解决方案""商业信息技术管理"和"商业软件开发"等学士学位学徒制,让学生获得包括学术学习和在职培训的荣誉学位,使个人能得到实际的工作培训和经验,而参与"技术合作伙伴"的企业则能以高性价比获得需要的业务技能人才。

第三,推进全流程、专业化、市场化的人才服务生态。在激烈的竞争环境下,发达国家人才服务的工作不断走深走细。一是服务内容不断深化,围绕科学研究和科技成果转化、孵化、加速、上市等各个环节做好人才服务,实现全链条、全周期的服务对接。各地吸引的目标人才范围不断扩大,涉及从博士、硕士扩大到本科生、专科生、中专生乃至没有学历的技能人才等,对应的政策也十分多元;2008年成立的"联系新加坡"(Contact Singapore)承担吸引国际人才到新加坡工作、投资和生活的职能。既扮演了"宣传窗口"

的角色，又发挥了充实人才库、构建人才网络的作用。二是加强政企协作，提升专业性和市场化程度。以人才招聘为例，70%的高级人才流动都通过猎头完成，90%以上的大企业都利用猎头获取人才。截至2018年，中国各类型人力资源服务机构共35703家，CR5市场份额仅为5.14%，远低于世界平均水平的20%。三是制度创新。在海外人才引进上，实施海外高层次人才各种税收减免优惠制度、境外人才备案后可享受创业的多种支持优惠政策。

第四，利用数字化平台推动人才灵活使用。当前全球用工市场发生重大调整，灵活就业、在线办公成为重要趋势。根据WEC发布的《2019年经济报告》，2017年美国灵活用工营收规模为1169亿欧元，英国灵活用工营收规模为349亿欧元，日本约为536亿欧元，2017年全球灵活用工渗透率平均值为1.6%。中国灵活就业渗透率仅为1.2%，表明有较大增长空间。例如，欧盟推动"欧洲开放科学云平台"建设，促进欧盟科研数据的开放共享，在自愿原则基础上，把现有的科研云基础设施整合为一个可以向全欧洲提供服务的云结构基础设施联盟，以便让欧洲1700万科研工作者能够获取并分享彼此之间的科研数据。产业层面出现了以InnoCentive为代表的众包创新研究平台，企业把自己公司最头疼的研发难题抛到网站上，等待隐藏在网络背后的高手来破译，在此网站上，破译的高手已经达到16.5万名，包括来自美国、欧洲、俄罗斯、中国、印度和阿根廷等国家和地区的科学家和技术人员。在数字时代，也是全民参与创新创业的时代，其包容性更强。

三 建设高水平人才队伍打造创新人才高地

立足打造高水平创新型省份的目标要求、人才队伍建设现实基础以及全球人才竞争的总体态势，浙江在后续发展中应进一步对标全国领跑者、聚焦国际竞争力，朝着深度契合区域发展战略的方向推动人才供给改革，真正把人才工作放在发展战略的优先和核心位置。

第一，统筹谋划创新战略与人才战略，提升整体工作效能。围绕科技、产业创新战略以及全省生产力的整体布局，谋划人才发展战略。一是统筹人才战略与科技创新战略。以打造"互联网+"和生命健康两大世界科技创新高地为目标，跟踪世界科技创新前沿领域，绘制全球顶尖科研和技术团队分布图，做好人才招引工作，着力解决浙江领军人才短缺、原创研究人才偏少的难题。二是统筹人才战略与产业发展战略。聚焦数字经济"一号工程""建设先进制造业基地"战略，以及八大万亿产业发展，系统谋划高层次人才、高技能人才、紧缺专业人才招引及本地人才培育，在新产业新模式新业态中寻找机遇、培植优势。三是统筹人才战略与区域发展战略。结合四大都市圈、山海协作等战略布局，加强区域之间人才规划、重大人才工程以及人才政策协同，从源头上推进区域人才工作的特色化、差异化。

第二，着力推动创新平台的能级提升，实现关键节点突围。进一步集成政策、集中资源提升平台能级，增强对优秀人才的吸附力以及对全省的辐射效应。一是用好高校以及科研院所平台。支持浙江大学、之江实验室、西湖大学、浙江清华长三角研究院、中科院宁波材料所、中科院浙江肿瘤与基础医学研究所、北航中法航空大学、阿里达摩院等重点平台加快发展。二是加大对企业实验室、研发机构、技术创新中心、博士后流动站的政策支持力度，引导企业加强对人才和科技创新工作的重视及投入，并在全球范围内吸引、储备和培养科技和产业人才。三是推动产业园区的有机更新，围绕高素质人才的诉求，完善办公空间、交通出行、社交娱乐以及医疗教育等配套设施，将园区从单纯的生产功能向融合研发、设计、创意、服务等功能转变。四是鼓励各类创新平台与专业服务机构合作，通过常态化的举办国际学术会议、发展论坛、青年学者论坛及博士后挂职等方式，把人才请进来，吸引人才关注浙江，发现、使用优秀人才。

第三，建好海外人才招引及孵化网络，提高人才引育质量。一是在全球知名人力资源平台开辟"网上引才直通车"，面向全球引进世界一流学科带头人、前沿理论研究人才、创新型企业家领军人才、社会事业紧缺人才。二是健全国际化人才招引平台，加强与海外行业协会、风投公司、猎头公司、联谊会、同乡会等机构的合作，在海外人才密集地区聘请引才大使，逐步建立全球化、常态化的引才网络。三是鼓励企业以自建、并购、合资、参股方式建立海外研发中心、研发基地、实验室、孵化器等，就地引进和使用海外人才，开展关键核心技术研发和产业化应用研究。四是用好"一带一路"沿线人才资源。据统计，在信息通信行业中，"一带一路"沿线的西欧地区拥有将近 480 万名行业人才，在东南亚拥有将近 160 万名行业人才。在金融行业中，"一带一路"沿线的西欧地区拥有 430 多万名行业人才，在东南亚则拥有 140 多万名金融人才。其中，菲律宾、印度尼西亚、马来西亚、新加坡等在信息通信与金融方面均有良好的人才储备。

第四，加快培养复合型、应用型人才，实现产教良性互动。一是吸引世界一流大学到浙办分校、与省内高校合作开设课程等，以全球化的教育吸引更多国际留学生。二是与国内外重点科研机构、世界知名智库、世界一流大学等建立全方位、深层次合作，有计划有步骤地在这些机构的博士点、博士后流动站提前定点培养人才。三是围绕复合型人才需求，推动交叉学科、特色学科建设。支持省内高校加强数字经济、生命健康领域交叉学科建设与人才培养。四是深化校企合作、推动产教融合。通过建设工业互联网和智能制造实训基地，推动数字经济行业龙头企业深度参与高校课程设置、教学设计和实训课开发等方式，大力培养企业首席信息官（CIO）、首席数据官（CDO）等职业化、创新型高技能数字人才。促进技工院校在师资培养、课程标准、教学要求等方面与世界先进标准对接。

第五，大力推动人才服务体系市场化，增强资源配置效率。发挥市场机制在配置创新资源，促进人才、科技、资本的快速结合和高度融合等方面的决定性作用是解决人才建设长效性问题的关键。一是发挥用人单位引才主体作用。进一步加强权限下放，将岗位设置、人才评价、薪酬待遇等方面自主权下放给用人单位，以用人单位为主体来释放人才引进的动力和活力。二是建立市场化引才荐才长效机制。发挥市场主体作用，专业的事情交给专业的机构操作，充分发挥猎头公司、风投机构、企业等人才引进的专业性，发挥这些机构的作用。把引进人才识别过程变成企业、资本与人才对接的过程，有效提高引才的精准率和成功率。鼓励公益组织和学术机构深入参与到引才工作中，淡化行政色彩。三是在评价体系上，实行以企业、行业为主导的人才多元化评价机制。人才该怎么评价，不再由政府主导，学历、职称和技能等级条件不能作为人才素质评价的单一标准。四是推广各地行之有效的人才发展集团、人才券等做法，加大政府购买服务力度。通过政府推动、政策扶持、资金引导，引进培育一批人才中介服务机构，对天使投资、知识产权服务机构、科技产业服务机构等给予政策扶持，大力发展人力资源服务产业。

第六，培育以人才为中心的良好生态，全面释放人才活力。一是打造一体化、便利化的人才服务机制，构建人才引进、培养、流动、评价、激励、服务及保障的一整套完备政策体系。探索人才服务"最多跑一地"改革，建设一批集人才招引、人才落户、人才创业创新等功能于一体的综合体、加油站，为人才创业创新提供全周期、一站式服务。二是建构人才柔性流动机制，做好高层次人才机动编制管理、支持事业单位科研人员离岗创业、建立企业家和企业科研人员兼职制度、放宽科研人员因公出国（境）管理、鼓励大学生创新创业、促进人才向基层和艰苦岗位流动。三是遵循国际人才市场交易规则，试点建立与国际规则接轨的高层次人才招聘、薪酬、考核、科研管理、社会保障等制度。四是全面推进人才工作数字化转型，推广网上引才，建设"浙江人才工作大脑"，打造全省统一的人才流量入口、人才服务超市和人才数据后台，基于数据驱动对各级各类人才给出差异化的激励政策和服务体系。五是打造开放包容的人才发展环境和公平正义的法治环境，尊重文化多样性、宽容差异性、包容试错等，保证各类人才依法平等使用生产要素、公开公平公正参与市场竞争，全面释放人才活力。

第三节 以龙头企业为主导集聚创新资源

当前，企业竞争已经演变成商业生态竞争、产业竞争升级为产业链竞争、城市竞争转向城市群之间的竞争。科技新城是集聚创新要素的重要载体，也是推动城市创新发展的重要平台，引领经济高质量发展。但科技新城的快速崛起受到多重因素的影响，包括企业主体、政府支持、研发投入等，企业、高校、研究机构等创新主体之间的合作都会对区域创新发展产生显著的正向影响。企业等创新主体要素对于科技新城发展具有显著的促进作用，企业对城市创新发展的影响也具有不同模式，深圳依靠大企业集群模式、北京依靠知识创新机构推动模式、上海依靠产业园协同推进模式、大连依靠产学研互补模式、杭州依靠中小企业集聚模式等。企业是创新创业的中坚力量，能够有效推动城市创新发展，尤其是锚企业更加发挥了不可替代的作用。锚企业是某个产业领域中的龙头企业，具有雄厚的实力，对科技新城空间内的创新要素集聚具有灯塔效应，能够吸引中小企业、创新要素向锚企业所在空间快速聚拢。锚企业与大企业的差异性在于：大企业更加侧重于从总量规模上推动区域发展，从而聚集中小企业形成区域产业集聚；锚企业则是通过自身的虹吸效应，吸引人才等创新要素集聚，由此拉动区域创新发展。在锚企业的带领下，相关产业的中小企业也积极融入锚企业所在的价值链，从而打造本地企业网络。锚企业嵌入科技新城创新生态中，吸引人才要素、产业要素等集聚，带动科技新城发展，有效促进了地区生产总值、地区人均 GDP 等。在此背景下，科技新城也会加大政策扶持、资金扶持等以吸引锚企业进驻，以此集聚高端要素、创新资源等，构造良好的商业生态和创新生态。

一　锚企业驱动科技新城集聚创新资源

"创新"最早由熊彼特提出，认为经济发展的内在动力在于创新。随着创新对经济的贡献日益增长，创新研究也从企业层面的技术创新拓展到区域空间层面的城市创新。企业是推动经济社会发展的主力，亦是创新的需求者、投资者和主导者。经典理论研究表明，企业驱动科技新城发展的路径在于"企业→企业群→创新要素集聚→本地生产网络→创新网络"。以企业为创新主体，同类产业或者关联产业中的企业在地理空间上进行有效集聚，从而汇集创新要素等资源。一方面，创新资源集聚将吸引更多本地企业进驻，为本地产业发展注入新的活力；另一方面，创新资源集聚将促使政府能够出台更为有利的招商引资政策、不断完善基础配套设施，打造一流的创新环境，构建好本地企业网络。

相较于传统企业集聚，锚企业更加能够发挥企业本身的虹吸效应，吸引创新要素集聚，构建区域企业网络。科技新城也将转变政府职能，完善公共服务体系，扶持锚企业及企业群快速发展，加快产城人深度融合,实现城市创新发展。所以,锚企业驱动科技新城创新发展的路径可以表示为"锚企业→创新要素集聚→本地企业网络→产城人深度融合"。具体而言,锚企业将从产业演进、要素集聚、政策配套及生态完善来推动科技新城创新发展(如图3.1)。

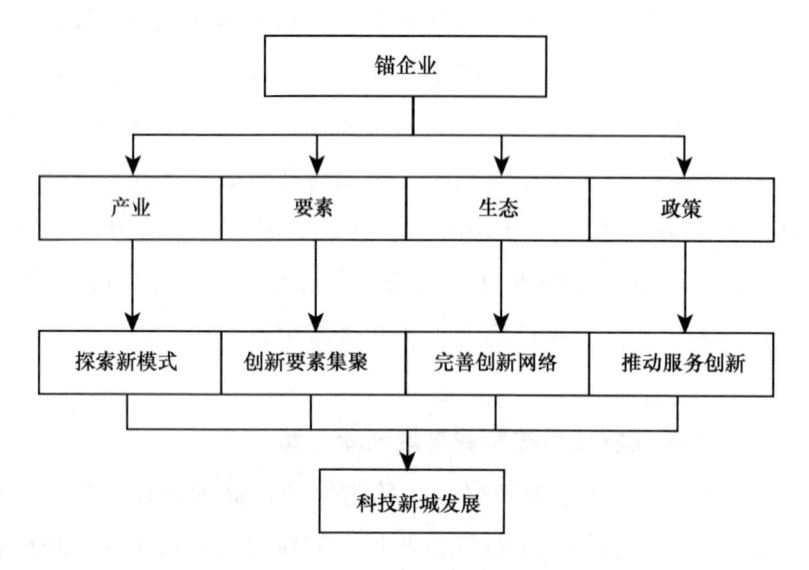

图 3.1　锚企业驱动科技新城发展机制示意图

资料来源:笔者绘制。

第一,探索产业发展的新模式。锚企业通过做强做大产业,拓宽产业生命周期,有效撬动科技新城产业结构转型升级,促进空间产业布局迈向高级化、现代化。一方面,科技新城所引进的锚企业往往是新兴产业,而非传统制造业,譬如美国硅谷拥有苹果、英特尔等锚企业,直接推动了科技新城产业结构的转型升级;另一方面,锚企业为了适应现代化经济体系建设,会加大研发创新投入以提高企业自身的技术水平。由于技术具有很强的外部性,促使科技新城空间内的企业能够共享技术外溢效应,以此带动了整个板块的技术进步,从而推动产业升级。与此同时,锚企业会吸引高端要素的集聚,而这些要素并不会流入传统制造业部门,而是转向新兴产业部门,尤其是人才要素的流入,极大地推动了产业高级化进程。

第二,高端创新要素的空间集聚。科技新城崛起的基础在于高端创新要素的空间集聚。企业是研发创新的主体力量,能够有效推动科技新城创新发展向纵深推进。锚企业能够吸引创新要素快速集聚,呈现空间聚拢态势,为科技新城增添强有力的动力,快速助推科技新城创新发展提速增效。一方面,锚企业尤其是创新型锚企业或新兴产业锚企业进驻,能够直接提升区域内部的产业结构高级化水平,从而带动科技新城创新发展水平的提高;另一方面,锚企业进驻能够快速带动人才、资金等高端要素的集聚,同时,也会吸引与锚企业相关的上下游中小企业入驻,助推整个板块的创新发展。本质而言,锚企业的进驻为科技新城创新发展的创新生态提供了前期基础,对于科技新城的创新发展将产生积极效果。

第三,完善创新创业生态网络。区域创新发展的竞争已由企业之间的竞争转向商业生态之间的竞争,良好的商业生态能够吸引更多企业进驻,从而推动区域创新发展的快速前进。锚企业进驻对于区域商业生态最终的影响在于加速完善创新生态,从而打造更好的商业生态环境。不论是高端要素资源引进,还是配套措施、基础设施的完善,最终的影响都是完善了创新生态和商业生态,从而推动科技新城创新发展。虽然商业生态也可以由中小企业来推动和完善,但中小企业成长为锚企业需要漫长过程,而直接吸引锚企业落户则能够更好地将这一过程缩短,并且利用好大企业的集聚效应,吸引要素资金流入,起到事半功倍的效果。譬如美国硅谷,凭借惠普等大企业成长,带动商业生态完善,推动区域创新发展。

第四,推动政府公共服务创新。科技新城发展离不开政策配套等政府支持,锚企业进驻能够有力推动空间创新环境的改善,同时也会与政府之间形成积极的良性互动关系。锚企业进驻能够带动高端要素和资源集聚某个区域，促进区域创新发展，符合政府长期规划。然而，锚企业所吸引的人才、资金等要素需要政府强有力的配套措施，倒逼政府完善基础设施建设来留住人才等要素。基于这种考虑，政府往往会从三方面来完善公共服务，满足锚企业吸引要素集聚的需求。一是完善政策配套和服务配套，出台真正适合企业发展的配套政策措施，同时提高服务效率和质量，解决企业办事问题；二是加强土地配套，使大企业落户真正能有自己的产业园区；三是完善医疗、教育、商业等资源配套，为锚企业吸引的人才提供必要的基础配套设施。锚企业与政府之间的紧密融合、互惠互利，对于科技新城发展具有重要的促进作用，能够加快科技新城建设的速度。

二 锚企业驱动杭州未来科技城创新资源集聚

2011 年，杭州未来科技城被中组部、国资委批复成为全国第四个未来科技城，在发展进程中，通过锚企业的撬动集聚起了创新资源，以企业为主体构建起了区域创新体系。在此过程中，阿里巴巴作为初期进驻的锚企业，对于人才等创新资源具有一定的集聚作用。虽然阿里巴巴在发展过程中也存在平台经济垄断等问题，需要进一步去破解，但阿里巴巴作为锚企业，在杭州未来科技城发展初期，对于创新资源的集聚仍旧发挥了一定作用。阿里巴巴起源于电子商务成长为世界级的电子商务龙头企业，而且构建了电子商务生态系统，变革了传统的商贸环境，不断向金融服务、创新创业等领域延伸。未来科技城通过学习机制、风险控制机制、激励约束机制和合作机制，形成了创新企业群落，进一步培育了未来科技城发展新的增长点，推动未来科技城创新发展。在此进程中，未来科技城制度的完善为阿里巴巴创新创业提供了基础保障，包括社区制度、创新制度等（如图 3.2）。尤其是未来科技城打造梦想小镇，为创新创业提供了平台空间,催生了"阿里系"。

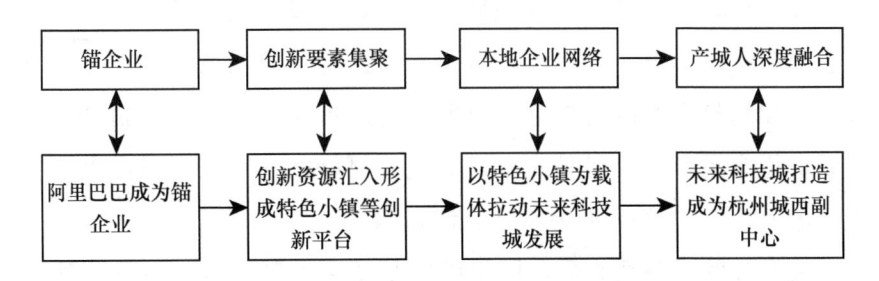

```
锚企业 → 创新要素集聚 → 本地企业网络 → 产城人深度融合
  ↕           ↕              ↕              ↕
阿里巴巴   创新资源汇入形    以特色小镇为载   未来科技城打造
成为锚     成特色小镇等创    体拉动未来科技   成为杭州城西副
企业       新平台            城发展           中心
```

图 3.2　阿里巴巴驱动杭州未来科技城发展的示意图

资料来源:笔者绘制。

2013年阿里巴巴进驻杭州未来科技城,在杭州未来科技城的支持下蓬勃发展,同时杭州未来科技城在阿里巴巴的驱动下也快速崛起。依托杭州未来科技城的政策扶持、商业环境等优势,阿里巴巴进入了发展的"快车道",2014年阿里巴巴便上市,充分说明了未来科技城对于阿里巴巴的扶持作用。阿里巴巴通过互联网的力量,致力于打造电商平台、物流平台、金融平台、大数据平台、云服务平台等五大商业基础设施平台,降低上下游企业、消费者之间的信息不对称,降低商业交易成本,已经成为全球最大的移动经济体,为中国企业尤其是中小企业创造了良好的发展环境、打造了优质的发展平台,构造了中国经济发展的"新引擎"。阿里巴巴进入"西溪时代"后,不断夯实批发平台、零售平台等传统业务,延伸云计算、数字媒体、人工智能等尖端技术,打造多元化的发展模式、实现多元化的发展路径,包括全球化战略,推进全球化出口、全球化进口及全球化基础商业设施;农村化战略,旨在通过农村淘宝项目,让农村居民享受到更多元化的优质产品和服务;数据化战略,实施业务数据化、数据业务化等。阿里巴巴持续通过内培外引的举措来保持核心人才体系的竞争力。仅阿里云就已经吸引多位世界级科学家加盟,包括 Google 资深数据科学家文镇、微软合伙人周靖人、IEEE院士华先胜、Google研究员闵万里等，成功推动了阿里巴巴在云计算、人工智能等领域的进展。这些高端技术人才的回归与加盟，有效提升了阿里巴巴技术水平，为阿里巴巴带来了巨大成效。譬如蚂蚁金服的智能客服自助率高达96%、智能理财机器人开放后日均交易额成倍增长。不仅如此，阿里巴巴还积极建设之江实验室、人才"达摩院"等平台，实现内培与外引相结合。

从这些发展现状来看，阿里巴巴驱动未来科技城创新发展的核心在于将人才等创新要素集聚，从而更好地推进科技园区的发展，由点及面、串联成珠，打造成科创高地。

第一，推动未来科技城产业向高端化演进。阿里巴巴的进入不仅带动了未来科技城信息经济的快速发展，而且伴随阿里巴巴新业务的不断扩大，也为未来科技城的产业深化发展提供了巨大空间。2017年6月菜鸟智慧产业园落户未来科技城，菜鸟网络是阿里巴巴对传统电商业务的重要服务配套，依托菜鸟智慧产业园，未来科技城将形成电商产业发展更为完整的生态。此外，阿里巴巴在云计算上的有利拓展也为未来科技城新业态发展提供了重大机遇。

阿里巴巴于2009年推出云服务，为有效承接阿里巴巴云计算业务发展，杭州未来科技城启动建设人工智能小镇，旨在打造出全国领先的人工智能产业高地。阿里巴巴作为世界级龙头企业，充分发挥优势资源，谋划打造"新零售、新制造、新金融、新技术、新能源"创新中心。在阿里巴巴的带动下，杭州未来科技城有效规避了制造业主导下的传统产业集聚发展路径，打造以新产业为主导、以特色小镇为平台的现代化产业体系，实现了新经济、新业态、新模式的有效集聚、有效孵化。与此同时，未来科技城也为阿里巴巴提供了众多政策支持及空间规划。譬如阿里巴巴充分把握产业发展趋势，致力于人工智能领域研究，未来科技城便支持阿里巴巴推动AI产业蓬勃发展，在未来科技城建立人工智能小镇。

第二，促进人才要素在未来科技城有效集聚。阿里巴巴在杭州未来科技城的蓬勃发展，吸引尖端人才的快速回流，促进了未来科技城积累大量人才；同时，未来科技城也提供了充分资源来保障人才回归。阿里巴巴的快速成长推动着未来科技城高端人才的集聚，使未来科技城的人才结构向高级化演进。一方面，阿里巴巴利用自身资源，为未来科技城提供高端城市配套服务；另一方面，未来科技城积极配合阿里巴巴，做好人才引进保障工作。譬如阿里巴巴建设湖畔大学，未来科技城积极做好工程建设支撑工作；阿里巴巴利用其影响力将之江实验室落户未来科技城，有效提升未来科技城的人才集聚能力和高端水平。

近五年来未来科技城引进各类高级人才共计 2199 人，引进的人才数量逐年递增。相较于 2012 年海归人才引进 246 人，2017 年引进 400 人，增长超过近 1 倍，保持年均 20% 的高速增长幅度。在人才引进的产业分布上，最多的行业为互联网、电子信息、物联网等产业（如图 3.3），占据了引进人才数量的 41.05%，与阿里巴巴的入驻有着较大关联。更为重要的是，无论是阿里巴巴员工以及之后引进的各类人才都有着较强的消费能力，也倒逼着未来科技城不断完善配套服务、商业设施，保持未来科技城对人才的强大吸引力。

第三，培育未来科技城的创新创业生态。得益于阿里巴巴良好的创新创业氛围，相当数量的阿里巴巴员工会选择自主创新创业，由此形成了"阿里系"企业，而这部分企业对于未来科技城商业生态完善起到了"生力军"的作用。当前未来科技城还是以专业园区和集群企业培育为主，企业数量增长是重要指标，而其中很大一部分来源于"阿里系"企业的诞生与成长，阿里集团及关联方在未来科技城的企业数目不断增加，形成企业"裂变"效应。截至 2017 年底，已有 50 家阿里关联企业进驻未来科技城，包括浙江天猫技

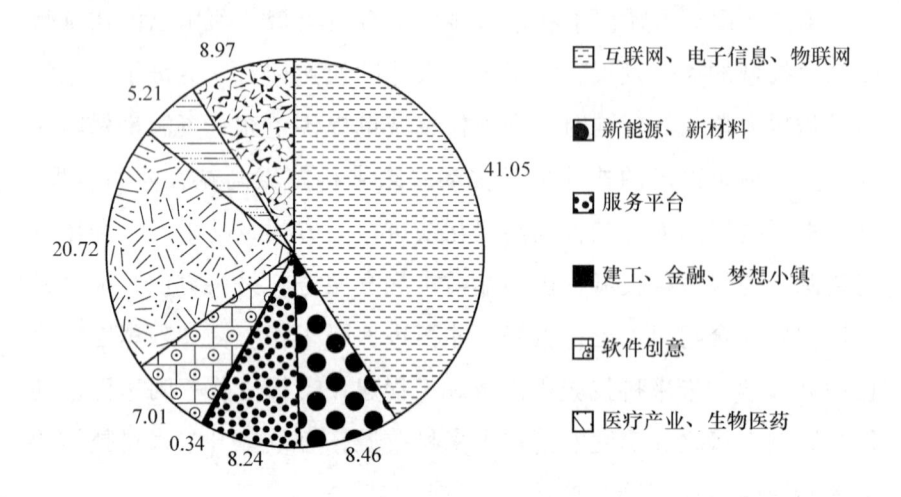

图3.3 杭州未来科技城人才引进的产业分布（单位：%）

资料来源：根据杭州未来科技城管委会提供数据测算。

术有限公司、浙江菜鸟供应链管理有限公司、浙江天猫供应链管理有限公司、阿里巴巴（杭州）文化创意有限公司等，这些企业主要为阿里巴巴电商平台系企业，对于未来科技城产业结构的形成具有重要影响。

阿里巴巴的快速发展培育未来科技城良好的创新创业氛围，吸引着"两创"企业集聚未来科技城，形成了一支由"阿里系""浙大系""海归系""浙商系"组成的创业"新四军"队伍，从一元驱动转向多元化发展转型升级。与此同时，未来科技城也为企业项目落户提供了资金支撑等保障条件。在项目的落户上，2017年3月底累计入驻企业达586家（含已注销企业），其中电子信息、互联网产业项目占据了30.42%，医疗、生物医药所占比重为25.52%（如图3.4）。电子信息、互联网产业以阿里巴巴为主体，形成了发展的传统优势。

第四，提升未来科技城的国际化水平。全球化战略是阿里未来

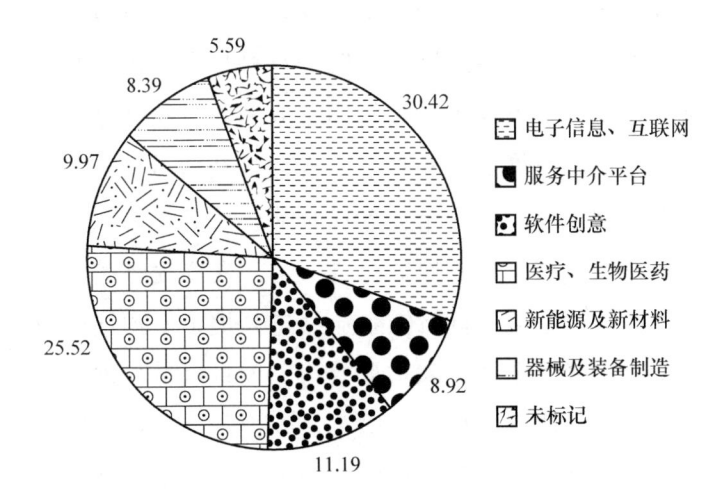

图 3.4　海创园落户项目结构情况（单位:%）

资料来源：根据杭州未来科技城管委会提供数据测算。

发展的核心内容，自纽约交易所上市以来，阿里巴巴的国际化不断提速增效，全球化战略是阿里未来发展的核心内容，而阿里巴巴的全球化战略也带动了未来科技城全球化水平提升。就阿里国际化而言，主要包括了电商全球化、网络全球化、金融全球化及阿里云全球化等，其中电商全球化旨在实现产品"走出去"和"引进来"的全网通。网络全球化方面，阿里菜鸟借助大数据改造物流服务，并尝试在出口层面与美国、巴西等邮政实现信息直连。金融全球化方面，通过移动支付撬动海内外联动。阿里巴巴的全球化战略有力提升了未来科技城的全球化水平，推动了海外人才不断回流以及海外项目不断落户。

阿里巴巴作为大企业代表，通过自身全球化战略也带动了未来科技城的全球化进程。一方面，阿里巴巴成立了达摩院等人才平台，吸收美国院士等国际一流人才，牵引国际产业平台，建立了高水平国际网络，这些人才将为未来科技城带来国际视野、国际项目及先进技术；另一方面，阿里巴巴通过举办高层次的论坛、峰会等活动，提升了未来科技城的国际知名度，而未来科技城对此大力支持。阿里巴巴驱动未来科技城创新发展对科技新城发展具有如下启示。一是完善招商引资体系，吸引锚企业进驻科技新城，发挥锚企业对科技新城创新发展的驱动功能，推动科技新城高质量发展。加大力度引进大型企业、龙头企业等锚企业，尤其是高端产业的锚企业，来提升科技新城创新发展的综合实力。建立完善的招商引智体系，瞄准先进产业领域，抢滩锚企业引进高地，发挥锚企业在科技新城创新发展中的集聚效应和扩散效应，助推区域发展。二是优化空间布局、产业布局，为高科技锚企业提供足够发展空间。不论是锚企业进驻，还是大型项目落户以及大型平台打造，都需要充分的要素资源保障，尤为重要的是土地要素的供给。科技新城需要对空间布局进行有效规划，预留足够多的产业用地来保证高科技企业进驻有地可用。三是打造国际社区，提升城市创新发展的国际化水平。在吸引企业、产业、项目、人才的过程中，适当地向世界级企业、项目、人才等倾斜。做好生活等配套服务措施，打造真正适合全球化人才的国际社区，包括国际化医院、国际化教育、国际化商业等。四是完善基础设施，为锚企业发展提供有效的保障。需要为企业加速发展提供政策保障，明确企业主体地位、市场主导作用，释放政策红利，促进企业提速增效。为企业做好金融支持和财政支持。对于高科技企业或者未来科技城重点需求企业，通过金融政策和财税政策，来为企业发展解决资金难题。鼓励地方性商业银行创新金融产品，提高金融支持效率，打造出创新型企业发展的天堂。

第四节 探索新型举国体制的浙江路径

一 全球科技创新治理呈现四大新动向

当前全球科技竞争趋于白热化，各国、各地区在不断加大科技投入的基础上,都把优化科技创新治理作为提高创新效率、获取竞争优势的关键抓手。《浙江高质量发展建设共同富裕示范区实施方案(2021—2025年)》提出,到2025年基本形成科技创新新型举国体制浙江路径、特色全域创新体系,打造全国有影响力的科技创新中心。[①] 这就要求浙江的创新不仅要在成果上走在前列,还要在体制机制上率先突破、示范全国。科技创新治理取决于对各国科技创新活动价值的理解。在新一轮科技革命催化和疫情的冲击下,科技创新的社会效应进一步凸显,仅关注经济目标还不够,培育国家战略科技力量应对社会各类风险挑战、维护国家安全成为重要导向。相应的,全球科技创新治理呈现出以下四个方面的显著特征。

第一,抓重大、抓尖端,支持跨学科跨领域交叉融合的导向不断强化。当今正处于一系列重大科学发现和关键技术突破的前夜,诸多重大领域探索深入"无人区",需要更具深度的交叉融合。从各国实践来看,抓重大、抓尖端,支持跨学科跨领域交叉融合的导向不断强化。2020年,北约科学技术组织发布《科学和技术趋势:2020—2040》,提出数据、人工智能、自主技术、太空技术、高超声速武器、量子、生物技术和材料八大颠覆领域,强调要摒弃传统线性方式,从"数据—人工智能—自主技术""数据—人工智能—生物技术""数据—人工智能—材料技术""数据—量子技术""太空—量子技术""太空—高超声速—新材料"协同作用中寻找重大机会。从实践来看,各国对重大领域交叉前沿的投资在不断增加。以美国为例,2018年首次发布《半导体合成生物学路线图》,2019年发布"用于信息存储和检索的半导体合成生物学"二期招标,将资助金额从2017年的400万美元提升至1200万美元,加快两大领域基础研究和新技术的突破。2020年又出台《开创未来先进计算

[①] 《浙江高质量发展建设共同富裕示范区实施方案(2021—2025年)》,《浙江日报》2021年7月20日第1版。

生态系统：战略规划》，强调推进研发神经形态、生物启发、量子、模拟、混合计算等新计算形式。从国内来看，2020年11月，国家自然科学基金委成立交叉科学部，加速推进四个领域的交叉科学研究，包含：（1）数学、物理、化学等基础学科的交叉；（2）大数据、人工智能、网络空间、信息技术等领域交叉；（3）理学、工学、医学等领域交叉；（4）自然科学与人文、社会、管理等领域的交叉。兄弟省份中，2021年9月，上海出台《关于加快建设具有全球影响力的科技创新中心的意见》，23次提及学科交叉、技术交叉，展现出通过推动交叉融合寻求重大突破的强烈意愿。

第二，加快调整科技创新组织模式，加强管理统筹和一体化融合创新。为了缩短从科学发现、技术发明到商业化应用的周期，各国加快调整科技创新的组织模式。一是加强管理部门统筹协调。国际层面，2020年，日本将1995年颁布的《科学技术基本法》修订成《科学技术创新基本法》，增加对"激发创新活力"和"促进产业转化"方面的规定和政策指导。同时在内阁新设"科学技术创新推进事务局"，强化跨部门资源整合。同样，美国2021年6月通过的《2021年美国创新与竞争法案》，将创建一个由科学技术政策办公室（OSTP）领导的跨部门工作组。同时美国国家自然科学基金也将组建技术创新理事会，负责指导基础研究和应用研究，推进关键领域技术进步和商业化，加强与关键技术领域相关的理工科教育和人力开发。二是改变了传统产学研主体分离的机构设置，通过新机制、新机构推进一体化创新。比如引导企业参与基础研究，2020年广东在公共卫生和医药健康领域新设立5支省企联合基金，三年投入预计超1.6亿元。2021年上海设立"探索者计划"引导企业与政府联合设立科研计划。在机构创新方面，2020年6月，美国总统科技顾问委员会（PCAST）首次提出未来产业研究院的构想，并于2021年1月进一步细化了设计方案和建设步骤，强调该研究院要针对各自领域建立从原始创新到大规模商用一条龙的研发链条。未来产业研究院的概念，与中国新型研发机构实践接近。据统计，截至2020年4月，中国各类新型研发机构规模总量达到2069家，45.9%的机构研发投入强度超过50%，体制机制优势不断释放，呈现蓬勃发展态势。

第三，顺应数字时代特点，加快推进开放科学和科研数据开放。在数字化时代，科技创新资源的内涵更加丰富，数据、计算能力、算法工具等成为研发不可或缺的基础要素。2019年，爱思唯尔出版公司在其发布的《科研的未来：下一个十年的驱动因素与场景》报告中指出，科研数据的开放共享将成为下个十年科研活动最显著的特征。全球层面，法国是推进开放科学和数据开放的积极倡导者，2020年11月出台实施《国家科学研究中心科研数据计划》，提出：（1）为科研人员创建数据处理工具和服务平台汇总目录，为科研团体提供有针对性的数据管理计划；（2）鼓励创新电子实验室记录系统，加强对实验数据的跟踪存储，增强实验数据可追踪性、可搜索性和可归档性；（3）改革与数据相关项目的科研评估系统，提升数据开放共享的可评估性；（4）加强开放数据的人才培养和技能培训。同年，德国也启动"研究数据行动方案"，支持在科学领域优化数据基础设施和科研数据能力。"十四五"时期，上海提出完善基础科研软件和科学数据库，加强科学计算、建模仿真、科学实验等软件研发，逐步实现科研软件功能模块的自主研发，建设科学数据资源汇集高地。广东提出要加强科技信息和科技数据库建设，持续推进省科技文献共享平台、省实验室体系数据库、基础与应用基础研究基金数据库、新型数据库系统等科技数据平台建设，构建具有国际影响力的学术交流和科技信息高端交流平台。

第四，面向全球，广泛调动各界力量参与本国主导的创新体系。面对巨大的竞争压力，做好社会动员，广泛调动国际国内、社会各界力量参与本国主导的创新体系成为科技创新治理的重要导向。2021年3月,全球最大的跨国研究和创新项目"欧洲地平线"推出资助计划,其中,超过一半的资金(527亿欧元)将用于应对社会挑战,重点资助五大领域:(1)健康领域,创建包容而安全的社会;(2)数字和工业;(3)气候、能源和流动性;(4)食物;(5)自然资源。这些项目将覆盖27个欧盟成员国和其他十几个国家的数万名研究人员。此外,欧盟委员会还新成立欧洲创新理事会,利用加速器项目和投资基金加大对创业项目的支持。同样在国内,多元主体参与的众包众创、协同创新模式也在不断深化。2020年底北京出台《中关村科学城创业孵化平台载体分类分级评价和资金支持方案》,区分了创业投资型、融通带动型、垂直创新型、国际合作型、综合服务型五类孵化器,通过孵化服务的专业化、特色化推进开放创新。"十四五"时期,广东提出建立广东省创业导师数据库,扩大孵化基金总量规模,打造广东孵化品牌及专业孵化服务从业队伍,力争到2025年平均孵化器内创业导师数量与在孵企业数量比例达1∶1。深圳提出将科研机构与产业孵化器空间聚集在一起,构建上下游协同创新的众创空间,通过"实验室包着孵化器"的方式打破科技成果转化流程。

二 探索科技创新新型举国体制浙江路径

近年来,浙江不断推进科技体制改革,科技创新体系日益完善,区域创新能力显著提升,但对照国家战略要求和发达地区水平,仍存在原始创新能力弱、领军型创新企业偏少、高技术产业占比低等问题。面对全球科技创新治理趋势的变化,浙江加强对科技发展战略、科技创新资源的统筹协调,改进科研项目组织和管理模式,推动支持全面创新的基础制度建设,加快塑造科技创新战略优势,以此培育战略科技力量打造科创新高地。适应全球科技创新新动向，就需要加快科技体制改革，探索新型举国体制的浙江路径。

1. 科技创新新型举国体制需要处理好三对关系

发挥市场经济条件下新型举国体制优势，需要集中力量、协同攻关，为攀登战略制高点、提高国家综合竞争力、保障国家安全提供支撑。传统的举国体制是在计划经济条件下实行"举国体制"，而新型举国体制则是在市场经济条件下"集中力量办大事"。从新型举国体制的内涵而言，建设世界科技强国是重大使命，针对国家创新驱动发展的核心瓶颈，需要加强关键核心技术领域的攻关力度，推动创新驱动发展；突破核心技术限制是直接目标，从根本上举全国之力培育关键核心技术，改变中国在关键核心技术领域受制于他国的格局；发挥市场主体力量是新的特征，创新主体上不仅要调动"国立科研院所"，还要充分调动企业等社会创新主体，更好发挥市场在资源配置中的决定性作用，创新资源上不仅要集中国家财政，更要充分撬动民营及社会资本力量，举全国之力攻关关键核心技术。[①] 从新型举国体制内涵与特征而言，还需要处理好以下三对关系。

一是市场主导与政府引导相结合。基于市场失灵理论，科技创新活动往往会涉及国家安全或宏观利益，具有公共性和外部性的特征，且投入大、周期长、风险高，导致微观主体尤其是中小企业缺乏创新积极性，这就需要政府及时发挥宏观调控进行创新资源合理配置，以此弥补市场失灵；基于政府失灵理论，在政府弥补市场失灵过程中，过度干预或者干预不足的现象也会存在，由此导致政府失灵[②]，这就需要结合政府和市场的作用，形成相应的优势互补。新型举国体制充分结合了市场配置资源的决定性作用以及"集中力量办大事"的制度优势，说明新型举国体制的构建与完善不仅需要

---

① 张大璐：《发挥新型举国体制优势 大力提升科技创新能力》，《宏观经济管理》2020年第8期。

② 雷小苗：《社会主义市场经济条件下科技创新的新型举国体制研究》，《经济学家》2021年第12期。

有效市场,也需要有为政府,所以在此过程中需要充分处理好市场主导与政府引导的关系,需要充分明确有形的手和无形的手之间的关系,能够在社会主义市场经济的条件下集中创新资源突破核心关键领域的"卡脖子"技术。[1] 一方面,市场在资源配置中应当起决定性的作用,充分发挥市场的主观能动性来调配创新资源的自由流动,通过市场的力量来构建核心技术领域攻关的力量;另一方面,政府对于核心技术攻关又起到了不可替代的引导作用,通过有形的手能够更好地集聚起资源,从而构建起良好的科技研发、成果转化的体制机制。所以在新型举国体制下,需要明确政府与市场的边界,协调好有形的手和无形的手之间的关系,通过构建起协调的体制机制来促进核心技术领域的科技攻关。

二是短期政策与长期机制相协调。基于多层次治理理论,创新活动是各个创新主体相互依存来实现共同的价值理念及目标,具有多中心和非等级特征,这就使创新治理需要多层次性。[2] 当前科技创新活动多主体协调、跨领域融合等特征日益明显,需要把握好国家层面和地方层面对于科技创新活动的支持作用,也需要协调好短期政策和长期机制之间的关系,能够充分满足多层级的多元化需求。[3] 新型举国体制构建需要以深化科技体制改革为支撑,这就需要处理好短期能力提升和长期体制建设的关系。改革开放四十余年来,举国体制在科技创新等各个领域发挥了重要作用,对于新型举国体制而言,是有为政府和有效市场的融合,也是短期政策与长期体制的匹配。[4] 从

---

[1] 朱明皓:《关于新型举国体制下的科技创新》,《经济导刊》2020年第4期。
[2] Kaiser, P., Prange, H., "Managing Diversity in a System of Multi-level Governance: The Open Method of Co-ordination in Innovation Policy", *Journal of European Public Policy*, No. 4, 2004, pp. 249–266.
[3] 李响、严广乐、蔡靖婧:《多层次治理框架下的区域科技创新系统治理——理论、实践比较及对中国的启示》,《研究与发展管理》2013年第1期。
[4] 李哲、苏楠:《社会主义市场经济条件下科技创新的新型举国体制研究》,《中国科技论坛》2014年第2期。

短期而言,以突破核心关键领域的"卡脖子"技术为直接目标,走中国特色自主创新道路,提升科技创新的能力,充分发挥科技创新对于经济社会发展的支撑作用,这就需要完善科技政策体系来构建新型举国体制,为科技创新能力提升提供有利条件;充分发挥科技政策的短期效应,为建设世界科技强国构建现实条件。但从长期而言,更加侧重于体制机制完善,能够真正实现科技自立自强。尤其是在体制机制设计上,能够进一步深化科技体制机制改革,明确政府与市场的边界,完善科技中介市场、提高科技成果转化,真正使基础研究领域的市场化改革有突破性进展。关键核心技术领域不仅在短期内能够构建起攻关力量,在长期中也能够充分调动企业作为创新主体的主观能动性,形成大众创业、万众创新的氛围,为新型举国体制营造创新氛围。

三是国内市场与国际市场相融通。现阶段科技创新活动呈现包容开放的特征,全球创新活动也充分吸引社会公众参与,实现了科研人员与非科研人员的融合,国内资源与国际资源相融通。系统论指出任何系统都是有机整体并且动态演化,系统的效率并不是各个部分简单相加,而是各个主体、各种要素相互配合,形成有效的组合模式。[1] 科技创新新型举国体制需要自主创新,但也绝不是关起门来搞创新,应当促进国内国际两个市场、两种资源的融合。习近平总书记多次指出:"任何一个国家都不可能孤立依靠自己力量解决所有创新难题","要深化国际交流合作,充分利用全球创新资源,在更高起点上推进自主创新"。[2] 从当前新发展格局来看,也是由以往的客场全球化转向主场全球化,一方面更加侧重于以国内市场大循环为主体,依靠国内消费来拉动经济增长;另一方面也架构

---

[1] Wareham, J., Fox, P. B., Cano Giner J. L., "Technology Ecosystem Governance", *Organization Science*, Vol. 25, No. 4, 2014, pp. 1195–1215.

[2] 中共中央文献研究室编:《习近平关于科技创新论述摘编》,中央文献出版社2016年版,第43页。

起国内国际两个市场相互合作的机制。但在国内国外的循环中,从以往国际市场为主导转变为以国内市场需求牵引国际市场,从客场全球化转向主场全球化。对于科技创新而言,需要统筹好国内国外两个市场、两种资源,不仅需要依靠国内自主创新,也需要积极引进国外先进技术并进行消化吸收,从而反哺国内技术。就构建新型举国体制而言,也需要更加积极地开展国际科技交流合作,统筹国内国外两个市场,汇聚融合国际国内优质创新资源,服务创新驱动和高质量发展需求。在此基础上,巩固双多边合作关系的引领带动作用,为更好服务国家区域协调发展和总体外交战略做出应有贡献。

2. 科技创新新型举国体制的推进路径

传统举国体制由于市场力量不足导致研发成果无法快速被市场应用,新型举国体制继承了传统举国体制"集中力量办大事"的制度优势,最大的突破在于引入市场主体力量,在创新资源上不仅依靠"国家队",也引入大型商业组织等市场力量,研发的成果也能被市场更好更快地吸收和应用。从这个角度而言,新型举国体制是在社会主义市场经济的条件下,面向关键核心技术领域,充分调动政府、高校、研发机构、商业组织等各大主体的力量来进行攻关,满足中国经济社会发展的需要,也保障中国经济社会发展的安全[1]。构建科技创新新型举国体制是突破核心关键技术领域"卡脖子"技术的重大战略举措,具有重要意义,但在具体实践中仍旧需要破解诸多问题。譬如,新型举国体制引入了民间资本,就成果共享、利益分成等问题需要设计完善的体制机制;知识产权保护、安全风险等问题需要进一步保障。这就需要充分发挥"有形之手"和"无形之手"的作用,实现有为政府和有效市场的深度融合,共同构建

---

[1] 谢富胜、潘忆眉:《正确认识社会主义市场经济条件下的新型举国体制》,《马克思主义与现实》2020年第5期。

起新型举国体制。

第一，以政府引导明确攻关方向。科技创新新型举国体制是将传统举国体制嵌入市场经济条件框架之下，但其核心在于充分发挥政府有形之手的引导力量。不论是传统举国体制还是新型举国体制，都是围绕核心技术领域，即对于经济社会发展产生重大影响的领域或者保障国家经济社会安全的领域。对于这方面技术攻关而言，需要政府更好地发挥引导协调作用，通过发起项目和制定政策引导创新资源向目标方向集中。一是政府应当制定产业政策来引导科技攻关方向。新型举国体制的具体方向还是需要政府更好地发挥引导作用，并且结合产业发展的市场方向，由此来"集中力量办大事"，能够将创新资源集中到相应的技术领域进行强有力的攻关。二是政府制定相应的科技政策体系，进一步深化科技体制改革，由此来保障社会主义市场经济条件下关键核心技术领域的新型举国体制，以此来为核心技术攻关突破提供良好的宏观环境。

第二，以市场之手凝聚攻关力量。科技创新型举国体制的实现是在社会主义市场经济条件下，这就意味着新型举国体制需要通过市场的配置和选择，使有应用价值的技术成果及优秀企业，优先得到创新资源和政府支持。从这个角度而言，需要充分发挥市场在资源配置中的决定性作用，以此来实现创新资源的优化配置，实现科技创新力量的凝聚。一方面，需要在新型举国体制实现过程中引入市场化的力量。例如，浙江在打造之江实验室的过程中，在主体上引入了阿里巴巴等商业组织的市场力量，在科研经费上引入了社会资本形成多元化的投入保障机制。所以对于新型举国体制而言，应当充分考虑市场力量的重要作用，才能够真正发挥市场在资源配置中的决定性作用。另一方面，进一步完善科技中介市场，提高科技成果转化效率，以市场的力量来引导科技成果转化。以市场需求为牵引进一步推进产学研结合，提升上下游企业之间的联系，使研发成果能够及早被上下游企业利用并向市场推广，由此更好地满足市场的需求。

第三，以多方协同形成攻关合力。科技创新新型举国体制不仅需要政府有形的手，也需要市场无形的手，市场配置资源、政府引导资源等手段来实现，而这其中涉及多方面的主体力量。所以，新型举国体制需要推动多方协同，重点解决科技资源配置分散和分配不公的问题，更加注重多部门、多主体的协同和科技资源的统筹。一方面，需要发挥企业作为创新主力军的作用，并且充分发挥高等院校、科研院所在研究中的作用，形成核心技术攻关的协作力量；另一方面，发挥好科技中介机构等作用，能够使科技成果尽快转化，为市场所推广和应用。通过多方力量的协同推进，营造良好的创新创业生态，加速创新创业生态体系构建，由此为新型举国体制构建营造良好的氛围。

第四，以开放共享实现合作共赢。新发展格局的构建并不意味着闭关锁国，走自主创新的道路也需要加快与国际科技市场的对接。科技创新新型举国体制的建设不仅要利用好国内科技市场和科技资源，也要统筹好国际科技市场和科技资源，能够在全球化的背景下来开展科技创新，吸引国际创新资源参与重大科技创新活动。在此过程中，需要转变开放方式，从客场全球化转向主场全球化，以制度型开放反哺新型举国体制建设。更加积极主动地参与全球市场，通过规则制定来进一步扩展开放，形成"标准+"引领的国际科技市场合作新格局，利用国际科技市场来反哺国内科技进步，实现技术上的赶超。当然在此过程中，也需要警惕"逆全球化"浪潮，保障国家的经济安全、社会安全和其他安全。既需要扩大辐射范围，也需要保障发展安全。

第四章

构建以数字经济引领的现代产业体系

当前全社会已经进入数字时代，数字经济发展方兴未艾，从全球实践来看数字经济已经成为推动经济高质量发展的动力来源。党的十九大报告提出，要建设网络强国、数字中国、智慧社会，推动互联网、大数据、人工智能和实体经济深度融合。[1] 在 2017 年 12 月 3 日致第四届世界互联网大会的贺信中，习近平主席明确指出，"中国数字经济发展将进入快车道"[2]。作为中国改革开放先发地，浙江是目前全国唯一的两化深度融合示范区和信息经济示范区，也在积极建设国家数字经济创新发展试验区，是中国数字经济发展先行者。通过发展数字经济，浙江率先实现了"新一代信息技术蓬勃发展，产业结构不断优化升级，新经济发展取得重大突破"的产业变革，在全国经济下行压力增大的情势下逆势上扬，走出了一条生

---

[1] 习近平：《决胜全面建成小康社会 夺取新时代中国特色社会主义伟大胜利——在中国共产党第十九次全国代表大会上的报告》，人民出版社 2017 年版，第 30—31 页。
[2] 《习近平致信祝贺第四届世界互联网大会开幕强调：尊重网络主权 发扬伙伴精神 共同搭乘互联网和数字经济发展的快车 王沪宁出席开幕式并发表主旨演讲》，《中国信息安全》2017 年第 12 期。

机勃勃的转型之路。本章将从发展与壮大数字产业体系、促进数字经济与实体经济深度融合、稳定发展工业互联网与消费互联网、数据赋能产业链供应链等探讨构建数字经济引领现代产业体系的浙江实践。

第一节　发展与壮大数字经济产业体系

早在2003年，习近平同志在浙江工作期间就谋划"数字浙江"建设，2014年浙江明确提出大力发展新一代信息产业，2017年底浙江将数字经济发展再深化，数字经济被列为"一号工程"。2018年"两会"期间，李克强总理在参加浙江代表团审议时，明确肯定浙江省委省政府将数字经济作为"一号工程"，希望浙江进一步发挥"互联网+"的先发优势，做大做强数字经济，加快建设数字经济强省，为全国发挥示范和引领作用。2020年浙江又提出数字经济"一号工程"2.0版，2021年浙江全面实施数字化改革，推进"数字浙江"再深入，2022年浙江省第十五次党代会提出数字经济"一号工程"升级版，浙江始终沿着习近平同志在浙江工作期间所擘画的"数字浙江"前进。以浙江为样本深入剖析其数字经济的发展经验和建设路径，对全国经济高质量发展具有参照价值和借鉴意义。

一　浙江数字经济的发展历程

从全球实践来看，数字经济发展主要经历了以单机应用为主要特征的数字化阶段和以互联网应用为主要特征的网络化阶段，目前正在进入以大数据驱动为主要特征的智能化阶段。20世纪80—90年代，当美国、日本等发达国家在全球市场围绕计算机、半导体产业开展激烈竞争时，浙江经济还处于农村工业化大发展，以及由工业化初期向中期过渡的阶段。凭借改革开放的不断深化以及民营企业的市场敏锐性，信息产业实现了从无到有、从小到大的飞跃，至2003年浙江电子信息产业销售收入达1540亿元。随着20世纪90年代中期美国开启信息高速公路计划，全球数字经济发展开启以互联网应用为主要特征的网络化阶段。在这一阶段，浙江数字经济发展大放异彩，通过牢牢抓住电子商务发展机遇，在商业化运营以及信息技术创新上有了质的飞越，成为全国数字经济特别是消费互联网领域发展的佼佼者与领跑者。回顾浙江实践，从改革开放至2017年底提出数字经济"一号工程"，浙江数字经济的发展大致经历了起步期（1979—2003年）、突破期（2004—2012年）、示范期（2013—2017年）以及深化发展期（2018年以来）四个阶段。

1. 起步期：建设数字浙江，形成顶层设计

在该时期，浙江省电子信息产业发展初显成效。据统计，1986—1995年，浙江电子信息产业年均增长28%左右，明显快于其他产业增长。1997年浙江省政府将电子信息产业列为全省重点培育的四大主导产业之一。浙江的应用软件在国内市场上有较高知名度和市场占有率，其中金融证券管理软件国内市场占有率高达60%以上，服装CAD软件被信息产业部授予2002年重大技术发明奖，国内市场占有率30%以上。截至2002年底，全省电子信息产品制造业实现销售收入1080亿元，有40余种电子信息产品成为行业龙头，60余种产品市场占有率进入全国三甲。

2002年浙江省第十一次党代会作出了建设"数字浙江"、全面推进现代化建设的重大决策。2003年7月10日，在浙江省委十一届四次全会上，习近平同志首次系统提出了进一步"发挥八个方面优势，推进八个方面举措"，其中一条就是"进一步发挥浙江的块状特色产业优势，加快先进制造业基地建设，走新型工业化道路"[1]。

---

[1] 《习近平谈治国理政》第1卷，外文出版社2018年版，第434页；习近平：《干在实处走在前列——推进浙江新发展的思考与实践》，中共中央党校出版社2006年版，自序第3页。

2003年9月，浙江省政府出台《数字浙江建设规划纲要》，在该纲要中明确提出要以信息化带动工业化，以工业化促进信息化，实施走新型工业化道路的发展战略，使信息化、工业化、城市化、市场化和国际化的进程有机结合，这为浙江数字经济发展提供了系统性指导。

2. 突破期：发展电子商务，实现全国引领

2002年，作为浙江数字经济发展先行地的杭州高新区与滨江区在管理体制上合二为一，区域范围从文三路电子信息一条街扩展到钱塘江沿岸70多平方千米。2003—2005年，习近平同志四次到杭州高新区（滨江）调研，并在其中一次调研中强调，要把信息产业作为浙江省结构调整和增长方式转变的一个重要突破口。[1] 摒弃"捡到篮里都是菜"的老路，杭州高新区（滨江）认准"高"和"新"的产业发展方向，逐步构建以信息经济为核心的现代产业体系，形成了一条从关键控制芯片研发到通信设备制造、制造软件、物联网系统集成，再到终端电子商务、网络运营服务直至大数据、云计算的各种应用服务的网络信息全产业链体系。杭州高新区（滨江）的发展是浙江数字经济实践的重要缩影。"十一五"期间，浙江省电子信息产业以年均27%以上速度持续快速增长，2010年全省电子信息产业实现主营业务收入8055亿元、利税总额781亿元、增加值1614亿元，分别是2005年的3.29倍、2.7倍、4.94倍。

2016年，习近平主席在G20杭州峰会上指出："在杭州点击鼠标，联通的是整个世界。"[2] 浙江是中国电子商务起步最早、发展最快的地区之一，也正是电子商务的发展让浙江数字经济跨入了新阶段。2006年，浙江省政府出台全国首个省级层面的电商产业政策，

---

[1] 转引自徐梦周、吕铁《数字经济的浙江实践：发展历程、模式特征与经验启示》，《政策瞭望》2020年第2期。

[2] 习近平：《中国发展新起点 全球增长新蓝图——在二十国集团工商峰会开幕式上的主旨演讲》，《人民日报》2016年9月4日第3版。

把电商发展正式提上浙江经济工作的议事日程。2008年5月29日，中国电子商务协会正式批复了杭州市政府有关申请，决定授予杭州市"中国电子商务之都"称号。2012年，浙江省电子商务交易首次突破万亿元，居全国首位。开设各类网店近90万家，约占全国的14.7%，实现网络零售额2027.4亿元，占全国的16.22%。

3. 示范期：成为国家唯一信息经济示范区

2013年8月，工信部制定实施了《信息化和工业化深度融合专项行动计划（2013—2018年）》，并正式批复浙江建设全国唯一的"信息化和工业化深度融合国家示范区"。在此背景下，浙江将两化深度融合作为促进工业经济转型升级的主要路径，提出十项专项行动，以企业为主体，深化信息技术集成应用，加快"机器换人"，推动产品与装备制造向智能、绿色、服务、安全方向发展，增强企业核心竞争力。各市、县（市、区）也纷纷出台政策大力推进"两化"深度融合，形成了省、市、县三级联动推进的局面。2014年4月浙江省政府召开全省信息经济发展大会，将发展信息经济列为七大万亿产业之首。同年5月出台《浙江省人民政府关于加快发展信息经济的指导意见》，提出"七中心一示范区"建设，这是全国省级层面首个加快发展信息经济的政策文件。

2014年11月，首届世界互联网大会在嘉兴乌镇召开，互联网大会成为浙江信息经济发展开始具备全球影响力的一个重要标志。2014—2016年，浙江先后出台《浙江省信息经济发展规划（2014—2020年）》《浙江省国家信息经济示范区建设实施方案》《中国制造2025浙江行动纲要》《浙江省"互联网+"行动计划》《浙江省促进大数据发展实施计划》等系列文件，提出建设"数据强省"，将浙江打造为"互联网+"世界科技创新高地。2016年11月，在第三届世界互联网大会召开前夕，国家正式批复浙江成为全国唯一一个国家信息经济示范区。在示范目标中明确指出，浙江要着力探索适合信息经济创新发展的新体制、新机制和新模式,激发全省创业创新活力,努力推动浙江在"互联网+"、大数据产业发展、新型智慧城市、跨境电子商务、分享经济、基础设施智能化转型、信息化和工业化深度融合、促进新型企业家成长等方面走在全国前列,创造可复制、可推广经验。

4. 深化发展期:实施数字经济"一号工程"

随着信息经济深化发展,以云计算、大数据、人工智能、区块链为代表的新一代信息技术不断成熟,推动信息经济进入数字化、智能化发展阶段。2017年浙江省数字经济总量达20658亿元,占全省GDP比重达39.9%,总量和占比分别居全国第四位和第五位。阿里巴巴、海康威视、新华三等一批龙头骨干企业快速成长,电子信息、软件、互联网等全国行业百强企业数位居全国前列,数字安防、电子商务、云计算等产业集群优势不断凸显,"两化"融合发展指数位居全国第二。新常态要有新动力。得益于数字经济推动,浙江经济保持了持续健康发展态势,形成了动力转换、结构优化、质量效应提升相互推动的良好局面。在推进浙江经济高质量发展过程中,数字经济大有作为,日益成为全省经济增长主引擎、实体经济转型升级主动力以及创新创业主战场。基于以上发展基础,2017年浙江省委经济工作会议将发展数字经济列为"一号工程"来抓,提出大力发展互联网、物联网、大数据、人工智能等产业,打造云上浙江、数据强省。2018年1月浙江省《政府工作报告》中提出,大力发展以数字经济为核心的新经济,加快构建现代化经济体系。2020年再升级成为数字经济"一号工程"2.0版。2021年2月,浙江全面实施数字化改革,推动"数字浙江"建设进入新阶段。根据《浙江省互联网发展报告(2021)》,浙江数字经济核心产业增加值从2014年的2854亿元跨越到2021年的8348亿元,增长了近1.93倍,年均增长16.5%。

二 浙江数字经济发展的模式特征

在数字经济"一号工程"及数字经济"一号工程"2.0版实施中,浙江以"数字产业化、产业数字化"为主线,突出建设全国数字产业化发展引领区、全国产业数字化转型示范区、全国数字经济体制机制创新先导区以及数字科技创新中心、新型贸易中心以及新兴金融中心的"三区三中心"定位,聚焦关键技术攻坚、数字产业培育、数据驱动发展、基础设施提升、开放协同发展、体制机制创新六领域实现重点突破,落实组织领导、政策扶持、项目引领、试点示范、统计评价、提升全民数字素养六个方面的保障措施,形成了浙江数字经济示范省建设的"3386"体系。

国家网信办发布的《数字中国建设发展报告(2018年)》显示,浙江在各项排名中均名列前茅。其中,"信息服务应用指数"和"产业数字化指数"两项,浙江均名列第一;"信息基础设施指数"排名,浙江名列第二,仅次于上海;在"信息化发展评价指数""信息技术产业指数"的评比中,浙江也均位列前五。从全国角度来看,相比广东、江苏等省份,浙江数字经济无论是在总量还是在核心产业规模上都不占优势,但却结合自己的经济基础走出了一条特色之路,形成以下几方面特征。

1. 数字产业化:以商业模式创新培育领先市场、驱动数字技术突破

作为全国互联网产业发展高地,浙江省在消费领域的"互联网+"实践具有显著的领先优势。截至2018年底,浙江省网民规模达4543.7万人,互联网普及率为79.2%,比全国互联网普及率高19.6个百分点。高铁、网购、支付宝、共享单车被誉为"中国新四大发明",其中网购和支付宝就诞生于浙江。2018年,浙江省累计实现网络零售16718.8亿元,比2017年增长25.4%。全省重

点监测第三方电子商务平台上活跃网络零售网店超过70.6万家，电子商务专业村1253个，电商镇130个。电商的发展也促进了快递量的增多。2018年，全省快递业务量突破100亿件大关，已接近美国快递业规模的80%，是日本快递总量的两倍。"云"上银行、无人超市、移动支付、互联网法院、互联网医院等新技术新业态新模式率先在浙江落地，跨境电商、新零售、移动支付、共享经济等引领发展。以杭州为例，首创公交、地铁、高速出行场景应用，移动支付普及率、服务广度及深度全国领先，成为公认的无现金城市和全球移动支付之城。

依托消费领域的先发优势，浙江企业的技术创新形成了良好的市场效应和绩效回报，涌现出一批处于全国乃至世界前列的互联网企业和高新技术企业。其中，淘宝、阿里巴巴和支付宝分别成为全球最大的网络零售电商、产业电商和网上支付平台，海康威视、大华科技研发的数字安防技术全球领先。得益于平台效应、大数据累积以及广泛的应用场景，以阿里巴巴、蚂蚁金服为代表的龙头企业在大数据、云计算、人工智能等技术领域率先突破。阿里云已成为全国最大、世界第三大的公有云公司，付费用户超100万人次。阿里巴巴以90项的专利总量排名2018年全球区块链专利100强中第一位。

2. 产业数字化：以低成本为导向适应于传统产业、中小企业智能化改造

产业数字化是数字经济发展壮大的重要支撑。作为传统产业发展的大省，浙江致力于深化数字技术对传统产业的全方位、全链条的改造。数据显示，2017年浙江民营经济创造了全省55.6%的税收、65.4%的生产总值、76.9%的外贸出口以及80.4%的就业岗位。相比国有企业或大型企业，中小民营企业的产业数字化转型会因为人才、资金、市场等方面的约束面临更大难度。因而，推动中

小企业智能化改造成为浙江推动产业数字化转型的重要抓手,并率先走出了一条从"机器换人"到"工厂物联网"再到"企业上云""ET工业大脑"驱动的智能制造之路。

2012年底以来,浙江审时度势率先在全国推进"机器换人"工作。自2015年起,以杭州为代表的地区又率先启动工厂物联网专项行动,推动人、机、物、法、料感知联网,2016年进一步深化,开展"工业互联网"探索,从研发设计协同化、生产过程智能化、能源管控集成化、服务模式延展化和个性化定制五个方向,推动企业从内部数字化向网络化应用拓展。2017年,浙江启动"十万企业上云"行动,助力企业借助云计算、ET工业大脑等,优化生产、营销、管理各环节的效率,推动企业降本增效;创建省级工业互联网平台47家,2个入选国家级工业互联网平台建设及推广工程;全省累计上云企业数超过28万家,拥有云应用服务商、产业链合作伙伴200余家,云平台服务商30余家。在浙江,主动上云、深度用云逐渐成为企业的共同选择,进而构建起全国领先的云计算产业体系。

3. 创新生态构建:以高能级平台建设为基础、集聚创业创新人才

改革开放以来,浙江人发扬"敢为人先、特别能创业"的独特精神,走创业创新道路,催生了一批草根创业者,形成了富有激情的创业生态体系与浙商精神。在数字经济发展中,浙江以高能级创新平台为建设重点,着力打造"产学研用金,才政介美云"十联动的创业创新生态系统,形成了"城市群—科创大走廊—科技新城—特色小镇"的新型创新空间。截至2018年底,全省建有省级信息经济示范区22个、特色小镇27个。以杭州为例,互联网上市企业在全国的占比达9.2%,位列全国第四,同时人才净流入率居全国第一位。

杭州国家自主创新示范区以杭州高新区为核心,围绕网络基础

产业、互联网、物联网三大重点领域，强化自主创新，打造产业链，培育创新企业群。杭州高新区连续多年 R&D 经费投入占 GDP 的比重保持在 13% 以上，形成了关键控制芯片研发设计，传感器和终端设备制造，物联网系统集成，大数据、云计算等各种应用服务的产业链体系。作为杭州城西科创大走廊的核心区，2017 年未来科技城累计在数字经济领域引进海外高层次人才 1800 名，集聚创业企业 3664 家，数字经济营业收入从 2012 年的 276 亿元上升到 2017 年的 2976 亿元，年均增幅达 61%，纳税超千万元以上企业 24 家，纳税亿元以上企业 6 家。作为特色小镇发源地，浙江着力推进杭州梦想小镇、杭州云栖小镇、滨江物联网小镇、滨江互联网小镇、萧山信息港小镇、德清地理信息小镇等一批数字经济特色小镇建设，加快创业者、风投资本、孵化器等高端要素集聚。以余杭区梦想小镇为例，自 2014 年 8 月建设以来，累计引进孵化平台 50 余家、互联网创业项目 1519 个、创业人才近 13900 名，举办创业创新类活动 1157 场，参与人数近 17.5 万人次，成为大学生创业创新的热土。

4. 数字经济治理：以数字化改革为牵引、驱动治理体系和治理能力现代化

习近平同志在浙江工作期间，制定了"八八战略"这一引领浙江发展的总纲领，在八大优势中，体制机制优势位列行首。2006 年 1 月在中央电视台经济频道"中国经济大讲堂"演讲时，习近平同志指出："浙江的活力之源就在于改革，就在于率先建立了能够调动千百万人积极性的、激发千百万人创造力的体制机制。"[①] 作为一种新经济形态，数字经济面临技术创新、市场拓展以及政策环境的诸多不确定性。对新生事物采取一种肯定为主导的态度和做法，

---

① 习近平：《干在实处走在前列——推进浙江新发展的思考与实践》，中共中央党校出版社 2006 年版，第 71 页。

是对创新的一种接纳。在数字经济发展中，浙江省以政府自身改革为突破口，发起了一场场政府"刀刃向内"的自我革命。从率先尝试用政府权力"减法"换取市场和社会活力"加法"的自我削权，从以权力清单为基础的"四张清单一张网"到首批40961项"最多跑一次"清单的公布实施，浙江不断深化政府行政体制改革，以数字化转型为突破口自加压力做"加法"，带来了市场活力的"乘法"效应。

以"最多跑一次"为统领，以"掌上办事、掌上办公"为突破，浙江政府数字化转型体现了以用户为中心的服务理念，倒逼各级政府线上线下政务服务流程再造、数据共享和业务协同。截至2018年底，浙江省级部门已打通85套自建系统，占应对接总数的100%，各市已累计打通275套市县部门自建系统，占应对接总数的100%。已提供掌上可办事项达到省级168项、市级平均452项、县级平均371项。这一项改革在理念上直指最优政府服务，在"放管服"改革上最大限度地优化流程，在渠道上最好地运用数字技术。政府数字化转型有效激发了互联网、大数据、人工智能等技术不断创新。此外，政府是"数据海洋上的巨轮"，掌握着极其庞大的数据渠道以及数据资源，无论是技术的应用还是数据的开放，都为企业创新及市场拓展提供了巨大空间。

2021年2月，浙江启动实施数字化改革，推动"数字浙江"建设进入新阶段。数字化改革以推进省域治理体系和治理能力现代化为目标，以实现跨层级、跨地域、跨系统、跨部门、跨业务的高效协同为突破，以数字赋能为手段，通过高效整合数据流，科学改造决策流、执行流、业务流，推动各领域工作体系重构、业务流程再造、体制机制重塑。在实践中，构建形成并迭代完善了"1612"体系架构，以保证各地各部门步调一致、同向发力。第一个"1"即一体化智能化公共数据平台；"6"即党建统领整体智治、数字政府、数字经济、数字社会、数字文化、数字法治六大系统；第二个"1"即基层治理系统；"2"即理论和制度两套体系。按照"平台+大脑"的理念，迭代升级原有的公共数据平台，打造覆盖省市县三级的一体化智能化公共数据平台，建设一体化数字资源系统（IRS），构建通用化的知识库、数据仓、模型库、算法库、规则和法律库，打造"浙里办""浙政钉"两个移动前端，实现了算力一体调度、安全一体监测、数据一体配置、组件一体共享、应用一体管理、端口一体集成。目前，平台已累计上架智能组件334个，开放数据62亿条，数据共享满足率达到99.5%。

三 持续发展与壮大数字经济体系

浙江数字经济实践是中国培育发展新动能、驱动经济高质量发展的重要缩影。回顾浙江数字经济的发展历程，总结浙江数字经济发展的模式特征，数字经济的浙江实践对全国而言有以下几个方面的经验和启示。

1. 在新经济培育中早布局早谋划早受益

当前正处于新一轮科技革命和产业变革蓄势待发的时期，以信息化培育新动能，用新动能推动新发展，加快新旧发展动能接续转换，这是各地面临的共同任务。浙江数字经济实践表明，在新动能培育中要早布局早谋划才能早受益。杭州之所以成为浙江互联网产业的发展高地，与其较早的战略谋划以及"一任接着一任干"的深入实践紧密相关。早在1990年，时任国务委员、国家科委主任宋健为杭州高新开发区题词，就提出建设"天堂硅谷"要求。到20世纪90年代末，杭州信息经济初具雏形。2000年4月，杭州做出了加快建设"两港三区"为重点的"天堂硅谷"重大战略决策，其中"两港"是指"信息港"和"新药港"。时至今日，杭州提出建设全国数字经济"第一城"，毫无疑问成为全省乃至全国数字经济发展的领头羊。这充分表明,在新动能培育中,要通过把握发展大势寻找出自身发展机遇。在此过程中,不仅是发达地区有机会,即使是后发地区只要早布局早谋划也会实现赶超发展。从全国层面来看,贵州是典型案例,作为中国首个国家大数据综合试验区,贵州数字经济增速连续4年位居全国首位,数字经济吸纳就业增速连续2年排名全国第一,大数据对经济增长的贡献率超过20%。从浙江来看,也有衢州、丽水等后发地区通过发展智慧旅游、智慧养老、数字农业等,积极探索数字生态经济发展模式,形成了良好发展态势。

2. 激发微观主体活力和创造力是数字经济发展的关键所在

数字经济是创新经济和人才经济,只有激发微观主体活力,才能为数字经济发展提供有力支撑。从浙江实践来看,数字经济发展历程也是新型创业人才、创新企业不断涌现的历程。在数字经济环境下,浙江多数企业感受到了转型的压力,处于"转型怕死、不转型等死"的两难境地。面对这一态势,浙江一方面通过打造平台积极吸引海内外优秀人才,形成了以"海归系""浙大系""阿里系""浙商系"为代表的创新创业"新四军",同步推进"精英创业"和大众创业;另一方面,通过持续推进"小微企业三年成长计划"和市场主体升级工作等方式,增强龙头企业、骨干企业、中小微企业的创新能力。此外,积极布局之江实验室、西湖大学、阿里达摩院等一批重量级高等级的新型科研机构,支持民营企业建设高水平研发机构,联合科研院所攻克关键核心技术,并在块状经济和产业集群中全面推开产业创新服务综合体等服务,集聚各类创新资源,为广大中小企业创新发展提供全链条服务。这些服务的目的,均在于让传统企业能够练好内功,适应新经济,成为创新发展中的关键主体。

3. 传统产业数字化是数字经济发展的重要支撑

党的十九大报告提出的"推动互联网、大数据、人工智能和实体经济深度融合",点出了数字经济发展的实质。对于数字技术而言,传统产业是应用重要领域;对于传统产业而言,数字化转型是实现产业新旧动能转换、推进供给侧结构性改革的根本途径。作为传统产业大省,浙江一直把传统产业数字化转型作为数字经济发展的重中之重,但仍未完全破题。在面对变革带来的不确定性、自身数字化能力不足以及数字化技术应用成本过高等问题时,传统企业的畏难情绪仍然十分明显。而从区域层面来看,确实也由于传统产业数字化程度的分化导致了经济增长的分化,杭州和宁波两地具有较为明显的领先优势,而其他传统产业占比较高、数字化推进缓慢的区域经济增长乏力,形成了区域间的"数字鸿沟"。浙江之所以实施数字经济"一号工程",也是希望在全省范围内推进生产力的再优化,一方面发挥杭州、宁波等地在数字产业化发展方面的优势赋能其他地区;另一方面也是为了激励各地结合自身资源禀赋和经济基础,积极探索适合本地区传统产业数字化转型以及数字经济发展的具体路径,推进形成全省层面协同发展的新格局。

4. 政府数字化转型是经济数字化转型的先导力量

政府数字化转型是经济数字化转型的先导力量,只有理解数字技术的价值、把握数字技术应用规律才能形成有效治理机制。在推动数字经济发展的过程中,浙江把政府数字化转型作为再创营商环境新优势的着力点和突破口,在为个体、企业提供便捷与个性化服务的同时也为数字经济领域的"大众创业、万众创新"营造了良好的发展环境。对于数字经济的发展,应坚持包容审慎的治理理念,优化治理模式和手段,着力以更高的行政效率和更低的制度性成本进一步营造规范公开有序、公平竞争的市场环境:一是坚持把保护创新、促进发展作为立法导向,因地制宜调整监管策略,及时清理阻碍发展的不合理规章制度,营造开放包容的发展环境;二是客观评价和准确判断各领域发展过程中出现的新情况、新问题,为新业务、新业态的发展留有空间，适应数字经济领域市场主体变化快、业态新、规模小等特点，在技术创新与风险应对、网络开放与安全保障、数据挖掘与隐私保护、数据垄断与有序竞争之间寻求平衡；三是在政策制定过程中充分贯彻普惠共享的发展理念，使参与主体更加多元化，消费者和小企业都能从中获益；四是规范数字消费环境，加快完善数字消费相关法律法规体系，形成消费者能消费、敢消费、愿消费的良好氛围。

第二节　促进数字经济与实体经济深度融合

当前，新一轮科技革命在大数据、云计算、人工智能、物联网等信息技术领域产生"创造性破坏"，带领全社会进入数字时代，数字经济成为引领经济高质量发展的重要引擎。实体经济是现代化产业体系的重要组成部门，是高质量发展的基础所在，促进数字经济与实体经济深度融合是必然趋势。习近平总书记多次指出，"要推动数字经济和实体经济融合发展……发挥数字技术对经济的放大、叠加、倍增作用"[1]。在高质量发展进程中，推进实体经济转型升级是关键所在，而利用数字技术赋能经济结构优化则是重要举措。浙江省第十五次党代会明确指出"打造数字经济'一号工程'升级版，全面提升实体经济竞争力"[2]。以数字经济与实体经济深度融合培育实体经济竞争新优势、全面提升实体经济竞争力是大势所趋。数字经济与实体经济深度融合的本质在于数字技术赋能实体经济各个环节，从而优化全产业链要素资源的配置，实现整个社会经

---

[1] 《习近平谈治国理政》第4卷，外文出版社2022年版，第207页。
[2] 袁家军：《忠实践行"八八战略"坚决做到"两个维护"在高质量发展中奋力推进中国特色社会主义共同富裕先行和省域现代化先行——在中国共产党浙江省第十五次代表大会上的报告》，《浙江日报》2022年6月27日第1版。

济结构有效转变。

一 做优做大实体经济是高质量发展根基所在

实体经济包括物质产品与精神产品生产、流通过程相关的经济活动。从广义的类别来界定，实体经济包括第一产业、第二产业以及第三产业当中的直接服务业和工业化服务业。实体经济是社会生产力的直接体现，习近平总书记强调"实体经济是我国发展的本钱，是构筑未来发展战略优势的重要支撑"[①]，做优做大实体经济不仅是高质量发展的基础，更是加速现代化建设的源泉。

第一，做优做大实体经济是高质量发展的重要基础。发展是解决问题的基础和关键，《"十四五"规划和2035年远景目标纲要》明确提出，到2035年我国将基本实现社会主义现代化，保持适当的经济增长速度仍是未来发展的中心工作之一。经济持续稳定增长离不开生产力有效提升，而生产力的直接体现在于实体经济。2021年中国人均GDP达到1.25万美元，首次超过世界平均水平，但中国经济增长也面临着需求收缩、供给冲击、预期转弱等诸多压力。保持经济持续健康增长，关键在于夯实实体经济发展之基，提高实体经济发展效率，促使产业基础高级化、产业链现代化水平不断提高。

第二，做优做大实体经济是构建新发展格局的重要支撑。当前，中国正在加速构建以国内大循环为主体、国内国际双循环相互促进的新发展格局。从内部而言，需要实体经济高质量发展，创造有效需求，扩大有效供给，支撑起国内大市场。从外部而言，不稳定、不确定因素持续上升，中美贸易摩擦愈演愈烈，大国竞争关键在于产业之争、科技之争。虽然中国是全球制造业门类最齐全的国

---

① 中共中央宣传部、国家发展和改革委员会：《习近平经济思想学习纲要》，人民出版社2022年版，第115页。

家，但大而不强、大而不优等问题仍然突出。这就需要坚持把发展经济着力点放在实体经济上，推进制造强国、质量强国、网络强国、数字中国等建设，提升产业链核心竞争力。

第三，做优做大实体经济是扎实推进共同富裕的重要源泉。习近平总书记在2021年中央财经委员会第十次会议上强调："在高质量发展中促进共同富裕。"[①] 共同富裕是在全面建成小康社会后的更高级形态，共同富裕既要做大"蛋糕"，又要分好"蛋糕"。实体经济是高质量发展的基础，能够为共同富裕做大蛋糕提供保障。不仅如此，发展依靠人民、发展为了人民是共同富裕的根本落脚点。做优做大实体经济能够充分吸纳社会就业，提高劳动者收入水平，有利于扩大中等收入群体占比、提高低收入群体收入，促使人们更好地享受共同富裕所带来的红利。

第四，促进数字经济与实体经济深度融合是必然趋势。数字时代数据和技术加速转变成现实生产力，数字经济以信息技术为核心驱动力，以现代信息网络为重要载体，优化经济结构、提高经济效率，数字经济与实体经济深度融合成为必然趋势。数字经济在三次产业渗透率逐年提升，为实体经济发展提供强大动能，提升实体经济创新能力与发展韧性。根据中国信息通信研究院2021年《中国数字经济发展白皮书》，2020年中国数字经济保持9.7%的高位增长，规模达到39.2万亿元，占GDP比重为38.6%，农业、工业、服务业数字经济渗透率分别达到8.9%、21.0%和40.7%。

二 促进实体经济与数字经济深度融合的路径

数字经济发展重塑生产要素组合及生产方式的边界，数据要素在多领域跨界流通赋能各个产业部门、各个生产环节，由此实现数

[①]《习近平谈治国理政》第4卷，外文出版社2022年版，第144页。

字产业化、产业数字化，构建起以数字经济为引领的现代产业体系，支撑实体经济高质量发展。

第一，数字产业化催生新业态新模式。数字技术作为新兴技术从"无"至"有"是产业化的过程，催生新产业丰富现代产业部门，是完善实体经济产业体系的基础所在。一方面，数据要素作为新型生产要素，在应用过程中不断衍生数字产业部门。以5G、大数据、云计算、人工智能等为代表的信息技术不断发展，形成相应的产业部门并逐步壮大，丰富了实体经济的产业部分。另一方面，数据要素流通打通了产业壁垒，使实体经济有了新的内涵。实体企业借助数字平台优势能够有效整合信息资源，通过对数据资源等分析，提前进入新兴领域、布局未来产业，催生实体经济领域的新业态新模式。

第二，产业数字化赋能传统产业转型。数字技术不断成熟从"弱"到"强"是融合渗透的过程，赋能传统产业转型升级。一是重塑产业内部流程。将产业内部的运行规律进行数字化拆分解，形成产业知识数字化，产生海量产业环节数据。利用数字技术分析各生产环节资源投入最优配比，避免资源人为浪费，推进实体业从劳动密集型产业走向技术密集型产业。同时，将海量数据进行系统分析有利于精简产业环节流程，实现产业环节内部的串联，推进实体经济有序运行。二是重塑企业运行流程。数字技术推动传统企业线上营销，扩大企业销售范围，迅速回笼资金扩大生产。企业依托互联网平台窗口掌握用户反馈，以实际需求为导向，生产更具实用性、针对性的产品。

第三，治理数字化提高经济运行效率。实体经济发展的目标导向在于满足社会需求，而数字化赋能社会治理能够提高经济社会运行效率，为做优做大实体经济营造良好的发展氛围。得益于海量数据共享，跨区域、跨部门、跨层级的政务服务、公共服务实现共享，有利于优化经济社会运行环境，提升经济社会运行效率。一方面，赋能政务服务，打破区域之间、部门之间的数据壁垒，让数据全方位跑起来，整体上有效推动了经济社会发展和治理能力的质量变革；另一方面，赋能公共服务，弥补了医疗、教育等领域在区域层面的差距，补充了偏远地区在公共医疗、教育等领域的供给不足。数字企业尤其是平台企业嵌入公共服务领域，利用市场化竞争机制提高服务质量，能够更好地满足居民需求，提升居民幸福感。

第四，数字经济与实体经济融合的瓶颈。促进数字经济与实体经济深度融合体现了新旧动能转换，但随着融合不断推进，也面临着相应的瓶颈。一是实体经济数字化转型面临巨大投资，挤压企业赢利能力。实体经济往往集聚在制造业等领域，加快数字化转型需要大量前期投资，譬如企业接入工业互联网平台、加速智慧工厂打造等前期需要进行巨额投资，短期内会对企业赢利能力造成影响。二是关键核心技术的瓶颈制约数字经济与实体经济深度融合。数字技术作为新兴技术对中国经济发展带来巨大影响，而其底层逻辑在于数字关键技术的不断创新和进步。但从国内工业软件、大数据标准等方面而言，中国依旧缺乏部分核心关键技术，打破技术瓶颈仍是推进数字经济持续健康发展的关键所在。三是数据流通壁垒依旧存在。由于数据确权、数据交易、数据保护等维度的制度性壁垒，造成地区之间、部门之间等数据尚未真正打通，数据自由流通需要进一步推进。

三　数字经济与实体经济深度融合的浙江实践

根据《浙江省互联网发展报告（2021）》，浙江数字经济核心产业增加值从2014年的2854亿元跨越到2021年的8348亿元，增长了近1.93倍，年均增长16.5%，涌现了阿里巴巴、海康威视等一大批数字经济领军企业，数字经济逐步成为实体经济转型升级的重要拉动力量,促进数字经济与实体经济深度融合也是浙江构建数字经济引领的现代产业体系关键所在。

第一,以创新为引领培育新产业。科技创新能级显著提升,之江实验室纳入国家实验室体系,2021年新增数字经济领域省重点实验室13家、新型研发机构12家、省技术创新中心4家。实施数字技术重大科技攻关项目215项,已形成87项进口替代成果,海康威视研发芯片原型验证系统的技术指标领先美国并实现替代、晶盛机电研发大尺寸单片式硅外延生长装备同准替代荷兰ASM公司产品,创新成果不断涌现,截至2021年底,全省数字经济领域有效发明专利89198项,同比增长26.8%,杭州在世界知识产权组织最新发布的2020年全球创新指数排名中跃居第25位。数字企业创新活力不断增强,2021年规上电子信息制造业技术研发费用占营业收入比例4.1%,高出规上工业1.3个百分点,新产品产值率已连续73个月高于50%,新认定数字经济领域科技型中小企业4961家、高新技术企业1788家,数字经济领域创新型领军企业累计29家。

第二,数字产业增势强劲。数字产业持续领跑,发展动能不断增强,规模占比显著提升。2021年数字经济核心产业增加值总量突破8000亿元大关,达到8348亿元,相较于2020年增长13.3%,高于浙江省GDP4.8个百分点,占浙江GDP的比重达到11.4%,相较于2020年提高0.5个百分点,对全省贡献率达到14.9%,拉动GDP增长1.3个百分点。规上数字经济核心产业营业收入接近3万亿元,达到29724亿元,同比增长25.4%,成为稳增长、促发展的"压舱石"和加速器。数字经济核心制造业引领作用增强,总量规模稳居全国第三,2021年规上数字经济核心制造业完成增加值3094.8亿元,同比增长20%,高出全国电子行业和规上工业4.3个百分点个和7.1个百分点,拉动规上工业增长2.9个百分点,两年同期平均增长18.4%，连续7年保持两位数增长。数字经济投资明显加快，2021年全省数字经济核心产业固定资产投资增长30.2%，高于全部固定资产投资19.4个百分点。

第三，数字经济系统建设稳步推进。形成数字经济系统构架3.0，在全国率先探索构建"产业大脑+未来工厂"基本形态。探索产业大脑核心能力输出路径，工业分区30个细分行业产业大脑，上线试运行14个。产业数据仓加速建设，汇聚产业数据1.77亿条。加快培育现代化新型组织，启动36个产业集群新智造试点；上线未来实验室在线平台试用版，在4家单位开展试点应用。聚焦实战实效实用，强化业务协同、综合集成、省市县贯通，累计谋划建设重大应用40个，已上线29个，打造省级最佳应用8个。其中，着眼解决企业数字化转型难题，重点打造新智造公共服务"智造荟"重大应用，为1.3万家规上工业企业提供了智能化诊断服务；着眼解决企业在研发过程中大型科研仪器寻找难、资金贷款难、享受科技惠企政策不够便利等问题，重点打造新产品研发服务重大应用，助力5.78万家企业享受加计扣除额2044亿元，帮助116家企业融资3.9亿元，汇聚大型科研仪器1.47万台。

第四，产业数字化加速转型。数字技术赋能实体经济加快转型，"产业数字化"指数连续三年居全国第一。组织实施规上工业数字化改造行动，新增应用工业机器人2.3万台，累计达13.4万台。累计建成智能工厂（数字化车间）423家、未来工厂32家。积极争创工业互联网国家示范区建设，"1+N"工业互联网平台体系已初步建成，培育省级工业互联网平台285个，开发集成工业App超6万款，45万家企业深度上云用云。发展"制造+服务"新业态新模式，全国首个服务型制造研究院正式启用，新增国家级服务型制造示范项目16个、示范城市2个，均居全国第一。大力推进数字乡村创新发展，首批认定数字农业工厂210家，示范带动

1686个种养基地改造，2021年实现农产品网络零售额1238.9亿元，同比增长11.7%，新增获批12个国家电子商务进农村综合示范县。

第五，数字新业态日益丰富。跨境电商、直播电商、数字贸易、数字生活等新业态新模式领跑全国，全球数字贸易中心建设取得新成效，跨境电商综试区基本实现全覆盖，成功获批浙江自贸区赋权扩区，2021年全省网络零售额25230.3亿元，同比增长11.6%，规模稳居全国第2位，实现数字贸易5279亿元，同比增长21.8%。信息消费提质扩容，杭州、湖州入选国家信息消费示范城市，入选数量全国第一。新兴金融中心、移动支付之省建设取得新成效，积极争取在杭州等地开展数字人民币试点，累计9个金融科技创新监管试点项目入盒测试，居全国第三，2021年全省移动支付交易增长37.8%，移动支付普及率94%。

第六，数字基础设施优化升级。5G建设和应用加速推进，累计建成启用5G基站10.5万个，开展5G创新应用项目842个，98个项目入选工信部"5G+医疗健康"应用试点项目，入选数量位居全国第二。国家（杭州）新型互联网交换中心建设推进迅速，累计接入企业74家，签约69家。累计建成各类数据中心193个，全省已建大型以上数据中心20个，阿里巴巴长三角智能数据中心、桐乡乌镇超算中心启动建设。加快推进IPv6规模部署和应用试点，基本完成全省网络基础设施及536家政府门户网站的IPv6改造，全省IPv6活跃度84.63%。

四 持续推进数字经济与实体经济深度融合

数字技术革新换代使数据成为新型生产要素，数字经济蓬勃发展推动实体经济迈入数字化时代。促进数字经济与实体经济深度融合需要强化核心技术攻关、布局数字新基建、优化数据交易市场、缩小数字鸿沟、健全法律法规体系。

一是强化核心技术攻关，促进两者深度融合。促进数字经济和实体经济深度融合的核心在于打破融合进程中的技术瓶颈，以自主创新夯实数字经济和实体经济发展的底层架构。这就需要紧紧抓住新一轮科技革命时代契机，把握大数据、云计算、人工智能、区块链、物联网等信息技术发展趋势，探索关键核心技术领域的新型举国体制，加大基础研究投入力度，加强高层次创新人才培育，加速科技成果转化，实现高水平科技自立自强。在此基础上，围绕数字产业化、产业数字化，充分挖掘数据作为生产要素的价值，推进新一代信息技术与实体经济深度融合，既培育新兴产业构建现代产业体系，又赋能传统产业提升全要素生产率，培育经济发展新增长点。

二是完善数字新基建，拓展融合应用新场景。促进数字经济和实体经济深度融合的关键在于加速布局数字新基建拓宽深度融合的应用新场景。持续巩固中国在5G、大数据、工业互联网等数字经济领域的先发优势，进一步补齐人工智能、物联网专用芯片等领域短板，打造领先的新基建产业群。发挥中国制造业门类齐全等基础优势，推动5G技术与工业网络、控制系统深入融合，打造工业协同平台。拓宽新基建应用场景的开放，进一步统一准入标准，满足智慧医疗、智慧交通、智慧社区、智慧城市发展的需求，以新场景开放促产业需求、筑发展基石，为数字经济与实体经济深度融合提供更为广阔的空间。

三是优化数据交易市场，促进要素自由流通。促进数字经济和实体经济深度融合的条件在于打破要素流通壁垒，促进数据自由流通。数据要素是数字经济与实体经济融合发展的"大动脉"，优化数据交易市场是保障数据发挥生产要素价值的条件所在。早在2014年中国便开始探索数据交易市场，2020年数据市场进入2.0时代。

在此基础上，应当完善确权机制、定价机制等，以国家数据流通标准实现数据要素规范性存储使用。开展数据质量的分析评估，促使数据要素价值可视化，优化数据交易规则，支持各类所有制企业参与数据要素交易建设，构建统一数据要素市场。

四是加速缩小数字鸿沟，保障实体经济稳定运行。促进数字经济和实体经济深度融合的导向在于缩小数字鸿沟，保证信息化发展水平差距保持在合理区间。就城乡差异而言，加快在农村布局数字基础设施，倾斜数字基础设施资源在相对落后地区投入，以数字新基建创造应用新场景、牵引消费新需求，引导数字经济均衡发展。就区域差异而言，纵深推进数字化改革，促进数字技术在医疗、教育、养老等领域应用，缩小公共服务在不同区域之间的差距。就群体差异而言，简化数字化产品、数字化场景的应用步骤，推出适合老年群体的数字化产品，增强老年群体对于数字经济发展红利的体验程度。

五是健全法律法规体系，保障数字经济健康发展。促进数字经济和实体经济深度融合的保障在于数字经济持续健康发展。数据要素打破了区域限制，具有无限开拓市场的能力，衍生了平台企业"赢者通吃"、海量数据垄断等局面。促进数字经济持续健康发展需要健全法律法规体系，防范数字经济领域的垄断现象。出台和健全数字信息完善、数据隐私保护等相关的法律法规，将数据获取、使用等纳入法律法规监管之中。进一步健全市场准入退出、公平竞争审查监管等制度，建立全方位、多层次监管体系。

第三节 稳步发展工业互联网与消费互联网

工业互联网与消费互联网都是在数字技术不断发展之后所产生的，打通上下游企业、客户等市场主体间的信息不对称，但两者也存在差异。首先消费互联网是交易平台，活跃的是买卖主体，而工业互联网是生产协作平台，由传感网络、工控网络、宽带网络等构成，涉及人、材料、设备及产品等众多主体，复杂程度远高于前者；其次消费互联网主要用于产品与服务的线上订购消费，而工业互联网主要目的在于推动生产的高效协作和效益提升。无论是消费互联网还是工业互联网发展背后所体现的均是技术之争、市场之争、标准之争，两者稳定发展都是为了更好地提升产业链竞争力，保障经济持续稳定增长。

一 把握新态势，推进工业互联网稳步发展

工业互联网下的互联互通、智能协作对浙江制造转型升级意义重大。浙江制造业以中小企业为主体，离散程度较高，多数企业生产水平普遍偏低，要实现转型必须要依托组织创新和数据驱动，实现资源配置能力和创新发展能力的双重提升。为了更快抢得先机，各产业主体纷纷采用新模式、新举措，这也使当前工业互联网发展呈现出新态势。

一是以平台化整合工业生态体系。在消费互联网的发展中，呈现出了诸如亚马逊、阿里巴巴、京东等大型交易平台，这些平台以巨大的交易量发挥着枢纽性的作用。当前，在工业互联网发展中，这种平台化发展的意识逐步清晰，以美国GE公司和德国西门子公司为代表的产业主体纷纷推出工业互联网应用平台。其中，GE耗资10多亿美元推出Predix软件平台，旨在将各种工业资产设备和供应商相互连接、接入云端，并提供资产性能管理和运营优化服务，并从2015年开始向所有企业开放。该平台每天共监控和分析来自1万亿设备资产上的1000万个传感器发回的5000万条数据。同样，西门子耗资3亿欧元推出Sinalytics数字化服务平台整合了远程维护、数据分析及网络安全等一系列技术，从交通灯到风机，已

有30万台设备联网接受远程维护。无论是GE的Predix平台还是西门子的Sinalytics平台，背后折射出的是抢占"互联网+工业"生态体系制高点的共同趋势。在该生态下，各离散的生产主体实现互联互通，共享生产资料和生产能力。

二是与消费互联网的融合逐步深化。关于消费互联网和工业互联网的发展，存在消费互联网主导、工业互联网主导和二者协同发展三种不同论点：消费互联网主导论认为各类消费平台已成规模，具备改造产业的能力；工业互联网主导论认为产业平台是终极形态，将通过直接对接消费者最终取代第三方交易平台；协同一发展论认为两者应相互交融、协调发展。从当前实践来看，融合发展成为主流，这是由大数据、云服务等内在通用技术和业已形成的互联网消费基础共同决定的，一是技术合作的需求，无论是消费互联网还是工业互联网，最终目的都在于构建起基于大数据的运营优势，毫无疑问，消费互联网平台在云、网、端以及大数据等技术应用上具有先发优势。GE在部署工业互联网过程中，首先选择亚马逊作为平台的首个云提供商，原因在于利用亚马逊网络服务强大功能和低成本。二是市场合作的需求，消费互联网的发展过程中积累了庞大的消费群体，如何以个性定制、众包众创等模式为重点，推动制造业产业链各环节的全面互联网化是工业互联网兴起的重要机遇，也是消费互联网向工业领域加速应用并催生各类新产品、新服务、新模式、新业态的关键突破口。

三是标准化工作逐步系统化。整体上工业互联网标准化还处于刚刚起步阶段，但是标准化工作的系统化趋势已经较为明显。2014年，美国企业成立工业互联网联盟（IIC），将参考架构、测试床、应用案例作为关键工作抓手。IIC从商业视角、使用视角、功能视角和实现视角四个层级确立工业互联网标准的整体架构，并通过企业自主设立的应用案例组织垂直领域应用探索，支持建立测试床提供验证支撑，推动工业互联网加快落地。德国同样建立了统一的"工业4.0"参考体系模型RAMI 4.0，分别从功能视角、价值链视角和工业系统视角进行了详细描述，2016年，德国进一步成立工业4.0标准化理事会，在原有"工业4.0平台""工业4.0实验室网络"等平台的基础上，推进工业4.0标准的国际化。当前，IIC标准和德国工业4.0在尝试融合。2016年，德国一家液压阀生产工厂成为世界首家将德国工业4.0平台技术标准与工业互联网联盟标准结合起来的企业。在借鉴德国和美国标准基础上，2015年，中国智能制造综合标准化工作组成立，并形成《国家智能制造标准体系建设指南（2015年版）》，系统推进智能制造标准立项及研制工作。

作为信息经济大省，浙江省一直在大力推进"两化"融合，"十二五"期间，"两化"深度融合指数从全国第七提高到了全国第三，并成为全国"两化"深度融合国家示范区。但与发达国家工业互联网实践水平相比，浙江在一些关键环节上面临水平不高与支撑不足的双重制约，全省开展智能制造示范试点企业总数不到150家，代表智能制造水平的关键指标MES（制造执行系统）应用普及率不到35%，规模以上工业企业中建立企业级大数据资源库的比例不到5%。对此，如何进一步发展工业互联网，加快形成"工业互联、数据互通、应用创新"的发展格局，可在参照工业互联网发展新态势的基础上把握以下几点。

第一，充分发挥消费互联网先发优势。作为消费互联网发展高地，浙江省无论是在互联网技术储备上还是市场应用上都具有显著的先发优势。近年来，以阿里巴巴为代表的消费互联网平台也逐步开始向工业领域探索，积极打造工业云服务平台，并推出了淘工厂、中国智造等项目。浙江省应充分发挥消费互联网及平台优势，一是强化技术支撑，建设面向中小企业的云服务中心，为中小企业接入并利用好工业互联网提供有力的支撑；二是将消费互联网领域许多成熟的商业模式、组织模式、经营模式不断应用推广到工业领域，比如众包、众筹、预售等，从而延伸工业生产的价值链条，构建形成工业互联网体系下的新业态；三是实现用户资源的共享，发挥消费互联网广泛连接市场的作用，实现资源共享协同的生产组织创新。

第二，聚焦重点行业打造开放性平台。可以预见工业互联网发展中也会出现类似阿里巴巴、亚马逊等核心平台，这也是GE、西门子提前布局的重要原因。平台的应用在某种程度上就等同于标准的确立，因而无论是从经济效应还是产业安全角度来看，中国都需要一批本土企业运营的开放性平台。浙江省可以发挥领先优势，加大制造企业智能化改造力度，支持高度传感器、智能仪表等关键核心零部件发展，积极支持工业自动化控制企业发展提供智能工厂解决方案，鼓励工业软件企业与优势制造企业合作打造工业互联网平台，着重在高端装备、新能源汽车、节能环保等新兴产业以及纺织服务等传统优势产业开展试点，通过工业互联网平台、智能工程解决方案提供、工业软件开发和应用、关键核心部件发展、智能工厂改造工程等打造全国领先的工业互联网示范区域。

第三，积极参与全球工业互联网标准化工作。工业互联网是智能制造实现的基础，如果没有工业互联网强大的计算与通信能力支撑，智能制造的生产体系也就无法建立，所以工业互联网标准化工作应当先行。《浙江省加快推进智能制造发展行动方案（2015—2017）》应加快落地，并在该基础上，鼓励支持重点企业在硅谷等全球创新基地和德国、美国、日本等发达国家建立研发基地和分支机构，建立双向合作机制。加强与美国工业互联网联盟、中国工业互联网产业联盟（AII）、中德智能制造/工业4.0标准化工作组等平台之间的沟通协作。推动工业互联网关键技术试验验证等一批功能性服务平台的建设和推广,争取国家工业互联网产业联盟分支机构落户浙江。

第四,夯实工业互联网基础设施。加强工业互联网公共设施建设的实质性投入,提升信息互联互通的技术性能,为智能制造生产体系的形成并发挥重要作用提供更好的条件。数据中心、宽带频谱和光纤网络等基础设施都是建成低时延、高可靠、广覆盖的工业互联网的必要基础。在布局工业互联网的过程中,应超前考虑工业互联网对网络接入的需求,升级改造公众互联网,推动高带宽虚拟专网、4G/5G、NGB-W 的工业应用,满足大规模工业设备接入和联网的需求,并在工业基础较好的地区及工业园区内优先搭建智能工厂数字化接口、企业物联网、公共信息服务平台等基础性物理架设,为企业智能制造方式的改造提供较为完备的基础设施建设。此外,还需要一个高效的网络安全制度,从云技术防御策略的网络安全和连接到网络的尖端设备安全两方面构建起网络安全保护系统。

二 把握疫情,催生积极因素发展消费互联网

网络零售对消费的促进作用进一步提升,2021 年实物商品网上零售额在社消零中的比重达 24.5%,较 2017 年提升近 10 个百分点。疫情也培育了居民线上消费的习惯,坚定了各行各业经营者数字化转型的决心,线上线下的加速融合为浙江电商产业高质量发展催生了新的机遇和空间。

一是头部平台生态圈优势进一步巩固。疫情期间新零售、在线办公、健康服务等业务实现快速突破,"宅经济"临时加速,给实体经济、消费等带来了冲击,但也给消费互联网带来了一波非典型"井喷"流量,处于风险与机遇并存,类似生鲜电商等很多行业间收到了一定的效益。例如,盒马鲜生线上订单量在 2020 年新冠肺炎疫情暴发初期较 2019 年同期增长 220%。这主要是因为新冠肺炎

疫情期间，盒马鲜生的民生单品需求量暴增，网上订单主要集中在蔬菜、柴米油盐、方便面、冷冻食品等生活消费品。一方面，客户购买数量增加，加快了盒马鲜生等生鲜电商快速发展；另一方面，客户购买频次增加，亦摊薄了客单价。然而，从整个市场而言，生鲜电商等消费互联网也受到了疫情的冲击，包括订单量暴增使生鲜电商无法快速满足消费者需求、疫情背景下电商平台纷纷陷入"用人荒"等困境。不仅如此，居家办公也催生着头部平台企业快速发展。譬如，疫情期间"钉钉"新增下载2亿次，成为国内最大的移动办公平台和在线教育家校互通平台。"钉钉"从组织数字化开始实践，加快产业数字化进程，从而撬动经济的数字化，俨然已经成为阿里巴巴这一数字经济体20年来数字化组织管理创新最佳实践的载体、产业智联网的入口，并以实际行动大力助推中国数字经济发展。

二是社交、直播电商辐射面、渗透率扩大。直播电商发挥其"大众化、社交化、多元化、职业化、工具化"等优势和特点，主动承起在疫情时期的担当和历史责任。越来越多的企业为满足消费者的改变，快速调整营销策略，营销方式变得更为灵活，营销渠道更为重视线上。顾客已经被动式接受了网上下单和无接触的消费方式，而这种方式也符合5G时代即将到来的电商消费趋势。与平台零售、农村电商加速融合，"吃货助农""直播助农"等创新方式为农产品销售打开新渠道，也为传统电商带来了活力。农村电商迅猛发展，扩大了农产品销售范围，促进了农村人口创业，提高了农民收入水平，有助于农业农村领域共同富裕。不仅如此，农村电商也带动着农村基础设施等优化，有利于缩小农村与城市之间的差距以及促进乡村全面振兴。社交、直播电商线上培训系统完善，只要有手机、小程序辅助即可开店，成为失业待岗人员就业创业热点。随着直播电商"赚钱效应"逐步扩散，MCN机构及人才大量涌入，网红将实现专业化生产，更加精准定位、对接品牌，进而提升直播电商的内容与品质。另外，平台通过调整运营规则，携手商家共抗疫情。淘宝、京东、苏宁、抖音、快手等平台均在直播业务方面及时做出了调整。

三是优质供应商收获更大选择权、主动权。疫情背景下，线下零售与线上零售等逐步形成分化，尤其是在生鲜等商品销售方面，产生分化的原因在于供应链是否精细化、是否能够应对冲击，这足以成为拉开企业或者平台差距的关键因素。在正常运营阶段，供应链的竞争力并不能充分体现，但是在疫情时期，供应链的差距将直接成为企业或者电商平台能否获取竞争优势的关键所在。一方面，电商平台能够处理大量信息数据并进行信息传递，是扩大业务范围、提供高效保障、稳定产品价格的重要因素；另一方面，人员的高效管理，尤其是应对疫情等突发因素能否保障正常运营，也是供应链稳定的重要因素。在疫情冲击下，电商产业加快推进整合协作，尤其是加强供应链的稳定，保障产品质量、快速响应市场、做大做强品牌效应，保证电商平台在市场中的竞争地位，这也能够为平台赢得更为广阔的空间。

四是电商行业数字技术服务迎来爆发期。线下业务受限、劳动力匮乏使电商企业对数字化的认知进一步觉醒，云服务、电子签章、在线支付、在线征信等服务需求激增。此外，在"机器送""零接触""智能提"等模式的催化下，人工智能、AR/VR、大数据、5G技术在商品识别、客群分析、全域营销、库存管理、收益管理、物流路径规划等各个细分领域将加速应用，电商及相关产业技术服务业将快速发展。宅经济、云生活、云办公、云教育等新兴消费模式不断拓展且逐步渗透进每个人的生活空间，浙江企业也积极把握这种趋势，顺势加快业务转型升级，包括无接触式购物、配送、在线消费等在内的新消费业态在短期内得以快速生长，线上零售呈现逆势增长的态势，这也是疫情冲击下的机遇所在。企业顺势转型，线上零售快速扩张。以直播为例，直播电商具有天然的大数据属性，将成为数字经济的重要组成部分之一。数字经济将是未来中国经济新动能的主力，直播电商将为数字经济增长释放更多潜能。

电商产业等是浙江经济发展的生力军，稳定消费互联网是保障经济运行的重要力量。面对疫情带来的新影响，浙江围绕企业诉求积极稳定消费互联网发展。

第一，以标准引领为重点巩固新业态新模式先发优势。无论是新零售、在线医疗、在线教育还是社交电商、直播电商都处于起步期，涉及政策突破及合规风险。数字经济时代，业态发展，需要标准先行，以此引领新业态新模式更加规范健康。对于电商等消费互联网的不断兴起，要将标准制定前置，充分发挥标准的保障和支撑作用，加快标准体系建设及成熟标准输出，在新业态新模式发展中巩固先发优势、掌握话语权。为了配合标准引领，政府部门需要加快转变监管模式，使其能够更加符合新业态所呈现的新特征新挑战。数字时代，新业态新模式的产生，很大程度上对于传统的监管模式提出了挑战，这就要求政府能够深化管理体制改革，以治理体系和治理能力现代化来更好地适应新业态、促进新模式。在此过程中，最为根本的仍旧是发挥市场在资源配置中的决定性作用，政府更多的是起到保障和引导作用。政府监管应当贯彻"大道至简""底线监管"的原则，"法无禁止即可为"，只要在法律认可的范围内，就应将空间留给市场主体。

第二，以优质供应商对接为重点助推平台生态进化。加快推进直播电商与社交电商相互赋能转化，使直播电商成为开启新零售的"新动能"。加快推动"直播+社交"电商模式发展，树立一批社交直播电商的区域产业带标杆，使社交电商直播成为未来新零售的中坚力量。鼓励平台企业以创新、优化和完善生态自救为导向，形成更为良性的发展环境。在此进程中，金融服务至关重要，通过与银行、互联网金融合作，加大对优质供应商的资金支持，能够更好地发挥平台企业的作用。面对中小企业融资难、融资贵问题，除了加快金融体制机制创新，供应链金融这种银行资本、商业资本与产业资本"闭环式"运行的融资模式，提供了新的解决思路。切实把发展供应链金融作为破解中小企业融资难、融资贵的重要抓手，坚持政府引导、市场推动与企业主导相结合，坚持整体入手与以点带面相结合，政府、银行、企业三管齐下推进供应链金融在浙江健康发展。针对不同的产业集群、专业市场，鼓励企业发挥特有优势，形成优势互补的作用机制，能够更好地优化资源配置、强化成本控制，提高整个产业链竞争力。强化省属国企等重点企业对供应链的控制力，引导核心企业以自身良好的资信，帮助供应链上下游的中小电商企业破解融资难、融资贵困境。同时，鼓励中小企业积极参与。充分认识供应链金融在缓解企业融资难、融资贵的积极作用，在加强自身规范运营的同时，主动与金融机构、核心企业等展开对接，从上下游、产业链等方面更好地与金融机构进行对接，从供应链的角度更好地提高资金周转速度和使用效率。

第三，以扩大海外仓与国际运力优化为重点支持跨境电商。在主要出口国扩大海外仓数量，提升服务内容，鼓励企业对现有海外仓、边境仓进行智能化、自动化改造。加强海外仓与国内平台、卖家的信息共享。破解物流难题，进一步做实做强杭州国际门户枢纽机场，加强宁波、义乌等地航空物流拓展，推进长三角国际快递通关一体化和便利化。支持大型快递物流企业增开货运包机，建立稳固的国际航空大通道。加快推进直播电商与跨境电商的融合发展，使直播电商成为助力浙江建设新型贸易中心的"新动能"。推动直播电商融入全球销售体系，引导主播将选品范围拓展到海外市场，依托跨境电商渠道"走出去"。搭建直播电商国际贸易合作平台，帮助各类经营主体通过直播带货模式拓展国际市场，促进贸易新业态发展、提升贸易数字化水平。在产业规模上，跨境电商仍旧具有很大的发展空间，这也能为国内国际市场融通提供行之有效的路径。随着相关机制体制的完善，跨境电商对外贸转型升级的拉动作用将越发凸显，发展跨境电商是传统企业转型升级的好时机，从营销到交易、支付、物流、金融服务已经形成了一套非常清晰完整的外销体系。中国制造升级带来的品牌和渠道建设需求、浙江产业（轻工业品为主）特点与跨境电商的高度契合也大大扩大了发展空间。现阶段的行业竞争也没达到白热化的程度，企业应以务实的心态专注到产品和服务上，将目光放在优化供应链上。

第四，以科技类电商项目孵化为重点激发行业整体活力。服务电商行业的数字化转型，进一步深化"机器送""零接触""智能提"等创新模式，鼓励电商园区、孵化器以深化人工智能、AR/VR、大数据、5G技术在电商及衍生产业的应用为方向，以技术创新、内容创新为重点引育项目，为持续储备和输出潜力企业，激发行业整体活力形成基础。在涉农电商数字化转型方面，继续确立"安全、健康、绿色、生态"理念。一方面，把握数字技术蓬勃发展的趋势，利用好新一代信息技术，加快农村电商、农产品电商数字化转型升级的步伐，着力拓宽农产品消费市场；另一方面，健全农产品物流体系，打造适应农村产品销售的流通体系，尤其是利用好数字技术赋能农业物流，构建起全触点、全渠道、全场景、全球链、全客群的数字化转型模式，建设智能化、绿色化、高效化、现代化的农业产销体系。

第五，以绘制综合性电商线上地图为重点做好有序监管。进一步完善全省电商统计监测制度，扩大统计口径，将新兴社交电商平台、跨境电商出口平台、本地化生活服务平台纳入监管，打造集聚传统电商及新型电商于一体的综合性电商线上地图，充分利用大数据技术做好市场监管和精准施策。浙江是互联网经济大省，也是主要平台的集聚地，网上消费持续保持较快增长态势，也衍生出电商直播、社交电商等新的消费模式，短视频等新平台也在不断兴起，已经成为消费的新兴领域。然而，这些新的消费领域兴起也对传统监管模式提出了挑战，尤其是平台电商的法律法规体系亟须健全，才能够更好地满足平台经济快速发展的趋势。进入大数据时代，市场监管迎来了机遇的同时，市场监管模式也面临新调整。加快推进直播电商与行业自治、社会治理的互促发展，使直播电商成为传递正能量的"新窗口"。建议引导中国直播电商联盟（落地杭州）制定行业规范标准，加强行业自律，搭建直播电商统计监测管理系统，定期发布行业分析报告。以行业商协会和联盟为主体，邀请专家学者和行业权威人士，建立直播电商行业智库，正确引导行业舆论导向。

第四节 数据赋能产业链与供应链有效治理

产业链供应链的稳定性和竞争力是维护经济发展和社会稳定的关键之举。作为现代产业体系的"骨架"和"脉络"，产业链供应链是全球产业从产品间分工深入产品内分工的结果。产品内分工，也就是产品的不同生产工序按效率原则由不同国家完成和供应，一方面形成了表现为生产环节上下游关系的产业链；另一方面形成了表现为中间品供求关系的供应链。在全球产业链重塑背景下，联系中国当前实际，重点是保障产业链的完整性和供应链的安全性，关键是降低核心零部件的对外依赖性，目标是形成自主可控、具有国际竞争力的现代产业体系。

一 把握全球产业链重塑的"三稳三变"

当前,新冠肺炎疫情冲击凸显了全球产业链供应链的脆弱性。事实上,产业链供应链重塑本来就是持续的、动态的过程。当前的产业链动态调整,既具有一般规律性,又由于受多重外部冲击的影响,表现出"三稳三变"的特征。

第一,核心技术始终是产业链竞争力的撒手锏。核心技术是国之重器,是产业链供应链安全乃至国防等其他重点领域安全的根本保障。微观层面看,新技术的应用催生新产业的发展,核心技术支配产业发展和产业链的形态;掌握核心技术的龙头企业,即产业链"链主",主导了产业链的布局、供应和价值分配。宏观层面看,自20世纪以来,尽管全球经历了多次产业链转移,但是美国、德国和日本等国家的制造业强国地位没有改变,根本原因是这些国家牢牢掌握了装备、材料、信息、生物等重点产业的核心技术。从近期案例看,2019年日韩贸易争端中,日本凭借光刻胶等少量关键核心技术有效制衡了韩国,一个重要的启示就是:核心技术是产业链竞争力的撒手锏。

第二,市场规模始终是产业链稳定性的压舱石。市场需求是产业发展的重要引擎,也是产业链空间布局的主导因素,尤其是汽车等大件消费品的生产基地高度依赖需求市场。影响上,一方面,随着产业链供应链向纵深发展,终端消费市场的变动将通过供应链传递、上下游联动引起整条产业链的变化;另一方面,市场规模的扩大也会引致分工深化与整合,有利于新兴行业的形成和产业链的延伸,促进产业链长期、动态的稳定。经验上,美国正是在巨大的国内市场需求刺激下,出现了英特尔、IBM、微软等一批后来主导全球半导体行业的大型跨国公司,这是一种典型的内需市场驱动的产业链发展路径。

第三，工业基础始终是产业链完备性的定盘星。对于产业链而言，工业基础是产业链安全稳定的底层设施和综合能力，是在产业漫长发展过程中不断积累沉淀的结果，对于产业链安全具有重要意义。狭义的工业基础常指"四基"，即关键基础材料、核心基础零部件（元器件）、先进基础工艺、产业技术基础等硬性基础的简称。广义上，工业基础还包括操作系统等基础软件、创新创业环境、人才红利等新型柔性基础。工业基础的优势集中体现为完整的工业体系、齐全的综合配套能力，最终表现出产业链上下游紧密联系而产生的协同效应。经验上，美国通过实施"信息高速公路"等战略，在全球产业链供应链分布格局中塑造了强大的支撑力和吸附力。

第四，分工逻辑从效率优先向安全优先转变。全球产业链从较低的分工水平起步，近40年来，随着WTO等国际贸易合作机制的完善、通信物流等新技术的应用、发展中国家大量低成本劳动力的注入，这些成本因素有力推进了全球产业链的发展。但是自2008年国际金融危机以来，基于效率导向的全球化基础开始削弱。一个原因是，此时的全球产业链分工水平已处于历史高位，进一步提升的空间有限；另一个原因是，经济体之间的成本差异缩小和人工智能等新技术的运用，国别之间的比较优势结构被打破。当前，由于新冠肺炎疫情的冲击，进一步暴露全球分工的供应链风险，全球产业链分工逻辑呈现从效率优先向安全优先转变的趋势。

第五，空间格局从全球分布向近邻集聚转变。如何兼顾产业链的效率和安全，是各国适应全球产业链重构首要考虑的问题。过去，跨国公司按水平分工逻辑把产业链中一些产成品和半成品的加工外包给全球加工质量好、效率高、成本低的企业，形成全球化的产业链分工。未来，全球产业链将变短变粗，会更紧密围绕市场需求所在地集聚，即纵向上分工体系适度收回，跨国公司内部进行生产，横向上在特定区域当中形成空间集聚化的趋势，也就是全球产业链将在某些地域聚集，形成"本国市场＋周边市场"相结合的近邻集群。

第六，产业生态从相互竞争向链群共赢转变。过去，由跨国公司主导的全球产业链中，跨国公司是供应商的发包单位，供应商之间为了获得订单而相互竞争。未来，空间邻近的企业将抱团嵌入全球产业链，全球很有可能形成多条同类产品的产业链。至此，全球的竞争方式会发生很大变化，将从企业之间的订单竞争转向产业链之间以及产业集群之间的联盟竞争。此时，链群的整体竞争力决定了链群企业的增加值，处于同一产业链或集群的企业将是利益共同体的关系，"一荣俱荣、一损俱损"，企业之间的关系从竞争转化为共赢。

二　提升产业链供应链稳定性和竞争力

针对全球产业链供应链持续出现多点"梗阻"问题，中国应该积极发挥自身优势，科学应变、主动求变，持续提升产业链供应链稳定性和竞争力。

第一，技术补链：突破重点产业链的关键核心技术。目前，中国产业链供应链的"卡脖子"环节主要集中在，关键核心技术仍受制于人，导致产业链发展遭遇瓶颈。关键核心技术是当前先进制造业、战略新兴产业等重点行业的突出短板，也是未来产业发展中需要极力避免的关键环节。在此意义上，强化中国产业链稳定性和竞争力的重中之重，关键在于把核心关键技术牢牢掌握在自己手里，实现自主可控的产业链发展。具体而言，要科学把控技术攻坚节奏。短期内，按照扬长补短的思路，全面厘清重点行业尚未掌控的核心技术清单，发挥集中力量办大事的制度优势，重点突破亟待攻坚的技术领域。长远看，按照国家之间相互制衡的思路，充分利用全球专利库等大数据资源，应用技术预见这一"技术雷达"，系统研究和追踪美国、德国、日本等发达国家在未来产业的布局领域和发展进程，在关键核心技术领域提前部署，通过标准规则从源头主导技术升级的方向和节奏。

第二，市场固链：充分发挥超大规模市场优势和内需潜力。市场规模巨大且潜力不可估量，对于很多跨国公司极富吸引力，这是中国的突出优势。近几十年来外资企业70%以上的产品在中国市场销售，只有30%是出口到欧美的。2019年，中国社会消费品零售总额已达41.2万亿元，是仅次于美国的全球第二大消费市场，在汽车、手机等许多重要消费品类中，中国都是全球第一大消费市场。具体操作要内外联动。对内，推进国内大循环，鼓励出口型企业根据国内市场需要进行技术改造，扩大内销的份额，进一步完善科研激励、技术市场和技术产业化等方面的制度建设，充分发挥国内市场在提升产业链竞争力的内生动力。对外，利用内需市场的规模优势，制定有的放矢的"招商引技"策略，以市场潜力对冲"去中国化"的潜在风险。

第三，基础强链：夯实5G网络等新型工业基础。中国是全球唯一拥有全部工业门类的国家，有约220种工业产品的产量居全球第一，是中国产业链竞争力的一大优势。但必须承认，在先进性、性能的稳定性和可靠性等方面与世界先进水平仍存在差距。目前，产业链竞争力将更多依靠数字化、智能化等新型工业基础，加快5G网络等新型基础设施建设势在必行。具体操作要软硬兼施。硬件上，大力布局新基建项目，充分利用新一代信息技术，进一步挖掘传统基础设施服务能力，实现基础设施的服务智慧化和管理网络化，强化对产业链稳定性和竞争力提升的支撑作用。软件上，以标准引领产业链安全稳定发展，运用人工智能和大数据汇集、凝练工业知识，以此建立覆盖全产业链的标准库、专利池、数据库、知识库等体系，引导工业软件嵌入制造业设计、生产、装配和服务等各个环节，推动产业链从制造和服务环节分离向制造服务一体化转变。

第四，开放稳链：深度参与全球产业链重构与竞争。目前，全球产业链向安全优先转变，改变了全球产业链的分工态势和进程。但是，以效率为导向提升产业链竞争力，这一基本逻辑并不会改变。由此，为保障中国企业在全球产业链重构中损失最小、获益最大，要立足于开放背景，加快建立产业链内循环与外循环的对接渠道。具体操作要兼顾安全和效率双重目标。在安全上，尽快对中国新一轮全球产业转移的影响因素、趋向和应对策略作出科学评估，为企业提供更加科学的海外投资指南和更加规范的政策支持。效率上，借鉴日本"母工厂"制度做法，鼓励企业在国内建立覆盖产业链关键核心技术的"母工厂"，支持企业在"走出去"过程中深度嵌入美欧主导的全球创新网络，有效降低"制造业空心化"的潜在风险。

第五，空间紧链：推进产业集群向产业链集群转变。目前，国内产业集群面临着地区内的企业关联不够紧密、地区间的产业链协作不足等双重困境，严重制约产业链稳定性和竞争力的提升。为此，有必要积极发挥和强化产业链的集群优势，提升集群内外的关联密度。具体操作上，要注重集群内外的纵横协同。集群内部，加快建设产业链数字化平台，推进工业互联网建设，促进上下游企业的纵向联动，带动全国乃至全球产业链的大循环。集群之间，着力提升"群与群"的快速响应、敏捷柔性的供应链，引导和支持优势企业对供应链的主导力和管控力，形成分工合理、长板互补、信息共享的供应链横向协同体系。

第六，"链主"兴链：加快链群共赢的产业生态建设。目前，中国企业在全球产业链的控制力不强、盈利能力偏弱、总体竞争力不强，主要原因是本土企业之间竞争大于合作，关键是缺乏"链主"企业。对此，要大力支持本土龙头企业组建产业联盟，合力建设链群共赢的产业生态。具体策略上，政企合力培育"链主"。一方面，有效激励本土龙头企业由产业链的"参与者"向"链主"转变，加快形成一批在全球产业链供应链具有控制力的核心企业，带动一批处于产业链核心环节的"隐形冠军"企业；另一方面，鼓励和支持本土龙头企业组建区域和跨区域产业链联盟，推动"链主"跨国收购兼并，吸引国外企业融入本土产业链体系，加快建设区域性链群共赢的产业生态。

第五章

民营经济高质量发展助推现代化

　　改革开放四十多年来，浙江持续支持引导民营经济健康发展，民营经济已经成为浙江发展的"金名片"。2021年，民营经济为浙江省经济贡献了67%的GDP、73.4%的税收、87.5%的就业、81.6%的出口和96.7%的企业总量；有6家企业入围世界500强，96家企业入围中国民营企业500强，入选数量连续23年蝉联全国民营企业500强榜单首位。民营经济是浙江经济高质量发展的动力源泉，是解决百姓就业和增收的重要载体，是缩小城乡差距、地区差距的重要力量，是满足人民对美好生活向往的重要供给者，是共同富裕先行和省域现代化先行不可或缺的重要力量。不仅如此，民营经济奠定了共同富裕的坚实基础，造就了共同富裕的庞大群体，担当了共同富裕的社会责任。浙江一以贯之支持和鼓励民营经济发展，包括提升民营经济创新能力、加速民营经济数字化转型、提高民营企业社会责任、优化民营经济发展环境，本章将对此进行梳理和总结。

第一节 提升民营经济创新能力

浙江省第十五次党代会明确提出"要突出创新制胜，全面实施科技创新和人才强省首位战略，形成制胜未来新优势"，这是着力推动全面转入创新驱动发展模式的战略导向，亦是高质量发展推动共同富裕先行和省域现代化先行的重要基础。浙江省民营经济发展大会强调"坚持'两个毫不动摇'推动新时代民营经济新飞跃"。民营企业是科技创新的主力军，2021年规模以上工业企业中，有研发费用支出的民营企业数量达到3.4万家，占规模以上工业中有研发费用支出企业数量的89.8%，接近九成。支持民营企业参与核心关键技术攻关，持续推进民营经济创新发展，是全面转入创新驱动发展模式的必然路径，也为全面实施创新首位战略助推"两个先行"注入强劲内生动力。

一 双循环新发展格局为民营经济带来新机遇

构建新发展格局是自觉、全面落实新发展理念，全力构建现代化经济体系的过程。以国内大循环为主体意味着将满足国内需求作为根本出发点，从国内市场来看，中国人口众多，具有内部市场的重要基础，坚持扩大内需这一战略基点至关重要。在此过程中，以供给侧结构性改革为主线，加快推进科技创新、加速发展数字经济、智能制造、生命健康、新材料等新兴产业，更好地满足国内需求，培育和形成新的经济增长点。国内国际双循环意味着更高层次的对外开放，是制度型引领的对外开放，由此以国内的大市场牵引国际大市场，从客场全球化转向主场全球化，更加积极制定国际规则、国际标准，以制度引领开放。正是基于这样的氛围，民营企业表示要积极适应新发展阶段变化，并认为新发展格局下，民营经济的高质量发展将迎来重大机遇。

一是去虚火、兴实业的新机遇。国内大循环的出发点是实体经济，是制造业，这对民营经济健康发展具有重要的政策导向作用。特别是坚持金融服务实体经济，意味着政府将加强对房地产市场泡沫的干预，资本市场也会有更多机会，融资成本会进一步下降。企业家表示国家政策导向是很明确的，具体到温州、台州，两地都强调制造立市、制造兴市。台州市现有制造业企业6.81万家，规上工业企业4412家，拥有21个产值超百亿元的产业集群。为进一步强化制造立市，2020年制定出台《关于加快制造业高质量发展打造具有国际影响力制造之都的实施意见》和《台州市加快推进制造业高质量发展若干政策》"双三十条"，实现市级制造业专项资金翻一番。调研中，浙江天工紧固件有限公司就表示所处行业具有良好前景，公司营收从2019年的9200万元增长至2020年的1.4亿元，技改投入超过1000万元，其中300万元用于数字化改造，所服务客户也不断升级，成为西门子等跨国公司的供应商，企业希望5年左右具备上市条件。

二是产业链优化整合的新机遇。构建国内大循环，意味着要彻底改变过去那种主要靠引进技术、模仿发展的模式，走全面创新驱动发展的道路。在关键核心技术上，集中攻关、加速突破，以"卡脖子"技术倒逼核心技术攻关，尽快转入创新驱动发展模式；在产业链方面，补齐产业链发展的短板，建立一个相对独立和完整的产业体系，保持产业链稳定性、安全性及竞争力。企业家们表示，产业链的调整会加快。一方面国内龙头企业会更关注本土企业，也更加愿意进行长期合作。对于优质供应商而言，会有更多发展机会。台州凯胜健身器材公司表示企业有技术但苦于没有品牌，创新的产品有产量但没有销量。2020年开始成为华为授权的生态合作伙伴，进入华为渠道销售，希望借助华为的研发和品牌优势拓展市场。另一方面，温台两地的产业链也在加快优化。在2020年省级"隐形冠军"企业名单中，温州分别有13家"隐形冠军"企业和36家"隐形冠军"培育企业入选，数量均居全省第二。目前，温州市省级"隐形冠军"及培育企业历年总和达200家，总数居全省第一。2020年温州就已经开始编制传统制造业产业链分布图、产业链全景图、缺链招商图及亿元以上企业清单、产业链风险清单等"三图两清单"，探索"链长制"政企协作创新攻坚模式，实施一批产业链协同创新和急用先行项目。

三是消费升级下品牌塑造的机遇。"双循环"的提出顺应了消费升级趋势，传统消费将提升，一批新型消费将涌现。对于传统商品而言，融入了更多环保、科技、文化元素往往更受消费者青睐。特别是年轻消费群体催生了新的消费模式和需求，比如颜值经济、萌宠经济、二次元经济、盲盒经济等。企业家认为，区别于以往，这类消费具有更强的互动性，是塑造品牌的重大机遇。温州、台州将通过带动消费加速推动制造业发展。既适应经济结构和消费升级趋势，促进产品和服务迈向中高端，又充分发挥价格优势，不断下沉市场，开拓县乡甚至是村一级市场，满足量大面广的基层市场，真正满足全体人民对消费升级的需求。台州出台了《台州市促进电子商务高质量发展若干政策》，与拼多多、小红书、美团、B站等10多家头部电商平台签订战略合作协议，扶持优质台州企业，推动台州更多"单打冠军""隐形冠军"走向更广阔的内需市场。台州市黄岩洁安惠智能家用电器有限公司于2018年加入拼多多"新品牌计划"，为平台高客户人群定制创新产品，借助"爆款"积累的品牌势能，开店以来每年销量涨幅超过30%，2020年成交额有望突破2000万。企业家普遍认为，"后疫情时代"品牌就是企业最好的"疫苗"，品牌升级，是企业强身健体的最好途径。要加快民营经济创新发展，加速供给侧改革提升产品的质量，促使产品向着更为优质、更为绿色、更为健康的方向发展，由此促进国内消费市场全面升级。在产品创新同时，积极拓展商业模式、消费模式，面向数字经济创新消费模式、创造消费新业态，进一步激发国内需求，为国内大市场的构建注入内生性活力。

四是拓展投资空间的新机遇。构建双循环意味着中心城市和城市群的作用进一步发挥，在新基建、公共交通、生态环保、市政工程、公共卫生、物资储备、防灾减灾、民生保障等方面都蕴含着诸多投资机遇。此外，双循环下农业农村也是强大国内市场的双循环战略核心环节和战略动力源泉。只有不断激发农村地区的市场活力，全面释放和培育最广大乡村居民的消费需求，才能真正有效畅通国内大循环，进一步巩固和全面提升中国的全球超大规模市场优势。因此，对于民营企业而言将有更多机会参与推动城乡区域协调发展的重大项目建设。不少企业家感到，双循环下民营企业在石油、化工、电力、天然气以及重大铁路项目建设、铁路客货站场经营开发等方面的经营机会会增加。如杭绍台铁路连接浙江杭州、绍兴、台州三地，线路全长约266.9千米，设计时速350千米，是国内首批8个社会资本投资铁路示范项目之一，可研批复总投资448.9亿元，资本金约占总投资的30%，其中复星民营联合体占股51%。

五是内外贸一体化的新机遇。传统内外贸市场在企业资质认定、产品、技术、质量、征税等标准上存在差异，发展的支持政策不同，市场的规范性、透明性也呈现差异。在双循环背景下，中央将强调优化市场流通环境，着力促进内外贸法律法规、监管体制、经营资质、质量标准、检验检疫、认证认可等相衔接，推进同线同标同质。在国家完善内外贸一体化调控体系的背景下，民营企业将迎来贸易便利化的良好机会，将有更大的可能性打通内外贸流通的堵点，统筹用好国际国内两个市场，降低出口产品内销成本，拓展国内消费需求,促进内外贸良性循环和协调发展,为构建新发展格局做出贡献。

二 双循环新发展格局下民营经济面临新挑战

双循环背景下,民营经济既有重大新机遇,也面临着诸多挑战。民营企业在经营中的困扰主要集中在以下五个方面。

一是外贸出口遭遇"运费成本关"。百达精工等企业负责人以2020年为例说明了出口贸易遭受到的困难,一季度惨淡,有订单没人,二季度有人没订单,三季度淡季不淡,四季度订单火爆,对于企业而言都在抢时间补损失。但是一方面汇率波动给出口外向型企业带来严峻挑战;另一方面出口遭遇"一箱难求"。目前出口3个集装箱只能返回1个,大量空箱在美国、欧洲和澳洲等地积压,加上2020年上半年各船公司(箱东)未能正常预定新箱,导致集装箱极其紧缺。据企业反馈,以往一个运到美国的集装箱只要付1500—2000美元,2020年却要付4500美元左右,运送的时间也比之前长。遇到一些特别紧急的订单,企业只能走空运。运费成本飙升,企业表示外贸做越多、亏越多。

二是出口转内销遭遇"市场运营关"。受限于资金、人才、管理能力等,企业表示开辟国内市场面临诸多难点。第一是成本高,如果产品进入线下渠道,各门店铺货需要大量资源,除租金、装修费,通常还要收取商品售价的20%—30%作为抽成,企业谈判地位弱。如果进入线上店铺,保证金、店铺服务费、软件使用费、促销活动费等项目较多,各类费用占售价的20%—25%,并没有比线下便宜多少。从资金周转周期来看,外贸账期一般不超过3个月,而内贸账期往往长达6—12个月,企业转内销后资金周转压力加大。第二是价格战,很多出口产品在国内几近饱和,流入市场的商品总量增大,市场必然供大于求。内贸市场的价格战让企业利润空间大幅缩水，甚至亏损。有的客户甚至利用账期"空手套白狼"，一边赊账拿产品，一边铺货拓市场。如果客户没把货卖掉，工厂最后可能颗粒无收，还要承担所有的生产成本。第三是知识产权风险，公司以前的产品设计、生产都是以外贸客户为中心，将代工产品内销需要获得国外客户授权。而以自有品牌销售与代工产品类似的产品，将面临法律风险。

三是供应链协同遭遇"数字化转型关"。企业家表示，上下游协同度不够，产业协同偏弱，产业链组织化程度不高是适应双循环的一大难点。2020年浙江立项建立了105个产业链上下游企业共同体，温州、台州分别入选7个、6个，不及杭州、宁波的1/3。浙江航天恒通科技有限公司、浙江金弘科技有限公司等企业指出，电子信息、软件服务等新兴产业本地配套少，发展受限。在疫情中，部分企业内部管理暴露出不少问题，很多原因是企业缺乏人力资源、物流配送、购销存管理的信息化手段，导致反应速度不够快、难以高效融入产业链。一些企业家觉得，在弹性化、多批次、小批量生产趋势下，某一款产品日均产能只需达到数千顶就可以满足需求，但一旦这款产品成为爆款，生产商需要面临日均增长10倍甚至更高的产能需求。这对快速响应、备料等都形成了巨大考验。爆品来了，你能把"爆链"吃下来，才是真本事。根据《2020浙江省数字经济发展综合评价报告》显示，2019年温州和台州产业数字化评分分别居全省第六位和第十位，与其他地区存在一定差距。

四是小本经营遭遇"要素成本关"。从调研情况来看，企业最头疼的问题还集中在用地与用工两方面，温州曾做过"万家民营企业评价营商环境"调查，企业对"要素成本下降"满意度为75.7分，评分相对较低，其中"用地和用工获得与保障"满意度最低。温台两地土地资源普遍紧张，工业园区布局分散，碎片化开发问题突出。温州市2020年1—8月，工业、仓储用地平均出让价每亩

50.4万元，远高于全省平均水平，而且还存在部分企业拿到土地后圈而不建、私下转让牟取暴利的现象。调研中，多家企业表示没有办法获得土地，这边强调外出招商，而小企业却得不到领导关心，成长的需求也得不到有效满足。要素成本中人工成本是老问题，但在双循环背景下也出现新挑战。企业认为双循环下会加强对中西部的开发，届时工人会选择本地就业，员工将更加难招。企业表示本地院校大专生基本留不住。以温州大学美术与设计专业的毕业生为例，该专业自2002年开始招生，至2019年底已有16届，每年培养鞋楦设计人员30来个，但是留在温州从事鞋业设计的只有二三十人。为此，不少企业跑到中西部、东北地区与当地学校合作，但效果仍然不明显。此外，企业还遭遇了人才的"代际关"。浙江联泰电气有限公司反映，现在"90后""00后"员工入职更关心宿舍有没有电梯、有没有空调、有没有网络等外在环境配套，如果没有良好的居住环境、配套娱乐环境，很容易流失。这些在无形中都推高了企业的经营成本。

五是科技创新遭遇"创新生态关"。加快形成双循环的新发展格局，科技创新是核心。如果没有真刀真枪的硬科技、厚创新就很难进入高端、高效、高附加值的环节。但科技创新的实现本身要有体量巨大的投入，温台两地多数民营企业的利润已经"薄如刀片"，缺少支撑"低端突围"的资金、人才和技术实力。2019年宁波、佛山、无锡百强企业平均实现营业收入分别为163.1亿元、157.1亿元和109.4亿元，而温州仅为28.6亿元，平均净利润为2.04亿元。多数传统产业龙头企业能获得7%左右利润率实属不易，要开展高额的科技投入面临着较大压力。除了稳定资金来源，区域创新的整体生态也是关键所在。企业家认为自己的产品属于创新类产品，公司注册时就遇到了困难，只能去套传统目录。此外，温、台两地支持科技创新的直投基金发展速度缓慢且实投比例偏低，相关培育政策过于偏重企业上市"临门一脚",这些都与民营经济科技创新不够匹配。也有企业家认为,温、台两地对外交通枢纽功能亟须强化,机场优势不明显,长三角地区辐射能力不足,国际化程度偏低,不利于创新人才的引入及交流。

三 推进民营经济创新发展,构建新发展格局支撑

就浙江省而言,主动融入和构建双循环新发展格局,主体力量在于民营企业,推动民营经济创新发展能够更好地为双循环新发展格局提供有力支撑。

一是要鼓励自主创新培育创新型领军企业。企业是创新创业的主力军,走自主创新道路突破"卡脖子"核心技术是浙江大力推进高水平创新型省份和科技强省建设的关键所在。在此过程中,科技资源不断向领军型企业集聚。根据《2021年度浙江省高新技术企业创新能力百强评价报告》,浙江省高新技术企业创新能力百强的规模优势、技术优势、效益优势更加突出,2020年,百强企业营业收入6904亿元,占高新企业总量的15.9%;利税2894.5亿元,占比40.9%;投入研发经费546.6亿元,占比23%。这就需要进一步优化企业创新氛围,鼓励企业加大自主创新力度,培育"链主"型企业、"顶级掠食者"领军企业、平台型企业、独角兽企业,支持这些企业开展重大科技项目攻关,突破"卡脖子"技术瓶颈。与此同时,积极鼓励企业参与核心关键技术攻关,着力提升自主创新能力。当前,浙江正在打造"互联网+"、生命健康、新材料三大科创高地,着力建设十大省实验室,加速民营企业融入省实验室建设,大力支持企业以社会资本等形式参与到重大科研平台的搭建中,是企业参与推动国家战略科技力量的重要体现,不仅能反哺民营企业自主创新,也为省实验室等重大平台建设注入活力。

二是要推进产学研一体化,打造创新联合体。全球科技创新呈

现一体化汇聚发展态势，从科学发现、技术发明到商业化应用的周期大大缩短，推进产学研一体化能够降低研发供给与需求的信息不对称，打通从研发到产业化的通道，是建立以企业为主体、市场为导向技术创新和产业创新体系的必然路径。在此背景下，浙江应当围绕产业链和创新链布局，健全和推广"企业出题、高校解题、政府助题"的产学研一体化模式，充分发挥民营企业作为创新主体的作用，完善协同创新攻关机制，打造创新联合体，构建起以企业为主体的多元化技术创新体系。不仅如此，创新联合体建设也应当跳出浙江反哺浙江，利用好长三角一体化的时代契机，支持民营企业在长三角地区建立一批产学研协同创新中心，积极导入上海、合肥、苏州等科创高地的资源，形成并放大创新联合体的辐射效应。在此过程中，需要充分发挥市场在资源配置中的决定性作用，发挥民营企业、民营企业家的资源要素配置能力，以企业为主体来推进产学研一体化。尤其是深化科技体制改革，利用好"揭榜挂帅""赛马制"等举措，促使科技创新资源向领军型企业集聚，提升科研攻关的精准性、高效性，加快取得一批重大标志性成果。

三是要招引高层次人才发挥第一资源作用。创新是引领发展的第一动力，人才是引领创新的第一资源，浙江打造高水平创新型省份，也必然是人才强省。在此过程中，需要充分发挥民营企业作为人才引进和使用的主体作用，以企业为主来支持人才外引内培。一方面，完善人才引进和服务机制，支持民营企业引进高层次人才、高水平团队，尤其是鼓励人才和团队带着技术或项目进驻，真正发挥人才第一资源的作用。做好高层次人才服务保障工作，加快建设国际医疗、国际教育、国际社区等国际化城市环境，使招才引智工作更加精准化、多元化，能够吸引大规模国际高层次人才到浙江创新创业。另一方面，充分发挥浙江大学、西湖大学、之江实验室等重大科研平台吸附效应，面向数字经济、生命健康、新材料等领域加大人才支持培养力度，自主培养一支人才队伍。浙江是制造业大省，民营企业人才培养不能局限于研发型人才，也应当重视专业技术工人等人才。鼓励高校针对浙江人才需求，推进高校与企业加强学科建设以及前沿领域联合攻关，培养企业需要的创新团队及复合型人才。

四是要完善多层次资本市场赋能企业创新。浙江民营企业大部分还是中小微企业，截至2020年末，浙江小微企业数量250.09万家，在约300万户企业中，数量占到八成以上，而融资难、融资贵一直是小微企业所面临的问题。创新活动往往具有投入大、周期长、风险高等特征，限制了民营企业开展研发创新活动，这就需要浙江完善多层次资本市场体系，破解企业融资难题，解决企业后顾之忧。一方面，健全以银行为主体的融资体系，鼓励城市商业银行等地方区域性银行不断下沉，为民营企业提供融资服务。尤其是鼓励地方银行成立科技支行，为民营企业开展创新活动提供支持。另一方面，鼓励有条件的民营企业利用好科创板等契机进行上市，做大做强民营企业，推进民营经济创新发展。尤其是培育专精特新"小巨人"企业，使其能够登录北京交易所，进一步促进金融要素与技术要素深度融合，培育创新型领军企业。同时，完善创业投资激励政策体系，优化科技金融市场，加强企业创新的源头培育。

民营经济是高质量发展的优势形态，也是迈向共同富裕先行和省域现代化先行的关键一环。浙江省应当进一步发挥体制机制优势，优化民营企业创新环境，鼓励民营企业积极参与核心关键技术攻关，大胆创新、大胆发展，以新时代民营经济新飞跃为浙江省高质量发展推动"两个先行"注入活力。

第二节　加快民营经济数字化转型

民营经济和数字经济是浙江经济发展的两张"金名片",数字化时代,加快民营经济数字化转型是必然趋势。新一轮科技革命和产业变革正在全球创新版图、全球经济结构等方面进行着破坏性创造。大力发展数字经济、促进数字经济与实体经济深度融合,对于构建新发展格局、建设现代化经济体系、构筑竞争新优势具有重要意义,加速民营经济数字化转型也是主动适应新发展阶段、贯彻新发展理念、实现高质量发展的现实需要和必然选择。

一　数字经济发展的新模式新业态

从技术创新及扩散规律来看,当前数字经济正处于爆发性起飞和增长阶段,一方面是继续深化"互联网+",推进各类经济活动的在线化;另一方面是加快为5G、人工智能、大数据、云计算等新一代信息技术创造可能性的应用场景。总体而言,数字经济新业态新模式呈现出以下几方面发展趋势。

第一,网络零售场景更趋多样化。截至2021年6月,中国网络及手机购物用户分别为7.49亿、7.47亿。从商贸流通效率来看,商家与消费者在线触达的场景更趋多样化。一方面大型零售商、商超、中小店面加速数字化转型;另一方面直播电商、社交电商、无人零售等新业态加快拓展。对于消费者而言,未来电脑、手机、智能音箱、智能电视等各类终端以及朋友圈、公众号、综艺游戏等娱乐平台都会成为购物入口。伴随5G和AR/VR技术的成熟,线上虚拟试衣、餐厅酒店实景等应用不断推广,将会为消费者提供更多体验式、沉浸式购物服务。

第二,在线服务内容更趋高阶化。截至2021年6月,中国在线教育用户 3.81 亿、在线医疗用户 2.76 亿、远程办公用户 1.99 亿、在线政务用户 7.73 亿。从在线时长来看，人均每周上网时长达 28 个小时，较 2020 年同期增长 0.1 小时，在线消费习惯进一步巩固。"十四五"期间，广大网民用户将从在线买商品升级为在线买服务，从基础性的生活需求满足向个性化、高品质的生活体验延展，以金融、教育、医疗、文娱等行业为重点推动形成巨量的在线服务市场。2019 年中国服务业增加值为 53.4 万亿，根据信通院测算数字化程度约为 38%，对照发达国家 50% 左右的水平，在线服务的增长空间将达 6.4 万亿。

第三，智能硬件应用更趋集成化。智能化是硬件升级的重要趋势，智能手机、智能机器人、智能可穿戴设备、智能家居、智能车载等加速拓展至衣、食、住、行、教育、医疗、娱乐等场景。据 IDC 统计，2021 年第二季度中国可穿戴设备市场出货量为 2658 万台，同比增长 4.1%；1—8 月，全国 5G 手机累计出货量 9367.9 万部，相比 2019 年增长 5.8 倍。据预测到 2025 年，智能个人终端助理将覆盖全球 90% 的人口，全球将有 61 亿台智能手机和 4.7 亿台智能音箱。此外在智能硬件的应用中生态集成的趋势明显。以华为为例，该公司提出"1+8+N"的全场景智慧生活战略（1 代表手机，8 代表平板电脑、PC、VR 设备、可穿戴设备、智慧屏、智慧音频、智能音箱、车机，N 代表泛 IoT 设备）。截至 2019 年，华为智能家居平台积累了 5000 多万用户、接入 100 多个品类、覆盖 1000 多个型号，IoT 连接设备超过 1.5 亿个。

第四，数据驱动生产更趋融合化。网络零售、在线服务以及智能硬件的深化应用为智能化生产提供了巨量数据。2019 年，中国工业互联网产业规模占数字经济的 5.9%，对数字经济增长的贡献为 15.6%。伴随 5G、云计算、物联网、北斗全球组网系统等不断发展，产业数字化转型从底层软硬件到网络设施趋于成熟，加速由点到面的应用。除了生产企业,拥有强大数据能力和营销能力的电商平台加大力度推进C2M等创新模式。比如阿里巴巴提出未来3年帮助1000个工厂达1亿产值,重点打造10个过百亿的数字化产业带集群,拼多多通过"新品牌计划"+"多多农园",计划打造上千家C2M工厂和下沉农作物基地。生产商、零售平台以及服务商的多元参与驱动生产和消费进一步融合。

第五,互联网品牌更趋年轻化。新场景产生新需求,新需求促使新品牌诞生。中国"90后"和"00后"的网民人数达3.3亿,成为数字经济新业态新模式消费的主力军。作为"数字原住民",这一群体更愿意为高质量的数字产品、服务付费,从而有力推动互联网品牌的快速成长。近年来,适应于青年人消费的领域,比如医美健康、网红食品、抗糖代餐、国货美妆、睡眠经济、潮玩手办、智能小家电、体育健康、国朝汉服以及植物食品等不断涌现新品牌。截至2021年6月,天猫线上国货品牌数量已达2018年的两倍;"6·18"期间,一批入驻天猫不足3年的新品牌表现抢眼,销售量达到800万—1000万,相比2020年增长了2倍,其中26个新品牌成功拿下细分行业的销售冠军。

二 民营经济数字化转型壮大新业态

围绕建设国家数字经济创新发展试验区要求,浙江应积极迎难图新、抢抓发展机遇、将加快数字经济新业态新模式作为数字技术创新突破、创业生态全面升级的重要落脚点,作为激发和释放消费潜力、满足市场新需求的重要发力点,作为数字经济赋能传统产业转型升级、加速经济结构优化调整的重要支撑点,率先打造出新发展格局中的强劲动力。结合浙江发展现状以及兄弟省份创新举措,就进一步壮大数字经济新业态新模式提出如下建议。

第一,以龙头企业为主体引领带动民营企业数字化转型。新业态新模式的平台经济特征突出，要下定决心培育一批龙头企业，包含智能产品制造商、集成平台以及在线服务平台等，通过龙头企业的成长与赋能带动整体生态优化。一是着力引进一批全国电子信息百强、软件百强、互联网百强企业总部（研发总部、区域总部）；二是建立重点企业培育库，培育一批创新能力强、技术水平高、发展潜力大的领军型企业、独角兽企业、瞪羚企业及创业企业。采取奖励、贷款贴息、购买服务等方式，精准、连续、滚动支持一批拥有核心技术、用户流量、商业模式的在线新经济领域创新型头部企业和领军企业；三是深化实施数字化转型伙伴行动，鼓励互联网平台企业、大型制造企业集群龙头企业带动产业链企业运用工业互联网新技术、新模式"上云上平台"，构建知识技术服务众包平台、生产资料共享平台，为产业链企业送技术、送市场、送智力、送资源，切实解决发展"痛点"；四是引导行业龙头企业发挥在资本、品牌和产供销体系方面的优势，围绕新业态新模式的创业创新能打造有特色的孵化载体。

第二，鼓励民营企业推动在线服务拓面提质。服务业是经济增长的主动力源，浙江应充分发挥服务领域数字化基础，把满足国内需求作为发展的出发点和落脚点，围绕消费升级、产业转型趋势丰富在线服务品类、提升品质、培育品牌。一是重点发展在线医疗、在线教育、在线文娱以及数字金融（线上小微信贷、线上理财、线上保险）等优势领域，打造若干千亿级集群；二是加快生活服务企业"上云用数赋智"，针对生活服务业点多面广、不同细分行业互联网渗透率差异较大的现状，分区域、分行业推进数字化转型，打造一批线上线下融合的新零售示范街区，鼓励连锁商贸企业、老字号企业、城市综合体、专业市场等创新服务模式；三是推动生产性服务业在线化。重点围绕资本服务、业务运营、设计研发、检验检测、节能环保等推进在线服务，支持开展各类众创、众智、众包、众设的线上创作活动，鼓励发展开发者社区，推进人工智能、大数据、虚拟现实和增强现实等新技术在生产性服务业中的应用。

第三，推动直播经济全面渗透。充分发挥直播经济的带动力，用于革新浙江传统产业供应链，提升人货场匹配效率。一是加强直播企业服务产业的能力建设。鼓励直播电商企业数字化升级，运用5G等新技术，促进直播与VR/AR技术融合，并利用大数据增强内容生产和电商运营能力。鼓励做好主播的梯度培养，在头部主播的基础上，培育一批专业化的腰尾部网红主播、达人，打造细分品类和垂直领域市场的代言人。二是扩大直播经济的产业触达面。鼓励生产厂家、摊点、专业市场、商圈、景点、街区开展直播，高效触达终端消费者，让更多优质的产品以及有深度、思想性的内容服务于百姓消费，推动浙江造、浙江产"卖全国""卖全球"。三是推动顾客对工厂模式、以销定产等创新模式，加快建设直播电商产品产业带，围绕精选商品、退换货管理、柔性供应链能力、仓储物流管理以及深度定制化开发等开展系统优化。

第四，推动政策系统集成支持民营经济数字化转型。新业态新模式的发展涉及人才培养、基础设施、数据开放、财税政策等方方面面，因此在壮大新业态新模式过程中要做好政策体系的优化调整，形成一揽子支持手段。一是统筹完善数字政府、城市大脑通用架构，优化公共数据采集质量，发布数据开放目录及普遍开放的数据集，优先推动医疗、卫生、环境、交通、旅游、文化、质量、气象、农业等政府数据向社会开放，丰富数据资源和数据产品。二是统筹推进数字基础设施建设，特别是加大对后发地区基础设施的支持力度，扶持后发地区在数字经济新业态、新模式等领域实现跨越发展。三是更新人才政策，探索新型人才从业评价，加大对智能制造、工业互联网、在线服务、数字服务、新零售及直播经济领域人才的支持力度。四是支持银行、担保、小额贷款等机构创新融资方式，探索根据云服务使用量、智能化设备和数字化改造的投入以及数据资产认定等方式为创业企业提供低息或贴息贷款，开展自由职业者税收征管模式创新。

第五，推动标准规范加快建立。对于新业态新模式发展，要以不危及国家安全、不触碰扰乱市场秩序为底线，加强监管、营造发展良序。一是围绕公平竞争、劳动就业、版权保护、算法公平等作好治理规范体系，加快清理修订不适应的法规政策，解决现有制度政策与新兴业态之间的矛盾，建立健全相关管理制度和服务规范；二是新业态新模式处于起步期，涉及政策突破及合规风险，在推动新业态新模式不断壮大的过程中，要充分发挥标准的保障和支撑作用，加快标准体系建设及成熟标准输出，力争上升为行业标准、国家标准，巩固先发优势、掌握话语权；三是进一步完善数字经济统计监测制度，扩大统计口径，将各类新兴社交电商平台、直播平台、在线服务平台等纳入监管，打造集聚传统业态及新型业态于一体的综合性线上地图，充分利用大数据技术做好市场监管和精准施策。

第三节　提高民营企业社会责任

一　民营经济是推进共同富裕的重要力量

高水平建成全面小康社会得益于民营经济的蓬勃发展。在走向共同富裕进程中，发展民营经济同样具有基础性、同向性、促进性作用，是经济增长的动力源，是就业的重要载体，是缩小区域城乡发展差距、百姓收入差距，实现共建共享品质生活的路径与保障。

1. 民营经济是经济增长的重要动力源

实现共同富裕，首要任务是解放和发展生产力，发挥社会主义市场经济的优势，将劳动、资本、土地、知识、管理、数据等要素活力激发，从而创造社会财富，将富裕的蛋糕做大。民营经济在发展过程中，具有国有经济或者公有经济不可替代的相对优势，包括产权清晰、所有者权责一致等，能够更好地与市场经济相接轨，集聚起经济增长所需要的动力。改革开放的实践也证明，民营经济是中国社会主义市场经济的重要组成部分，也是推动中国经济持续增长的重要力量。改革开放之初，非公有制经济增加值在中国 GDP 中的比重仅为 1%，当前这一比重已经扩大到 60%，民营经济对于中国税收、生产总值、技术创新、新增就业及企业数量的贡献也分别达到了"56789"。

具体而言，民营经济促进经济持续增长主要体现在如下三个方面。一是民营经济作为投资主体拉动经济增长。投资是拉动经济增长的重要力量，民营企业作为投资主体对经济增长的贡献不断增大。2020 年全社会固定资产投资（不含农户）518907 亿元，其中民间固定资产投资 289264 亿元，所占比重为 55.74%，说明民营经济通过投资机制对经济增长的促进作用日益强化。二是民营经济推动产业结构转型升级。产业结构转型升级是经济发展的直接体现，改革开放以来，中国产业结构不断沿着"一产、二产、三产""二产、三产、一产""三产、二产、一产"的路径转变。2020 年，第三产业在中国 GDP 中所占的比重达到 54.5%，成为主导产业，其中民营经济是第三产业的主要力量。三是民营经济引领创新创业。创新是引领发展的第一动力，企业是创新创业的主力军，而民营企业也已经成为创新创业的主体力量。根据第四次全国经济普查数据，截至 2018 年末，全国规模以上工业企业 37.5 万家，其中私营企业 23.5 万家，占比 62.7%。有研发活动的 10.48 万家企业中，私营企业占比 58.11%；设有研发机构的 7.26 万家企业中，私营企业占比 56.8%。从这些数据中可以看出，民营经济对于中国创新创业的支撑作用日益突出，通过创新引领经济增长。

2. 民营经济是就业和增收的重要载体

就业是居民通过辛勤劳动获取劳动收入报酬的重要途径，是创造美好生活的基础所在，只有让更多人获得更高质量的就业岗位，才能切实提高居民收入水平，才能有效扩大中等收入群体，逐步形成橄榄形的社会结构。从这个角度而言，创造就业岗位及增加收入水平是共同富裕的根基所在。推动民营经济蓬勃发展，是扩大就业的根本路径，这是由民营经济的特征所决定的。一方面，相较于国有企业，民营企业体量大且涉及的领域广，企业形态相对多样化，能够为居民提供更多的就业岗位，解决社会就业问题；另一方面，大部分民营企业为中小企业，就业岗位门槛相对较低，用工机制也较为灵活，吸收着农村转移人口等就业。现阶段中国民营经济主体已经超过了1.26亿，贡献80%的城镇劳动就业。譬如，2015年至2019年浙江省私营单位就业人数占比从43.42%上升为47.84%；私营单位从业人员平均工资从41272元上涨为56383元，增幅达36.6%，达到了非私营单位就业人员平均工作的60%左右。民营经济发展增加了居民就业机会，拓宽了居民收入来源，增加了居民收入水平，为扩大中等收入群体做出了贡献。

巨大的劳动需求，让民营经济成为吸纳新增就业、增加居民收入的重要渠道。不仅如此，越来越多个体工商户的设立，也使市场主体日益增加，市场活力不断增强，可以认为民营经济发展也促使市场经济发展更加具有活力。个体工商户等市场主体的产生解决了一部分就业需求，为扩大中等收入群体提供了有利条件。例如民营经济大省浙江省，2020年浙江新设企业50.3万家，其中民营企业47.6万家，占全部新设企业的94.6%；新设个体工商户117.9万户，增长26.1%。在此基础上，民营经济发展也推动着产权多元化、分散化、公众化与社会化发展，使市场经济更加完善，收入分配更加合理，增加居民的收入水平。从2020年浙江新增A股上市公司来看，绝大部分为民营企业，社会股东持股比例远高于上市公司平均水平，为广大人民群众获得产权分享，为扩大中等收入群体提供了条件。

3. 民营经济是缩小差距的重要路径

协调发展是共同富裕的重要内涵，民营经济发展有助于创造财富，也有助于缩小差距，促进更为平衡的发展。从纵向来看，改革开放之后，民营经济蓬勃发展，促进着全体居民收入水平的提高，满足居民对于美好生活的向往；从横向来看，民营经济发展也带动着不同区域、不同产业劳动就业者收入水平的提高，增强居民的幸福感和满足感。不仅如此，民营经济发展也有利于缩小城乡之间、地区之间的差距，从而助推全方位的共同富裕。工资性收入是农村居民收入的主要来源，在缩小城乡收入差距上，不少民营企业持续关注乡村振兴等领域，通过投资引领、产业带动等举措有效帮扶农村地区加快发展，为农村居民创造就业岗位、创业环境，扩大农民收入来源，提升农民收入水平。民营企业家投身乡村振兴，把新理念、新思路、新资源带入乡村，把社会资本、人力资源导入乡村，积极发展农家乐、渔家乐等新模式，形成了乡村振兴中不可或缺的中坚力量。

在缩小地区差距上，不可否认，东中西部之间的发展水平的确存在差距，即使是一个省份内部，不同区域之间也存在差距。但从区域发展来看，民营经济发达的地方往往经济发展水平较高。譬如，2020年，居民可支配收入最高市与最低市的收入倍差由2013年的1.76缩小至2020年的1.64，民营经济起到了重要作用。在2020年中国民营企业500强榜单上，杭州有39家企业上榜，数量连续17次蝉联全国城市第一；温州上榜11家、绍兴10家企业入选，其中海亮成功跻身世界500强；台州涌现出一大批以吉利集团李书福为代表的民营企业家。从这个角度而言，民营经济是缩小区域差距的重要途径。一方面，通过税收等政策工具进行收入再分配，促进社会公平，缩小区域之间的差距；另一方面，通过第三次分配为共同富裕做贡献。在共同富裕的道路上，先富带后富、先富帮后富成为有效路径，这就需要一部分先富起来的人群带动其他人走上共同富裕的道路，而民营企业家作为先富起来的人口积极投身慈善等事业，发挥助推共同富裕的重要作用。

4. 民营经济是满足品质生活的重要保障

推进共同富裕需要坚持以满足人民日益增长的美好生活需要为根本目的，随着收入不断提高，居民对美好生活的向往不断增强，升级类商品消费需求持续释放，消费结构呈现高级化和数字化发展趋势。2013年至2020年医疗保健消费占比从6.90%增长至8.69%；2013年至2019年教育、文化和娱乐消费占比从10.57%增长至11.6%。在服务业中，民营企业的数量、从业人员与销售总额超过一半，主要集中在居民服务、住宿和餐饮业、批发和零售业、房地产业等行业中，成为满足人民高品质生活的重要供给者。

坚持物质富裕与精神富裕相统一也是共同富裕的重要内涵，良好的精神环境是扎实推动共同富裕的有力保障，共同富裕推进过程中要构建起以精神富裕为导向的体系架构，文化尤其是传统文化则是最具辨识度的标识。发展公共文化事业，就需要完善公共文化服务体系，以此不断满足人民群众多样化、多层次、多方面的精神文化需求。民营经济蓬勃发展，不仅为物质富裕奠定了基础，也为文化供给、精神富裕提供了载体。2020年，浙江省6097家规模以上文化及相关特色产业营业收入13318亿元，比2019年增长9.6%。其中，文化服务业营业收入保持较快增长，规模以上文化服务业企业营业收入7963亿元，比2019年增长14.2%，民营经济成为文化产品的重要提供者。

二 提高民营企业社会责任助力共同富裕

民营经济是浙江高质量发展基础，也是共同富裕先行和省域现代化先行的内生动力。发挥民营企业社会责任，让民营企业在第一次分配、第二次分配、第三次分配中发挥更为充分的作用，是助力共同富裕、现代化先行的重要体现。社会责任指的是在特定时期内，社会对于企业在经济上、产品上、法律上、伦理上等方面行为的期望。企业社会责任的履行，对于经济社会可持续发展至关重要，并具有高度的协同特征。随着经济不断发展，企业社会责任的范围也不断扩大，从经济责任不断延伸至产品责任、环境责任等。一般而言，企业社会责任可以分为内部责任和外部责任。内部责任包括经济责任和法律责任。企业发展本质在于自身收益提升，且提高股东收益和员工福利，即经济责任；企业发展应当符合法律规范，即法律责任。外部责任包括产品责任、环境责任和慈善责任。企业最终提供的产品和服务是面向社会、面向消费者，所提供的产品和服务必须保证质量，即产品责任；企业生产应当降低自身的负外部性，业务扩张与环境污染"脱钩"，即环境责任；企业获得利润回馈社会，提升企业声誉，即慈善责任。

1. 充分认识到民营企业履行社会责任对于共同富裕的重要意义

习近平总书记在2018年11月民营企业家座谈会上指出，"非公有制经济要健康发展，前提是非公有制经济人士要健康成长"。民营企业家要珍惜自身的社会形象，主动践行社会主义核心价值观，更好地发挥自身在共同富裕中的作用，并且带领企业更好地履行社会责任，助推共同富裕。

第一，要充分认识到民营企业履行社会责任对于推进共同富裕的重要意义。民营经济是中国经济发展中的重要组成部分，贡献了大量的经济总量、税收及进出口。民营企业是吸纳社会就业的主体,解决了大部分人口的劳动就业问题,为广大居民创造收入。民营经济发展、民营企业壮大,能够有效助推高质量发展,也能够更好地提高就业者收入水平,为全体人民共同富裕奠定扎实基础。另外,民营企业也是人民对美好生活向往需求的满足者,民营企业生产高质量的产品、提供高质量的公共服务,能够更好地满足人民日益增长的物质需求和精神需求,为物质富裕和精神富裕做出贡献。从这两方面来讲,应当充分认识到民营企业对于共同富裕的重要作用,要鼓励和支持民营企业更好地履行社会责任。一方面,支持民营企业做大做强,只有民营企业自身发展了才能为共同富裕做出更大贡献;另一方面,给予民营企业履行社会责任更好的环境,通过正确的价值引导,持之以恒地促进民营企业履行好社会责任,为共同富裕做出更大贡献。

第二,要建立起民营企业履行社会责任助推共同富裕的激励机制和约束机制。民营企业履行社会责任是时代的需求,也符合自身发展的需要,但是在此过程中,政府的推动至关重要,而这种推动作用并不能简单地停留在政策出台上,更应该体现在营商环境优化、激励政策出台等方面。政府引导民营经济履行社会责任不应当是强制性的,而应当是引导性的。一方面,要加大政策支持力度、激励力度,从政治安排、荣誉表彰、信用评价等方面积极引导民营企业履行社会责任。在条件允许的情况下,给予履行社会责任的民营企业税收优惠等举措,让民营企业愿意去履行社会责任。另一方面,也要对民营企业侵害员工权益、损害消费者利益、污染环境等社会责任缺失进行有效打击及处罚,使民营经济发展能够更加持续和健康。不论是激励还是约束,都应当引导好舆情。一方面,对于民营企业履行社会责任应当积极宣传,也要消除民营企业家对于杀富济贫的错误认识、对于民众误解民营经济扩大贫富差距的认识,树立起对于民营经济客观准确的认知;另一方面,发挥公众的监管作用，对于民营企业社会责任缺失坚决进行曝光，形成促进企业自觉承担社会责任的良好社会环境。

第三，发挥好工商联作用推动和搭建平台，促使民营经济更好地履行社会责任。工商联作为民营企业的"娘家"，应当充分发挥好各级工商联的桥梁和纽带作用，为民营企业持续壮大、为民营企业履行社会责任搭建好平台。一方面，各级工商联应当加强与民营企业家之间的联系，积极听取民营企业家的呼声。尤其是当前，经济发展面临重大挑战，不确定因素有所上升，工商联更应该积极走访调研，切实解决好民营企业在发展过程中的难题，为民营经济发展营造良好的环境。另一方面，工商联也要将民营企业履行社会责任纳入工商联的教育体系和考核体系，建立和完善民营企业家的教育培训交流机制，建立多层次、多渠道的沟通机制。同时，对于民营企业履行社会责任进行考核，对于优胜企业进行宣传表彰激励，对于社会责任缺失企业进行反馈和督察。

2. 推进民营企业履行社会责任基础在于企业能够发展，而发展的关键依旧在于创新，以创新为载体推进企业做大做强

企业社会责任包括经济责任、法律责任、慈善责任、环境责任、产品责任等，创新驱动战略对于这些责任的影响最根本的路径在于创新驱动战略增强了企业研发能力，提高了企业科技水平，从而提升了企业全要素生产率及产品质量水平，并且生产模式更加绿色化、智能化，由此推动了企业发展。而企业发展将会反哺社会，包括加大力度投入慈善、维护社会公序良俗等，所以创新驱动战略对于企业社会责任提升具有重要作用。

一是推动企业发展提升企业经济责任。企业最终目标是获得利润最大化，所以经济责任是最为核心的内部责任，以提高企业经济效益为出发点的企业经营管理制度安排。科技进步与企业发展一直是学界和业界探讨的重要话题，且现有研究也充分论证了科技进步

能够促进企业发展，而且路径在于提高企业的全要素生产率，以此提升企业的生产能力。创新驱动战略实施的根本目的在于转变经济发展方式，关键在于加强技术创新，从要素驱动、投资驱动转向创新驱动、效率驱动。为此，国家密集推出了大量举措，包括出台《中国制造2025》等。具体到企业层面，创新驱动战略的大力实施促使企业积极对接国家战略，通过加大研发投入来加强科技研发，从而有效提高企业的全要素生产率，提升企业的绩效。企业通过建立研究院、实验室、博士后流动站等研发平台，加大资金投资以及吸引高技术人才，来推动企业科技研发，增强企业技术水平与研发实力，以此提高企业生产能力，获取更大的利益。企业利润的增加，也能够为股东、员工等带来切实的福利，承担好企业的经济责任

二是增强企业实力，提升企业法律责任。党的十八届四中全会提出"全面依法治国"，要求企业不断提升法律责任，符合时代发展契机。企业法律责任不仅包括履行合同等民事法律责任、缴纳税费等行政法律责任，也包括杜绝重大责任事故发生等刑事法律责任。创新驱动战略的实施，能够有效提升企业生产能力及经济利益，从而能够提高企业履行合同、缴纳税费的能力，降低企业逃税漏税等行为发生的可能性。不仅如此，企业做强做大有能力采取更为有效的方式杜绝重大责任事故的发生，以此提升企业的法律责任。与此同时，创新驱动战略的实施对于企业而言，最为直观的体现在于加大研发创新力度，增强企业科创实力，涉及知识产权保护问题。一方面，企业在开展研发过程中会形成自己的核心技术、核心竞争力，对于这些企业生产的关键性技术，应当加强保护，包括专利申请等；另一方面，当前"大众创业、万众创新"正在如火如荼展开，企业在创新过程中也应当保护其他企业、个人的研发成果，构建更为完善的知识产权保护氛围，履行好企业法律责任。

三是壮大企业规模提升企业慈善责任。慈善是在政府的倡导下由民间组织和个人自发对社会中遇到不幸的人的帮扶，蕴含了对社会和他们的社会责任。企业进行慈善活动，是履行好社会责任的重要体现，一定程度上也能够提升企业声誉，进而增加企业的效益。所以，企业进行慈善事业是企业发展的必然选择。创新驱动战略的实施，一方面能够促使企业进行慈善活动。创新驱动战略的实施能够提升企业的经营水平，使企业快速发展。当企业发展壮大之后，会在履行社会责任上投入更大的精力、更多的资金、更强的保障，尤其是在慈善责任的履行上。另一方面，创新驱动战略的实施能够改变企业履行慈善责任的方式，提高企业履行慈善责任的效率。创新驱动战略将有效提升当前的技术水平，包括互联网技术等，很大程度上改变了日常的生活习惯及生产方式，也将影响企业履行好社会责任的方式方法。在履行慈善责任的过程中，可以借助互联网的力量将帮扶对象扩散到更广泛的区域，将帮扶给予最需要的人群，实现慈善责任履行的帕累托改进。不仅如此，现代物流等先进体系的快速发展，也为企业捐赠等物资输送提供了便利条件，能够及时准确地将物资送至帮扶区域。

四是践行绿色发展，提升企业环境责任。环境责任是企业社会责任的重要组成部分，指的是企业在追求利润最大化的过程中，能够对生态环境保护和可持续发展承担起责任。"绿水青山就是金山银山"等理念深入人心，对企业发展提出了更高的要求。创新驱动战略的大力实施，能够有效破解企业绿色发展过程中遇到的难题。创新驱动战略实施能够根本上改变企业生产模式，从依靠要素投入的粗放型增长转向依靠技术进步的集约型发展，提高企业的生产效率，降低企业生产过程中的负外部性，真正实现环境友好型、资源节约型企业建设。创新驱动战略实施不仅从生产上履行好企业的环境责任，也让企业有能力参与环境保护、治理环境污染。一方面，创新驱动战略能够提升企业的技术水平,使企业的生产更加绿色化,而且更加有能力来治理环境污染等问题;另一方面,创新驱动战略最终体现在企业利润增加、实力增强、规模增大,这对于企业进行环境保护和污染治理,提供了更加强大的资金支撑和技术支持来履行环境责任。

五是转向高质量发展提升企业产品责任。党的十九大报告指出,我国经济从高速增长向高质量发展转变,坚持质量第一、效率优先,对企业社会责任而言,提升产品质量至关重要。产品质量提升的根本在于提高产品的科技含量、增强产品的附加价值,创新驱动战略的实施是提升产品质量的必然路径。一方面,能够改造和升级旧产品质量。通过科技进步改变传统的生产模式,取而代之的是标准化、智能化的生产流程,提供更优质、更精密的产品,满足人们日益提高的对美好生活需求。另一方面,能够研发和生产新产品。随着生活水平提高,人们不仅对产品质量提出了更高要求,也更期盼日益更新的产品。所以创新驱动战略对于企业产品责任的意义还在于开发新产品。通过技术的力量,来开发更加智能化的产品。譬如科技不断进步,机器人产业蓬勃发展,不仅取代传统劳动力应用于工业生产领域,也将会进入人们的日常生活,使生活更加便利。不论是旧产品质量提升还是新产品开发应用,创新驱动战略对于企业履行好产品责任都具有重要意义。

3. 需要加速转入全面创新驱动发展模式,提升创新质量,发挥创新对于企业社会责任提升的积极作用

充分重视创新与企业社会责任之间的相互作用机制。把握"大众创业、万众创新"的时代契机,加快自主创新的步伐,注重创新质量,提升企业核心竞争实力。积极履行社会责任,包括经济责任、产品责任、环境责任、慈善责任等,促进创新与社会责任履行之间的相辅相成,以创新为切入口提高企业履行社会责任能力,以

社会责任能力提升为基础促进企业创新。

一要把握两新革命新契机。当前新一轮科技革命和产业革命不断兴起,将在信息技术、航天航空、人工智能等领域产生突破性的进展,对于企业而言,深化创新驱动战略应当把握好两新革命的有利契机,以此转变企业生产模式、提高企业生产效率,提升企业履行社会责任的能力。一方面,企业应当积极把握新科技革命和新产业革命的有利契机,加大科技研发投入,建立实验室、博士后流动站等研发平台,以此来提升企业的科技水平,提高企业的盈利水平,为企业更好地履行社会责任奠定基础;另一方面,企业应当用好创新驱动所带来的技术红利,通过先进技术来更好地履行社会责任。尤其是信息技术的快速发展,"互联网+"正在深刻地改变人们的日常生活,为企业提升社会责任能力拓展了空间。

二要推动发展质量新变革。经济发展质量变革是党的十九大报告中所提出的要求,也是中国经济社会发展进入新时代的必然趋势。企业在履行社会责任中应当更好地关注产品质量和服务安全,提供更为高质量的产品。一方面,通过科技创新来改变传统的生产方式,变革现有的生产供给体系,从供给侧入手来提高产品质量,符合人们日益增长的对于高端产品的需求;另一方面,以创新驱动作为载体,加大自主创新投入,加强研发创新力度,加快对新产品的研发进度与力度,开发出更符合消费者需求的产品。在此进程中,需要守住产品质量、食品安全的底线,坚决杜绝假冒伪劣,履行好产品责任。

三要践行"两山"新理念。经济发展质量变革不仅指产品质量,也指发展方式转变,更加绿色、更加环保的发展模式。牢固树立"绿水青山就是金山银山"的发展理念,将环境责任放在重要位置。一方面,以创新驱动作为依托,大力发展循环经济,开发清洁技术来进行生产,坚决抵制高污染、高能耗的传统生产模式,履行好企业环境社会责任；另一方面，积极投身环境保护事业，通过高科技来解决现有的环境污染问题。

四要完善考核新体系。企业社会责任的履行应当进行常态化的考核，以此来督促企业更好地履行社会责任。制定常态化的考核方案，对企业社会责任履行情况进行考核，并定期向社会进行公报。对于社会责任履行较好的企业，从税收减免、直接补贴等维度进行适当奖励；而对于社会责任履行较差的企业，进行强有力的惩戒措施。在此基础上，加大企业履行社会责任的宣传力度，鼓励企业履行社会责任，尤其是产品责任、环境责任等。

4. 推进民营经济更好地履行社会责任也需要完善政策体系，并且将政策异质性、披露体系等考虑其中，能够充分关注民营企业内生需求，以此更好地激发其履行社会责任的意愿

一是将地区异质性纳入政策体系，发挥区域优势推动创新促进企业履行社会责任。在不同地区中，创新质量对于企业履行社会责任的影响存在差异性，其背后的逻辑在于不同地区具有不同的要素禀赋，导致产业结构、企业结构等呈现异质性，而不同企业对于履行社会责任也存在差异化能力及表现。譬如，在民营企业中，成长型民营企业更加具有履行社会责任来提高企业声誉的意愿。所以，政府在制定创新政策及企业履行社会责任的政策需要充分考虑区域异质性及地方比较优势，以此更加具有针对性地来制定相关政策举措。企业创新和企业社会责任表现之间存在良性互动效应，两者具备相互促进的效果，在深化实施创新驱动战略中，应当将企业社会责任履行纳入创新政策体系中，鼓励企业通过创新驱动提升履行社会责任的能力。尤其在环境问题日益严峻的今日，应当鼓励企业对于披露社会责任报告应更主动、具有社会责任感，企业应更重视代际福利，为可持续发展提供坚实保障。同时，借鉴国外成熟的企业社会责任评价体系，将企业社会责任履行信息进一步全面化和体系化。

二是完善企业社会责任信息披露机制。当前，大多数上市企业披露企业社会责任并非自愿，而是在政府、媒体、制度和法律等的外部压力和约束下才给出。从动因上来说，企业披露社会责任信息的内生动力还不足，需要政府构建起更加完善的企业社会责任信息披露政策体系，在政策引导、税收优惠、资金扶持等方面做好激励工作，促使企业更加具有披露社会责任的公共意识。逐步完善企业社会责任信息披露机制是一项长期、系统性的工程，所以在鼓励企业履行社会责任过程中需要充分考虑到经济增长等宏观因素。从研究结论来看，经济增长会促进企业履行社会责任、国内经济政策不确定性会抑制企业履行社会责任，所以政府应当为企业履行社会责任提供更好的保障。虽然创新与经济增长对于企业社会责任履行的影响相互独立，但从现实上来讲，创新有助于经济增长，也有利于企业社会责任提升，所以应当促进三者之间的协调发展，以深化创新驱动为载体，更好地推动经济发展，防御经济发展风险，促进企业履行企业社会责任。

第四节 优化民营经济发展环境

民营经济是激发内需活力、拉动经济增长的主体力量，也是创造就业促进居民增收的主要载体。民营经济高质量发展能够促进有效就业、提高收入水平，是缩小地区差距、城乡差距、收入差距的重要途径，对于推进共同富裕具有基础性、同向性、促进性的作用。优化民营经济发展环境是助推民营经济高质量发展的重要保障条件。国家支持民营经济发展是一以贯之且不断深化的，但民营经济在发展中仍旧面临诸多困难和挑战，包括共同富裕背景下民营经济的认识偏差、发展不平衡不充分等问题，鼓励和支持民营经济健康发展迫在眉睫，明确民营经济在共同富裕进程中的地位和作用任重道远。

一 民营经济发展环境需要进一步优化

面对复杂多变的内外部环境,浙江共同富裕先行、省域现代化先行都需要进一步发挥体制机制优势,鼓励民营企业放心大胆地发展,在缩小地区、城乡收入差距,促进共同富裕上发挥出更大作用。从现阶段来看,优化民营经济发展仍需要突破以下几点。

第一,在共同富裕道路上对民营经济认识存在偏差。一是对民营经济作用认识的偏差,将共同富裕等同"均贫富""平均富裕""同样富裕""同等富裕""同时富裕",认为民营经济的进一步发展与共同富裕相矛盾,强化了"民营经济离场论""新公私合营论"等错误说法,在参与市场竞争、生产要素供给、项目建设和融资服务等方面,未能给予民营企业同等待遇。二是民营企业自身的认识偏差,面对共同富裕的发展要求,困难看多了、机遇看少了,认为没有必要再冲锋陷阵,出现躺平心理,认为做大了未必好、做多了未必对。少部分民营企业家对于共同富裕存在误解,认为共同富裕要均贫富、杀富济贫,从而导致进一步发展的主观能动性不足,出现"躺平"等趋势,自身发展较为短视,缺乏长期战略规模。民营企业家更加看重短期利益、轻视长期利益,尤其是不重视长期性的人力资本投资以及风险防范化解等。同时,少部分民营企业存在着炫富等行为,会加剧部分民众把贫富分化等社会现象和民营经济联系起来,引起社会公众仇富,增加对民营企业的偏见,不利于民营经济的持续健康发展,也不利于社会稳定。

第二,数字化背景下民营企业发展不充分不平衡。民营企业已成为吸纳就业的主体力量,但长期以来民营企业以中小企业为主体,主要聚集在传统制造业等劳动密集型产业,规模小、实力弱是典型特征,面对数字化发展面临着认知、人才和技术等多个层面的问题,多数企业由于缺乏数字经济素养和专业知识的积累,难以把握数字化发展和创新机遇。譬如《2020浙江省数字经济发展综合评价报告》指出，2019年民营经济最为发达的温州、台州地区产业数字化评分分别居全省第六位和第十位；从县域排名来看，台州未有县（市、区）进入前二十位，温州仅有瓯海、乐清和龙港进入，分列十五位至十七位。随着人工智能、大数据分析、云计算、物联网、先进机器人等数字技术不断发展，民营企业的带动效应将会弱化。一方面，随着数字技术不断发展，传统制造业等产业领域的生产环节通过"机器换人"实现流程再造，将会使就业人员数量有所下降；另一方面，高新技术企业的发展偏好于高技能人才，使劳动就业人员数量下降，但工资差距有所拉大。尤其是数字化人才由于教育供给滞后和培养过程复杂而严重不足，多数企业认为目前面临的最大困难是缺乏数字化改造整体规划型人才和系统运营维护的应用型人才。数字技术如何与企业实际结合、提供系统解决方案，成为企业面临的技术挑战。

第三，民营经济先富带后富效应有所趋弱。首先传统民营企业的就业效应在弱化。随着数字技术不断发展，传统制造业等产业领域的生产环节通过"机器换人"实现流程再造，不可避免对低技能就业者形成冲击。与此同时，平台企业作为新的市场主体，在先富带后富上的作用未能充分发挥。无论是支持小微企业发展、带动社会群体创新创业、技术支撑公共服务均等化、为弱势群体提供更多增收渠道方面与社会期待存在差距，甚至出现了滥用市场支配地位，利用数据、技术、资本优势，"二选一"、大数据杀熟、低于成本价销售等垄断或不正当手段，妨碍公平竞争，不利于促进社会群体创造财富和民营经济的持续健康发展。

第四，法律环境和政策体系有待进一步优化。一是关涉民营经济的立法数量不多、立法质量不高，侵害企业产权案件和企业家人身安全问题仍有发生。如怎样严格区分经济纠纷与经济犯罪、企业正当融资与非法集资等界限，怎样严格区分企业家违法所得和合法财产、企业家个人财产和企业法人财产等成为迫在眉睫的问题。如何审慎使用查封、扣押、冻结、拘留、逮捕等强制措施，探索取保候审制度改革，最大限度减少对企业正常生产经营的不利影响，成为民营企业家的共同心声。二是民营企业履行捐赠等社会责任的政策保障体系需要进一步健全。譬如《财政部税务总局关于公益性捐赠支出企业所得税税前结转扣除有关政策的通知》规定，企业通过公益性社会组织或者县级（含县级）以上人民政府及其组成部门和直属机构，用于慈善活动、公益事业的捐赠支出在年度利润总额12%以内的部分，准予在计算应纳税所得额时扣除；超过年度利润总额12%的部分，准予结转以后三年内在计算应纳税所得额时扣除。这鼓励民营企业更好地履行社会责任，但在受赠单位、赠予渠道、扣除比例等方面可以进一步放宽。

二 持续优化民营经济发展的环境氛围

作为全国民营经济发展高地，浙江要再创民营经济新辉煌，通过打造市场化、法治化、国际化的一流营商环境，推动民营经济体制机制创新走在全国前列。力争将区域做法推广到全省、全国，力争将"两个健康"评估体系等区域标准上升为国家标准，力争将部委级实验区上升为国家级实验区，争取一批全国民营经济示范城市。

第一，切实改善民营经济，深化"数字化改革"的营商环境。一是面向民营企业发展需求，统筹经济、政治、文化、社会、生态文明五大领域，完善推进民营企业数字化发展的综合服务平台，推进重大改革"民营企业听证会"制度，让民营企业参与政府决策，帮助政府决策，改善政府决策。二是进一步加强跨部门数据共享、流程再造、业务协同，推动企业全生命周期"一件事"集成改革，深化探索"一证准营"、"柔性执法"和民营企业"精力减负"等举措,建立"有求必应、无事不扰""企业需要、部门报到"帮企机制,推进企业码应用升级,实行重点企业"一企一策",开展困难企业"一对一"帮扶,切实提高服务的精准度和有效性,让市场主体充分感受到政府服务有力度、有速度、有温度。三是将民营企业数字化转型作为数字经济建设的重点领域,实施企业"上云用数赋智"行动和中小企业数字化赋能专项行动,布局一批数字化转型促进中心,集聚一批面向中小企业数字化服务商,开发符合中小企业需求的数字化平台、系统解决方案等,结合行业特点对企业建云、上云、用云提供相应融资支持。实施工业互联网创新发展工程,支持优势企业提高工业互联网应用水平,以民营经济为重点打造一批"未来工厂",合力构建富有本地特色的产业大脑。

第二,以"内外融合"深入挖掘市场需求潜力。在内循环中,推动民营企业更贴近"本土化"需求,做大、做强、做精产业端,提升服务水平。在外循环中,推动民营企业积极参与全球产业链,通过市场主体能力提升、内外贸融合平台建设以及政策支持促进国内外市场互联互通。一是充分发挥电商平台、物流平台的积极作用,切实帮助中小企业降低内贸流通成本、提升内贸运营能力。紧抓"新国货"浪潮,持续推进品牌提升工程。完善品牌建设联席会议制度,制定品牌建设行业标准,在各产业领域推出一批龙头品牌企业,带动相关产业升级提速,探索建立品牌建设发展基金,为品牌建设和评价提供金融支持。鼓励行业组织协助企业开拓国内市场,加快形成区域公共品牌。二是提升外贸企业综合竞争力,大力培育发展潜力大、经营业绩好、辐射能力强的进出口贸易主体,推进外贸从"小进大出"向"优进优出"转型。加速融入 RCEP 协定和中欧协定,及时调整市场开拓重心,着力加大自贸伙伴关系国家贸易往来,深化与"一带一路"沿线国家地区贸易合作,大力拓展东盟、非洲等新兴市场。加快建立公共海外仓、公共产品展示中心、公共产品交易平台、公共产品物流体系，优化海外公共服务设施建设。鼓励企业建立境外展示中心、分拨中心和零售网点。政府相关部门要加大对企业、物流的指导协调，对回程空集装箱运费进行专项补贴，为外贸平稳发展提供有力支撑。三是强化境内外开放平台融合发展。推进境外产业平台（境外经贸合作区等）、本地对外开放平台（综合保税区、跨境电商综合试验区、自贸区联动创新区、市场采购贸易方式试点等）以及本地经济开发区互补融合，围绕创新合作、联动招商、招才引智、金融支持建立长效推进机制，推动省内产业链科学、有效、安全布局的同时，带动中小企业抱团出海。

　　第三，推动用地供给与产业发展导向紧密挂钩。目前，工业用地出让基本上采用以价格为导向的招拍挂方式，这在一定程度上影响了构建优质企业梯队、打造现代化产业链的目标。面对民营企业的缺地、少厂房的困境，要重视产业引导选择，并在土地招拍挂政策上、土地价格上予以体现。一是提高新增用地指标中工业用地比重，优化土地市场营商环境。在保障民营企业依法平等取得政府供应或园区转让的工业用地权利的基础上，对符合本地产业结构调整方向的产业予以倾斜。二是强化批后监管和供地合同履约管理，加大对批而未建、用而不足等行为的查处力度，切实提高出让工业用地的利用效率。落实"亩均论英雄"等政策，结合企业综合评价，按照亩均税费等指标，建立低效企业退出机制，每年梳理摸排一批低效企业和"多年无进展的僵尸项目"名单，通过收回土地使用权、协议置换和收购储备等多种举措，推进土地要素合法合理流动和节约集约利用，把土地出让给成长型、科技型的优质企业，对部分用地闲置且具备分割条件的，收回相应面积的土地使用权用于安排新的投资项目创新产业用地供给方式。三是探索新型产业用地供给，探索"弹性年期出让、长期租赁、租让结合、先租后让"等产业用地供地新方式，让政府的工具箱更加丰富，让企业能够灵活用地，降低资金占用，更加聚焦研发创新等关键环节。

第四，推进"大小融通"强化产业链科技创新合力。龙头企业是全产业链建设的核心主体，充分发挥龙头企业作用，推进大小企业融通合作是推进全产业链建设、提升产业链现代化水平的重要举措。一是加速推进产业链组织化建设，引导龙头企业紧盯产业链上下游高附加值、高影响力以及关键配套环节，打造从原材料供应、生产制造到物流分销以及包含科研、设备等配套体系的产业链共同体。设立产业链重大技改项目，以龙头企业、关键核心技术为切入点，进一步加大技改贴息力度，提升政策兑现效率。引育审计、法务、投资等服务主体，以政府购买服务方式为兼并重组和产业链协作提供专业化服务。二是强化技术创新，在高度依赖技术实现产业掌控能力的汽车制造、医药化工、新材料、智能电气等行业，加大奖补力度，鼓励企业创设或收购研究机构、企业技术创新资源中心等，以突破"卡脖子"技术实现全产业链掌控。三是鼓励民营企业参与国家产业创新中心、国家制造业创新中心、国家工程研究中心、国家技术创新中心等创新平台建设，加快推进对民营企业的国家企业技术中心认定工作，支持民营企业承担国家重大科技战略任务。

第五，构建共治共享的人才发展治理生态。一是充分发挥和激发民营企业引才主动性，按照按需定制原则，通过设置猎头引才专项补贴、鼓励企业借力市场猎头引进高端人才等方式。提升"产业—项目—人才"匹配度，围绕特色产业、重点项目按需靶向引才育才，赋予揭榜人才在团队管理、经费使用、交流合作等方面充分的决策权。发挥人才主体作用，支持高层次人才积极参与产业规划、公共政策制定以及"以才引才"。二是深化校企合作，建设一批校企长期合作教学实践基地，探索在校学习和企业实习并行的双轨制培养，完善现代学徒制人才培养模式。探索筹建民营企业技师学院，推动技师培育规模化、产业化。面向包括民营企业职工在内的城乡各类劳动者开展大规模职业技能培训，并按规定落实培训补贴，创新使用"培训券"强化培训效率。三是加快推进园区产城融合，完善配套设施建设，完善高端人才的住房政策，支持有条件的企业、工业园区利用其存量工业用地投资建设专家公寓、员工公寓、园区邻里中心，提升整体人居环境和留才环境。盘活城区老旧工业厂房等资源，改建成职工宿舍、青年公寓等。

第六，推动民营经济加速融入长三角一体化发展。长三角一体化国家战略实施将会最大限度地打破区域行政樊篱，促进要素自由流动，推动产业和科技平台共享，提升开放水平，是构建新发展格局的战略支撑。一是进一步优化基础配套，加快构筑多向辐射的主干通道网络和都市区快速通勤交通网络，联动布局建设综合交通枢纽、综合客运枢纽，以及多式联运综合货运枢纽，着力提升港口、机场综合服务和对外开放功能，加快形成内外联通、安全高效的物流网络，为民营经济加快融入长三角一体化发展提供现实条件。二是积极为民营经济对接长三角地区搭建公共服务平台，包括信息服务、联络服务、支撑服务、渠道服务等，进一步放大沪、浙、苏自贸区的溢出效应，积极共商共享普惠政策。三是鼓励民营企业在长三角地区创建"创新飞地"、共建产业联盟，深化科技金融合作，积极参与协同创新体系的优化建设。

第六章

构建新型生产空间体系
支撑现代化建设

当前，全球竞争不断从产业竞争、商业竞争转向城市群都市圈的竞争。纵观世界发达国家发展脉络，核心城市群都市圈或者世界级湾区成为牵引一国经济发展的重要增长极。从中国发展实践来看，京津冀、粤港澳、长三角等城市群也已经成为中国经济发展的重要空间布局。从浙江布局来看，大湾区、大都市区等新型生产空间体系布局集聚了发展的创新资源、产业资源等，是浙江高质量发展的基础，也是浙江推进现代化建设的支撑。从城市而言，加速传统园区有机更新释放发展的活力、打造城市创新区支撑区域创新发展；从省域而言，打造杭州城西科创大走廊、温州环大罗山科创大走廊、宁波甬江科创大走廊、浙中科创大走廊，以科创走廊为载体加速城市分工与协作，打通创新链与产业链；从城市群而言，积极融入长三角一体化发展，跳出浙江、发展浙江，更好地优化新生产力空间布局。本章将从传统园区有机更新、打造科创大走廊、构建城市创新区、融入长三角等方面对浙江的实践展开研究。

第一节　推动传统园区有机更新

浙江已经进入高收入国家和地区行列，但与发达国家和地区相比，还存在产业层次较低、增长质量不高等问题，其中重要的原因在于空间结构不够合理、要素使用效率不高、集约发展水平低；另外，浙江要实现两个高水平的目标，也需要有更洁净的生态质量、更高的发展质量、更优美的人居环境。园区是改革开放的主阵地，经济建设的主战场，一定程度上决定着区域发展的质量和水平。本部分在系统回顾园区转型发展历程和理论研究的基础上，针对浙江园区有机更新的实践探索，阐释了有机更新丰富的内涵和系统的目标要求，提出了园区分门别类的方法、数字化转型的路径等一系列对策建议。

一　园区转型升级历程与有机更新目标

产业园区是地方经济发展的重要平台和载体，改革开放初期，就通过产业园区来吸引外资、完善地方产业部门、促进地方经济发展。可以说，产业园区的发展与改革开放几乎同步。早在1979年，深圳蛇口工业区建立，由此拉开了中国产业园区建设的序幕。随着经济不断发展，中国产业园区不断发展且壮大，大体经历了以下四个发展阶段。

第一阶段（1979—1992年）：特区探索与复制推广。1978年底，党的十一届三中全会召开，开始实行对内改革、对外开放的政策。1979年，致力于通过外贸体制改革和外商直接投资来促进经济技术发展，国务院批准在沿海地区开展加工贸易。1979年7月，中共中央、国务院同意在广东省的深圳、珠海、汕头三市和福建省的厦门市试办出口特区；时隔一年，1980年5月国务院决定将这四个出口特区改称为经济特区。1984年1月,邓小平视察深圳等经济特区后提出:"除现在的特区之外,可以再开放几个点,增加几个港口城市,这些地方不叫特区,但可以实行特区的某些政策。"[①] 此后,国务院批准设立14个沿海经济技术开发区,实行经济特区的某些政策。这些经开区不同于原行政区划,不再带有行政概念,更多的是经济区的概念。1988年8月,在经济开发区的基础上,国家层面开始实施高新技术产业化发展计划——火炬计划,建设和发展高新技术产业开发区是火炬计划的重要内容,开启了从经济开发区向高新产业开发区转变的步伐,更加符合时代发展的趋势。中关村科技园区等国家高新区逐步设立。这一阶段,园区的产业起点低,以低廉的生产资料成本和劳动力成本为比较优势,由"三来一补"起步,逐步建立经济开发区和高新区等特色园区,致力于发展新型工业和高新技术产业化。中央对园区的政策支持,也逐步从给资金的直接资助向给政策、给自主权转变(如表6.1)。

表6.1　　　　　　　　1979—1992年产业园区特征

功能定位	核心动力	产业类型	产城关系
加工型、单一的产品制造、加工	由政府的优惠政策的"外力"驱动	低附加值,劳动密集型的传统产业	纯产业区

资料来源:笔者整理。

第二阶段(1992—2006年):引资竞争与规范整顿。自1992年邓小平南方谈话,加之2001年中国加入WTO,大量外资与归国华侨对中国进行投资,产业园区通过对外开放和招商引资蓬勃发展。张江高科(1992年)、苏州工业园区(1994年)、上海临港(2003年)随之诞生,到2003年,中国开发区数量快速增长到

---

① 中共中央文献研究室编:《邓小平同志论改革开放》,人民出版社1989年版,第77页。

6866个。然而,园区数量激增引起地方政府间的恶性竞争和企业的随意迁移。在竞争加剧的背景下,一些地方政府为了引资,以消耗资源为代价,包括降低土地价格、水电等资源费用和其他税收标准,这就导致了土地利用效率低、资源浪费等问题。同时,企业为了享受更大的优惠,追求更大的利益,在毗邻地区之间频繁迁移,不仅导致了资源的极大浪费,也加重了地方之间的恶性竞争。为遏制这些问题,2003年国家层面发布了《国务院办公厅关于暂停审批各类开发区的紧急通知》,对园区进行规范整顿,旨在让开发区更为规范地发展。从2003年至2004年,国家层面和地方层面加大力度对开发区进行整顿,两年时间全国的开发区数量由6866个减少到2053个,规划面积由3.86万平方千米压缩到1.37万平方千米。在此阶段,除宁波开发区晋升为国家级经开区,两类国家产业园区数量没有增加。这一阶段,前有南方谈话,后有入世(WTO),不断加大的对外开放速度刺激了园区数量和规模的扩张。依靠外向型经济起家,以土地和劳动力等低成本要素为驱动,从城市地区逐步向市郊蔓延,中国"世界工厂"的雏形出现。然而,区域地价、税收等无序竞争引起各类资源利用效率降低,产业同质化竞争加剧,园区通过有序规范推进产业差异化发展和产业链协作,从而达到单位面积土地上产出的更高效率(如表6.2)。

表6.2　　　　　　　　1992—2006年产业园区特征

功能定位	核心动力	产业类型	产城关系
以产品制造为主	政府政策和外资驱动双重作用	外向型,ICT等制造业快速发展	纯产业区

资料来源:笔者整理。

第三阶段(2006—2013年):低端突破与转型升级。2006年,工业用地全面实行招拍挂的公开出让方式，民间资本在产业用地配置上起到更加重要的作用，工业用地市场化竞争变得更加激烈。民资进入后，以土地财政为基础的政府投融资平台模式和民营资本在园区开发建设中交叉并行，注重工业用地的有序集约式开发。此后，园区发展呈现两类重要模式：一类是PPP雏形的探索：华夏幸福、宏泰、成都置信等，通过引入民间资本，让企业一定程度上来代行政府功能，以市场化力量来对园区进行土地整理、基建和招商，利用园区运营实现土地熟化后的价值增值；另一类由粗放经营向规范经营升级：如以联东、天安为代表的市场力量。其中，联东集团凭借其标准化开发模式实现了其产品在全国的快速复制。这一阶段，随着招商引资和优惠政策效应的逐渐减弱，中关村等高新区逐步发展成技术密集型、创新型产业的集聚区。但是，大部分园区的产业结构单一、与区域发展脱节、就业人群与消费结构不相匹配等问题逐步暴露，"二次创业""腾笼换鸟"等转型升级概念相继提出，亟待突破低端产业实现园区的转型升级（如表6.3）。

表6.3　　　　　　　　2006—2013年产业园区特征

功能定位	核心动力	产业类型	产城关系
研发型、科技产业区、制造研发复合功能	民间资本等内力为主、技术推动、企业家精神	技术密集型、创新型产业	产业社区

资料来源：笔者整理。

第四阶段（2013年至今）：存量激活与高质量发展。2013年党的十八届三中全会强调要加快推进新型城镇化，走中国特色新型城镇化的道路，并且提出了明确要求，包括以人为核心的城镇化、产城人的深度融合等。2015年，国家发改委发布了《国家发展改革委办公厅关于开展产城融合示范区建设有关工作的通知》，为中国产业园区的新一轮转型升级提供了指导性方针。2017年2月国家层面进一步出台了《国务院办公厅关于促进开发区改革和创新发展的若干意见》，对于开发区工作提出了新的部署和新的要求，以此更加适应新形势发展趋势，提出"开发区是我国实体经济特别是制造业的重要载体"。这一阶段正处于以供给侧结构性改革为主线加快经济结构调整，同时信息技术蓬勃发展，"互联网+"的大背景逐步形成，培育新经济新动能、发展实体经济、加快数字化转型等发展成新时代园区转型发展的重要命题。当前，亟待强化园区精简高效的管理特色、完善空间布局和数量规模、发挥规模经济效应。把各类园区建设成新型工业化发展的引领区、高水平营商环境的示范区、大众创业万众创新的集聚区、开放型经济和体制创新的先行区（如表6.4）。

表6.4　　　　　　　　　2013年至今产业园区特征

功能定位	核心动力	产业类型	产城关系
制造强国战略和创新驱动发展战略的重要载体	以高质量为牵引、改革创新内力为主	文化创意、科技创新产业及其他高端现代服务业为主	产城融合

资料来源：笔者整理。

经过多年持续不断的转型升级，浙江产业园区在发展的规模、层次和质量、效益等方面都有了显著的进步，但"低小散"问题依然突出。因此，浙江省委省政府作出了推进园区有机更新的战略部署，这既是新时代园区发展的内在需要，也是浙江高质量发展的必然要求。顾名思义，有机更新的目标是更新，要求是有机。具体说，园区有机更新要实现三大目标：一是产业的转型升级；二是生态环境的和谐优美；三是空间的集约利用。在具体要求上，要将园区作为一个生命有机体来看待，强调时间上的延续性和传承性，空间上的相互联系和相互作用。

因此，在推进园区有机更新的过程中，必须把握好四个方面的有机联系。一是更新前后产业之间的有机联系。首先是遵循产业发展的内在规律，推进产业沿着产业技术进步的轨道向上攀升，强调产业技术的持续进步和优势积累；其次是建立不同产业、不同企业之间在价值链和技术链上的相互关联性，强调分工和专业化经济，以及产业生态系统的构建；最后是对于因为淘汰而腾笼换鸟的产业，也要强调其与区域禀赋和环境的有机联系，强化产业的根植性。二是更新前后生态环境的自然和谐。要在保持生态环境系统整体平衡的前提下，促进生态环境质量的持续改善。这就要求在遵循生态环境系统内在肌理的前提下，妥善实施包括河道、水网、土壤在内的生态保护和更新改造。三是更新前后历史文脉的延续和发扬光大。不仅要注重历史文化遗产和优秀传统文化的保护和传承，还要重视包括有价值的老旧厂房和优秀产业文化的传承保护，增强园区有机更新的人文厚重感。四是要注重园区产业发展与城市、乡村、生态环境、人文环境之间的有机联系与协调和谐，促进产城人文、生产生活生态的融为一体。

二 园区有机更新的浙江探索及其启示

1. 盘活园区闲置厂房的基本做法与优化路径

当前，土地要素供给不足成为阻碍浙江制造业发展的重要因素，然而园区的大量闲置厂房没有或者低效流入制造业，如何有效盘活园区闲置厂房是推进园区转型升级的重要抓手，也是实施园区有机更新行动的重要内容。浙江以闲置厂房为重点更新对象，出台举措盘活园区闲置厂房，为腾笼换鸟提供空间保障，基本做法包括以下两大方面。

第一方面，在腾空"低小散"基础上进行整合，实现空间上的有机更新。一是清退低效企业。通过环保标准提升、亩均论英雄、标准地建设等举措对企业进行评估考核，提高末尾企业水电等能耗成本，加速清退低效企业，淘汰落后产能，提高厂房的利用效率。譬如，台州路桥区丰华工贸工业点根据"企业资质、绿色安全、装备水平、企业团队、产能效益"五要素建立评估体系，对企业实行"三色"管理，清退末尾企业。二是政府收储。"政府回购"盘活土地资源，集中回收闲置厂房，加快"腾笼换鸟"，推进低效用地"二次开发"。如嘉兴平湖车创园便是政府将低效厂房回收，租给平湖市湖畔车创商务服务公司，打造汽车企业产业创意园区。政府收储需要与企业谈判，进行市场评估、安置补偿等，资金保障是收储的关键所在。三是空间置换。将"低小散"的企业集聚进行整体迁移，通过空间置换的方式将土地集聚，集中力量办大事，提升大项目引进的承载能力，如绍兴越城区将化工企业整体迁出园区，引进吉山科技等企业，为传统产业改造提升和新兴产业培育壮大注入了科技元素。

  第二方面，通过企业主导、政府牵线等途径，在功能上推进有机更新。一是企业自发转型。传统产业难以为继，有能力的企业主动转变生产经营模式，包括转型为电子商务园区、企业孵化器、长租公寓等，更好地符合产业和城市发展趋势。譬如，绍兴袍江新区的冠友集团放弃原先纺织服装生产，主动转变为服装工业园区，集聚诸多服装电商企业，从生产厂房变电商园区，提高了厂房利用效率。温州瓯海的一家鞋厂自发转型升级，将厂房转变成精品公寓出租房，赢得了市场青睐，也解决了城市流动人口管理难题。二是政府作为中介牵线搭桥，联系厂房的需求方和供给方进行有效对接，将高端项目导入低效厂房，实现"零土地招商"。如浙江长兴经济技术开发区在原来一家低效企业的厂房上引入金麦特自动化系统有限公司入驻，布局工业机器人和自动化生产线，实现产业"腾低换高"。这一方式提高了低效厂房的利用效率，也缓解了政府收储在短期内的资金压力。三是引入高效企业进行升级。外部企业进驻，或建设小微企业园引导小微企业整合重组，引入创新型、科技型、成长型企业，或实施技术改造，导入"专精特新"项目，提升闲置厂房利用效率。如浙报传媒将温州瑞安出险企业的闲置厂房改造成电商文创园，推动互联网创新创业，营造起"大众创业、万众创新"的良好氛围。

在此基础上，浙江加强顶层设计，突破土地限制等举措，进一步优化盘活园区闲置厂房的路径，更好地腾出闲置资源、引进高端产业，为地方经济发展注入持续动力。

第一，分门别类盘活园区闲置厂房需要顶层设计。省级层面出台闲置厂房盘活的相关政策举措，分门别类对园区闲置厂房进行有效盘活。譬如，与中心城区距离较远的闲置厂房，政府进行回购，统一招商、统一开发；与中心城区距离较近的闲置厂房，注重导入城市功能，打造符合地方发展的主题公园、大型综合体、长租公寓等，促进城市有机更新。以传统产业为主的厂房，建议通过项目"嫁接"，导入高技术企业和项目；以高新产业为主的厂房，给予更多的政策支持，深化亩均论英雄改革，加速国际化、特色化、高端化、数字化、绿色化、便利化进程，建设美丽园区。

第二，土地性质和使用年限有待创新突破。一是突破土地性质的限制。探索厂房土地性质的变更，对于企业自发转型升级为小微企业园的，允许企业进行土地分割及二次出让，提高园区土地的利用效率。二是探索使用年限内回收低效土地的标准化机制。在土地使用期限内，对于低效用地建立标准化机制，进行有偿回收，突破50年使用期限的"一刀切"障碍。三是加强对厂房出租或闲置的制约。借鉴欧盟等发达国家经验，在条件允许情况下，对闲置厂房征收相关的租赁、空置税费，提高厂房空置的成本，降低厂房闲置、低效用地的概率。

第三,企业和园区协作是盘活闲置厂房的有效途径。一是支持有能力的企业自发转型升级,发展小微企业产业园,缓解政府回收资金压力。允许园区内的企业利用现有厂房、土地进行改建、提升或重新建设,重点发展智能制造、集成电路、生物医药等符合浙江产业发展导向的新兴产业项目园区。二是支持优质企业以兼并、重组、收购等方式对闲置厂房进行盘活,鼓励以厂房、土地作价入股的形式合作,投资发展浙江主导产业。通过租售并举等途径,提高闲置厂房的利用效率。

第四,高端要素集聚和数字化转型是有机更新的重要方向。一是引进高技术企业。出台扶持政策吸引高技术企业进驻,利用产业集聚区内的闲置厂房和低效用地引进高新技术产业项目,形成新兴产业集群,推进园区有机更新。二是吸引高端人才。加大招才引智力度,完善基础配套设施,包括商业、医疗、教育等,引进高层次人才,助推产业园区高质量转型。三是发挥互联网技术优势,搭建闲置厂房信息发布平台,有效对接厂房供给和需求,提高供需匹配效率。四是将"最多跑一次"改革向纵深推进,提高政策连续性,优化营商环境,降低民营企业的制度性交易成本,出台支持民营企业健康持续发展的政策措施。

2. 小微园区低效用地的"三色"管理与经验启示

园区从增量开发转向存量更新过程中,低小散的空间格局和细碎化的土地产权阻碍了产业转型升级,这是地方政府普遍面临的空间治理难题。自然集聚形成的小微园区(老旧工业点)是浙江经济的特色之一,是地方经济发展的重要平台。但是,这类园区的空间治理困境更加突出,严重制约了地方的产业升级和经济社会发展。台州市路桥区是全国小微企业最多最活跃的地区之一,小微企业约占全区企业的97.8%,大多集聚在老旧工业点。路桥区新桥镇结合当地企业发展现状，以"三色"管理为核心的低效用地优化措施科学合理、效果明显，具有较强的可复制性。

一是开展地毯式企业绩效摸底工作，建立企业绩效评估数据库。改造前，新桥镇模具、五金、塑料、丝网布等传统产业因循守旧，"低小散"问题突出，面临产业转型升级乏力的现实困境。为此，2017年底新桥镇出台《"化蝶"工程实施方案》，成立由该镇主要领导带队的"化蝶"工作领导小组，抽调工办、城建办、安监、税务、电力等多个职能部门的20多名骨干人员，组成整治提升专班，对全镇的传统工业企业（含个体私营、作坊式企业或加工户）进行全方位、地毯式摸排，建立"一企一档"。

通过开展企业综合绩效评估等一系列企业评估标准，对全镇所有企业进行了彻底的绩效评估并建立了准入管理办法，按照获得荣誉、股权结构、技术装备、核心团队、专利数量等指标进行权重打分，并设立安全隐患、高污染高耗能等一票否决项，对377家传统企业建立"一企一档"，系统搭建企业绩效评估数据库，摸清了该镇企业发展实际状况，为"三色"管理工作方案提供数据支撑。

二是实施"三色"管理工作方案，有效腾退"低小散"企业。根据绩效评估数据库，该镇出台了《企业实施"三色"管理工作方案》，具体规定：最终得分85分以上的为绿色企业，属于鼓励扶持类；60分到80分的为黄色企业，属于规范提升类；60分以下的为黑色企业，属于淘汰类，要求给企业一定时间的过渡期后坚决让其退出。

如该镇的丰华工贸工业点占地18.3亩，建筑面积7088平方米，区块主导产业为塑料制品和印刷，内有企业8家，2017年度用电150万千瓦时，产值仅2100万元（税收50万元），属明显低效用地。根据"企业资质、企业团队、装备水平、产能效益"等要素建立评估体系，对企业实行"三色"管理，引导该工业点内提升无望的企业全部搬离。通过进一步拆除违法建筑，推进"厂中厂"整治和"低小散"行业整治行动，为新产业发展腾出空间。

三是制定新企业入园管理标准，从源头屏蔽"低小散"入侵。为了从源头上杜绝"低小散"企业入园，新桥镇还出台了《新进企业入驻标准》，强调统一备案产业空间（厂房）租赁，要求承租的生产经营企业使用面积不得少于1000平方米，年产值不低于5000元/平方米或企业年实缴税收不低于120元/平方米。

丰华工贸工业点严把"新进企业入驻标准"，聚焦新兴产业培育，开展专机行业专项招商，特别注重设备、工艺及能源消耗标准。目前，成功引进钧威机械自动化、能伟机械、铭仁公司、申灵江自动化公司等成长型企业，税收达43.64万元/亩。接下来，将着力提升产业的发展层次，逐步培育打造出一个10亿元级产业规模的专机智造孵化基地。

3. 全域更新改造的温岭实践及其样本意义

位于温岭市城区北侧的横峰街道是中国超级鞋业生产基地，15.9平方千米的面积上集聚了7000多家企业和9万人口（其中外来人口6.8万人）。由于发展之初缺乏规划，其后快速而无序的发展又使违建丛生，布局更加混乱，进而造成管理失序，大量生产、生活和销售均集中在民房和大量违建中，安全隐患极大。2014年大东鞋业"1·14"重大火灾事故就是一个沉痛教训。痛定思痛，温岭市委、市政府2017年启动横峰全域更新改造工程。

一是创造性设计出货币+住房+股权式厂房的组合式安置补偿政策。该政策为横峰量身定做，村民可灵活选择货币安置、套房安置和厂房安置单一或多项组合的补偿方案，同时结合原房屋间数、家庭人口数以及房产证登记面积给予最大限度的优惠安置政策。安置分配的厂房采取股权分配的方式，受益形式灵活，可以享受分红或进行股权转让。村民也可自由组合，以楼幢为单位成立公司进行自主经营。通过这一改造，实现户均约350平方米商品住宅安置，220平方米工业厂房安置，建成后资产升值即达数百万元。考虑到大量拆迁户同时外迁将面临租房难的问题，改造采取逐步推进的滚动方式，建到哪里拆到哪里，同时为租房存在困难的群体提供临时过渡房。

二是通过经营土地实现改造资金整体盈亏平衡。温岭房价在全国县级市中位于前列，横峰临近城区，其房产价值也较为可观。全域改造将节约出一定规模的土地供商业开发，这部分土地带来的收益足以弥补全域改造项目的投入，从而实现整体盈亏平衡。

三是通过土地化零为整，实现土地指标自给自足。全域土地整治通过打破村界、重新规划、化零为整，提高土地综合利用效率；拆除200多万平方米的违章建筑；通过引导村民住公寓、工业入园区，将实现到2020年人均村庄建设用地从2019的86平方米下降到51平方米，村庄用地平均容积率由目前的0.72提高到2.65，共产生1322亩流量，能够满足村民安置用地建设、工业园区建设以及道路设施建设和商业综合体配套建设的需要，还可节余建设用地指标634亩。

四是争取政策支持，重新规划农田和水域布局。在上级政府的支持下，准许全域改造期限内，在不减少农田（基本农田）面积的前提下，先行使用规划区域内的基本农田，并在规划建设区域以外具体位置复垦等面积等质量的农田，待下次基本农田规划调整时按实调整。探索先建设后复垦模式，允许地方先行使用建设用地指标，确保在全域改造期限内完成复垦工程。实现域内土地占补平衡，改造完成之后再算耕地总账。编制《温岭市全域改造产业升级实验区水域调整规划》，针对实验区域内河网密布、土地碎片化的现状，按照"防洪排涝不受影响，水域面积、蓄水量不减少"等原则优化布局河网水域。通过拓展骨干河道、增设连接河道、集中布设调蓄水域等方式，保障整体区域的水域占补平衡，并释放建设区域水利规划许可建设用地 1197 亩。

五是通过空间重构实现产业升级。改造后新建的工业园区将提高企业准入门槛，纳税或用工不规范、产品低端、规模过小的企业将被拒之门外。鼓励企业兼并重组。预计未来规上企业将从现有的 27 家增加至 400 家。首创先租后让的供地模式保证规上企业入驻。利用标准地供地模式，为企业量身设定营收、税收标准，预期将实现亩均产值跨越式发展。以"亩均论英雄"推动资源向成长型、集约型、技术型企业倾斜，促进企业向园区集聚集约、优化升级。未来园区内还将配套产品研发、设计、质检、物流等公共服务平台，为高校等研发机构入驻提供优惠政策，建设大数据中心、会展中心、大型物流园为一体的公路港，努力实现产业向高效化、高端化转型。

六是融入城区一体化发展促进产城融合和美丽城镇建设。横峰毗邻温岭市城区，但整体环境面貌与城区差距巨大。未来将通过路网建设、基础设施全面配套、市政养护等纳入主城区，拉近该区域与温岭城区的距离，实现城乡一体化。区内统一规划安置住宅、厂房用地和蓝领宿舍，实现民房同企业分离，生产进厂房，职工住宿舍，分离生产和生活区域，彻底消灭"三合一"带来的安全隐患，减少鞋业加工的气体排放和制鞋物品堆积产生的不可降解性污染，不断改善生活生态环境。同时，还规划了医院、幼儿园、小学、公共绿地、湖滨公园等城市配套设施，加上连片和错落有致的观光农业，人居环境将实现质的飞跃，美丽城镇令人期待。

三 推进园区有机更新的问题及对策

园区有机更新对于明确产业园区功能定位、适应高质量发展具有重要意义，但从当前实践来看，依然存在以下几方面问题及困境。

一是认识和理解不到位。在调研中发现，一些园区表示不了解园区有机更新的内涵，甚至没有听说过这一概念。更多的是对园区有机更新理解的简单化、片面化。通常表现为单纯从产业的角度，将园区有机更新简单等同于一般意义上的产业转型升级，包括传统产业的改造提升、落后产业的淘汰转型、低效土地和空置厂房的盘活利用、违章建筑的拆除等。

二是系统谋划不够，视野格局不大，存在短期化现象。包括方式上的简单化，比如对"低小散"产业"一刀切"地整体拆除、腾空、关停、重建，忽视了一些有保留价值的遗存，或者忽视了与周围环境的协调和谐；空间上的零散化，实际上以乡镇、街道为管理主体的各自为战的现象仍然普遍存在；格局上的狭隘化，一些园区在更新改造过程中缺乏大视野、大格局，不能从区域产业系统的高度，而只是从自身短期内的需要来引进新产业，导致新引进培育的产业与区域产业或资源禀赋缺乏关联，区域产业生态系统的支撑不足，发展难度大；结果上的短期化，不少园区急于求成，将好不容易盘出的空间，短期内很快地填满，很容易几年后又成为新的"低小散"。

三是体制机制的约束或优势弱化。过度行政化，很多园区承担越来越多的城市和社会管理职能，用于园区开发的精力不足，特别是县市很多园区已经与街道或乡镇合署办公，采取"一套班子、两块牌子"的管理体制，也很容易导致行政功能强化，开发功能弱化，甚至有的园区合署后变得有名无实。跨行政区障碍，虽然省里提倡通过跨行政区整合或建立"飞地"园区实现"以强带弱"，但跨县域的整合目前还没有出现。现在一些欠发达区域在发达区域建立以孵化为主要功能的"飞地"已经有不少，但反过来，发达区域通过管理模式和技术、资金要素输出，在欠发达区域建立"飞地"

园区的还很少听说。另外，县域内名义上的整合而实质上的各自为政也是因为体制的障碍。

四是要素制约依然突出，土地、用能和环境排放指标约束，技术、人才不足。影响土地指标的一个重要因素是城市化的发展，使处于城区和城郊的园区被简单地要求"退二进三"，部分甚至全部土地被用于商业开发，而新增工业用地指标往往很难，进而压缩了园区工业发展的空间。用能和环境指标则因为严格的"双控"制度使约束更加硬化。技术和人才不足，有了也留不住则是大部分园区，特别是处于劣势区位园区的普遍性难题，一直没有很好的解决办法。

针对上述问题，持续推进传统园区有机更新需要在如下五个方面发力。

第一，明确园区有机更新的核心要义和鲜明导向。改变对园区有机更新简单化、片面化的理解，在认识上、行为上做到四个转变：从单纯的产业升级向研发、设计、创意、服务等产业融合发展转变；从单纯的园区开发向美丽城镇建设、产城融合、生产生活生态融合转变；从单纯的企业引进向完善产业链、构建产业生态系统转变；从单个的园区建设向融入大平台、大都市区和大湾区建设转变。在具体路径上，一是通过理论研究、政策宣传、会议部署等方式明确园区有机更新的核心要义；二是通过总结推广园区有机更新的典型经验、召开现场推进会等明确园区有机更新的目标导向；三是适时出台指导意见，明确园区有机更新的政策要求。

第二，分门别类推进园区有机更新。园区有机更新也不能一刀切，而是要因地制宜、分门别类。一般来说主要考虑两个维度。一个维度是园区与城市的空间关系。与城市距离较远的相对比较独立、单纯，可考虑以产业为主建设产业新城；城郊接合部的则要注重产城融合；已经处于城区的相对复杂，可考虑由单纯的产业改造升级向研发、设计、创意等综合服务转变，提升园区的综合服务能力。一些有价值的老旧厂房可改造为文化创意、博物馆、邻里中心等，也需要保留一些都市型工业，既可营造多元城市空间，丰富城市文化，也能增加城市就业。第二个维度是园区产业发展的规模、层次。规模小、产业层次低的要以腾笼换鸟、退二优二为主进行更新改造提升；规模大、产业层次高的则以完善产业链、构建产业生态系统、沿着产业链和技术向两端垂直攀升为主进行有机更新。

第三，推进园区管理的数字化转型。目前大部分园区的管理理念、方式、手段还是比较落后的，主要表现为以单个企业和服务项目为主要管理单元，造成管理的碎片化，效率不高，综合研判和服务能力不强，这也是制约园区高质量发展的一个重要因素。管理的数字化转型包括两个重要的方面。一是行政管理和服务的数字化转型，包括所有企业从登记注册服务到生产经营过程监管全流程的数字化和数据集成，从而能够对园区整体发展水平，包括所有企业的状况和趋势、产业技术的状况和趋势等进行实时监测和趋势研判，提高园区精准服务和相机治理的水平；二是所有企业从技术、人才和劳动力供给、原材料采购到产品销售、物流配送等生产经营全过程的数字化和数据集成，构建产业互联网，深化产业链合作，形成分工经济和规模经济，提升竞争力。两种数字化转型，前者以园区管委会为主体，可在专业化公司的帮助下进行数字化转型改造；后者本身是数字经济的重要形式，要以市场化为导向，培育或引进专业化的管理团队或运营商，实现运营商与园区企业的双赢，条件成熟时可模式输出，复制推广。

第四，增强和优化园区有机更新的制度供给。一是多种方式创新园区管理体制。如针对不断增加的社会管理任务，可采取社会管理属地化、经济管理专业化的方式。对于与乡镇街道合署办公、"两块牌子、一套班子"的园区，可采取行政主官与经济主官分设，社会管理与经济管理相对独立的体制，确保经济开发的力量不弱化。二是创新政绩考核和经济统计办法，巧构利益关系，促进强的园区与弱的园区进行跨行政区的整合，实现以强带弱，互利共赢。三是优化园区有机更新的要素保障。首先要强调土地红线和环境指标控制是经济高质量发展的必然要求，也是非常有效的倒逼机制，不可能也不应该突破，但也存在可利用的创新和优化空间。如可加大土地、能耗指标的跨行政区交易力度，在确保全省实现指标控制目标和区域生态环境不断改善的前提下，适当增加有条件园区的指标供给。

第五，面向未来，拓展和预留更大发展空间。一是深化亩均论英雄和标准地改革，严格按照亩均论英雄的要求推进园区的有机更新，防止再次陷入新的"低小散"。二是循序渐进，更加重视产业链招商，补链强链，营造良好的产业生态系统，同时也增强对产业技术和人才的黏性，强化园区有机更新的技术和人才支撑。三是强化倒逼机制，不断提高低效用地和空置厂房的维持成本，不断盘出新的发展空间。四是培育产业创新服务综合体，增加技术供给，强化技术支撑。要围绕产业发展创办专业技术学院，培养产业发展专业化人才，强化人才支撑。五是以更高的站位、更广的视野，适应长三角地区高质量一体化发展的趋势，结合大都市区、大湾区建设和万亩千亿大平台的打造，做好园区有机更新的空间布局和整体谋划。

第二节　打造现代化科创大走廊

当前，科技创新呈现集聚态势，创新要素资源集聚为区域创新的重要特征。科创走廊利用好城市之间、科技园区之间的分工与协作，已经成为科技创新的重要载体，成为高质量发展的重要引擎。

纵观世界科技发达国家及国内科技发达区域，可以发现科创走廊是科技创新的策源地，大量高新技术企业、知名科研院所分布于科创走廊中的城市群，形成若干个创新要素相对集聚的城市，通过城市之间的多跨合作形成科创走廊。不仅如此，从产业层面而言，科创走廊亦串联起从源头知识创新到产业孵化落地过程，能够推进创新链与产业链深度融合，从而实现更好的发展。浙江省基于区域要素禀赋优势，以四大都市区为载体，着力打造了四大科创走廊。2016年，杭州城西科创大走廊正式启动建设；2018年，宁波甬江科创大走廊列入《浙江省大湾区建设行动计划》的空间发展布局之中；2020年，温州环大罗山科创走廊建设规划发布；2022年，金华浙中科创走廊发布。每条科创走廊瞄准的方向各不相同，有着各自明显的产业辨识度。

一 科创走廊是资源集聚的现代创新空间体系

创新资源集聚是科技创新发展的重要特征，从全球发展经验来看，发挥区域之间的分工与协作、集聚科技创新资源是发展的重要途径。在此过程中，也形成了诸多分工与协作的模式及组织形态，譬如大湾区、高科技园区等，都是科技创新要素集聚的不同架构、不同形态。大湾区通常是围绕某一重要的沿海港口城市所集聚而成的港口城市群，纵观世界发达国家，总有相对应的大湾区，譬如美国以科技为主导的旧金山湾、以金融为主导的纽约湾，日本以制造业为主导的东京湾，这些大湾区的建立为各国发展提供了创新支撑、产业支撑及区域支撑，可以说是国家发展的增长极。世界经济从港口经济，到工业经济，再到服务经济，最后迈入创新经济时代。在发展初期，港口城市依湾而生、靠港而兴，具有内外联通的优势，为持续发展奠定了基础；现在，各大湾区更加侧重于创新，形成创新集聚的湾区经济。这是从区域层面而言的，从企业层面而言，国家高新技术区的建立则是为创新集聚提供了微观载体。不论是国外还是国内，各地区都在建立高科技园区，内含企业、高校、科研院所等创新的主体力量，旨在通过空间载体的物理集聚，促进这些创新主体更好地融合在一起，充分发挥技术外溢效应，推动一体汇聚创新，形成知识密集型产业。虽然各地区对于高科技园区提法有所不同、组织架构有所不同、运营模式有所不同，但本质上都是创新集聚的空间组织形态。

科创走廊也是科技创新资源集聚的组织形态，对比大湾区、科技园区等，有相同点也有差异点。从相同点而言，不论是科创走廊还是大湾区、科技园区，都是为了集聚创新资源，都是为了推动地方创新发展，都是为了支撑地方经济增长，其目标具有高度的一致性。同时，三者在创新集聚过程中，都需要发挥好内部创新主体之间的分工与协作，能够更好地实现协作创新，形成创新共同体。但是在构建过程中，三者之间也存在不同点。从空间形态上来看，大湾区更多地表现在城市群都市圈，科技园区更多地表现在企业等创新主体集聚，而科创走廊则是以高速公路为纽带，串联起空间上的城市或者科技园区，其空间形态是带状的，是城市跨区域合作和协同发展的重要形式。从功能体系上来看，大湾区更多的是城市之间分工与协作，尤其是在产业层面进行分工协作，从而构建起现代产业体系，支撑城市群都市圈发展；科技园区则是为企业、高校、科研院所提供平台载体，尤其是孵化平台能够让初创企业更好地进行创新创业，有相对完善的创新环境。科创走廊则是侧重从源头知识创新到孵化关键环节、产业化落地的全链条打通，能够促进创新链到产业链的全周期运营，各个城市、各个科技城发挥好自身的要素禀赋优势，设计合理的体制机制，推动人才、信息、技术、资本等创新要素的自由流动，从而形成新兴产业集群发展、高端人才资源汇集、科技创新要素高度集聚的创新发展重点区域。

科创走廊可以理解为"廊带"形态下的创新资源集聚度，既是独立的创新高地，又是开放并且相互作用、相互联系的集群，能够充分发挥好城市之间、科技城之间的比较优势，建立起分工与协作的组织架构，实现从知识创新、创新孵化、产业落地的全链条、全周期打通。由于科创走廊是带状的，连接的点越多也意味着科创走廊越长，但技术外溢、技术辐射总有阈值，超过这个范围之后技术的合作成效将会有所削弱，从这个角度而言，科创走廊发挥最大作用需要充分考虑城市的距离及其要素优势。从浙江的实践而言，在充分考虑城市比较优势基础上，来打造各具特色的科创大走廊，以此发挥出最佳效果。观察浙江省所着力打造的四大科创大走廊，都是围绕当地要素禀赋优势，聚集相关城市、科技园区、高校等平台载体，面向未来先导产业，突破从创新链至产业链的瓶颈。譬如，杭州城西科创大走廊，计划打造万亿级具有全球影响力的数字产业集群，这与"数字经济第一城"的定位极其吻合；温州环大罗山科创走廊主要围绕生命健康、智能装备两大主导产业展开研究，发挥瓯江实验室、温州医科大学等优势，着力聚焦于眼健康、基因药物、激光光电、物联网等重点领域；宁波甬江科创大走廊聚焦高性能磁性材料、先进碳材料、新型膜材料、海洋新材料和智能复合材料等未来重点创新方向；浙中科创走廊聚焦"芯"光电核心产业集群，发挥磐安等区域中医药材前期基础优势，提升现代中医药及生物技术、现代农机及新能源汽车产业集群。不仅如此，台州、绍兴、舟山等地，也在谋划打造各自的科创带，嘉兴等地则在加速融入 G60 科创走廊。

二　高水平推进杭州城西科创大走廊建设

杭州城西科创大走廊，是杭州科创浓度最高的区域。在省市联动超常规力度推进下，大走廊创新资源高度集聚，之江实验室、西湖大学、中法航空大学、浙大超重力研究中心等多个高能级创新平台拔地而起。目前，杭州城西科创大走廊的创新成效可以用"678"概括，已经集聚了浙江省超60%的国家科技奖和省科技奖一等奖、超70%的国家重点实验室、超80%的国家"杰青""优青"人才，2021年新增"国高企"360家、上市企业7家，实现高新技术产业增加值2300亿元。肩负着"引领全省、服务全省"的重任，打造全球科技创新策源地，需要在发展上把握高起点、高水准：一是要在创新上有大作为，加快形成经济增长极；二是要依托新理念、新产业、新模式、新标准切实带动全省经济转型升级。

自2016年启动建设至今，杭州城西科创大走廊实现了高质量、高速度的跨越式发展，成为浙江和杭州创新浓度最高的地方。具体而言，全力推进杭州城西科创大走廊高质量发展包括如下四点。

第一，引入公司制，加快打造上市平台，推进园区运营专业化，广泛吸收社会资本和市场资源，使城西科创大走廊具备内生的扩张动力。创新园区发展离不开政府，但是当园区发展到一定程度和规模后，管委会等政府部门主导下的资源配置会面临行政上的壁垒。杭州城西科创大走廊目前已遭遇多个行政主体资源集中和统筹开发的难题。从其他园区经验来看，除了行政区划调整，还有两种方式：一是在更高层面设立管委会进行统筹协调；二是依托发展集团推进市场化运作。像中关村、张江高科和苏高新都为上市公司，尽管在早期偏向于房产开发，但现阶段都已成为吸纳社会资本、专业化运营、引导新产业投资的重要平台。鉴于此，杭州城西科创大走廊应加快引入园区运营的公司制，其中核心之举是加快形成园区发展的上市平台：一方面，利于实现园区管理专业化；另一方面，利于在更大范围内调动社会资本，引导各类市场资源，如大型企业集团、民间资本、专业园区运营商、风险投资等积极参与，切实提高园区管理水平和成效。

第二，打造消费互联网和工业互联网融合发展的大数据平台，推动消费侧和供给侧的深度变革，为新经济、新业态的爆发式增长提供支撑。产业是园区参与国际竞争的重要基石，在产业发展中杭州城西科创大走廊必须把握三点原则：一是原创产业，没有原创就没有发展的可持续性；二是具有巨大的市场空间；三是具有很强的辐射带动效应。硅谷的发展离不开半导体产业，产业自身巨大的市场空间不仅孕育了一大批龙头企业，而且为人工智能、互联网等新产业衍生提供了扎实的基础，一轮轮爆发式增长支撑了硅谷近几十年的繁荣。同样，消费互联网产业在过去十几年经历了爆发式增长，出现了阿里巴巴、百度、腾讯等大型企业。相较之下，工业互联网发展滞后，现有的两化融合还远低于工业互联网的应用极限。城西科创大走廊要充分利用阿里巴巴在消费互联网上积累的平台优势和数据优势，一方面加快形成一批工业互联网、云制造服务平台，强化对中小企业的支撑；另一方面推动消费侧和供给侧平台深度融合，依托大数据加快培育新经济、新业态。

第三，发挥创意和人才优势，打造传统产业改造的实践基地，培育特色创业教育生态体系，加快实现创新成果就地转化和向外辐射，服务全省转型升级。文创产业是杭州的重要名片，杭州城西科创大走廊应充分利用这一优势服务全省传统产业转型：一是对接省内传统产业集聚区打造形成"文创+传统产业"实验基地，集聚各类文创企业形成创意小镇，并围绕"创意链—设计链—产品链—营销链"推进文创企业与传统企业的深入合作，提高传统产业附加值。在这个过程中可通过创意大赛、设计大赛等方式调动本地高校及各类人才参与的积极性。二是加快实现创新成果就地转化和向外辐射。目前浙大毕业生创业率已位列全国高校第一，而阿里巴巴等公司的衍生创业企业数量也增长迅猛，已超160多家。杭州城西科创大走廊要充分总结现有双创人才培育经验，鼓励各大高校以创业教育与专业教育深度融合为抓手优化课程体系，鼓励阿里巴巴等龙头企业提供专业的教育培训，探索形成特色创业教育生态体系，不断催生新企业和新产业。

第四，加快打造一批"众包、众创、众筹"平台，利用新商业模式形成全球创新资源配置能力，让全球人才、全球资本服务浙江企业创业创新。让更多不同类型的创业创新者主动创业、积极创新是本轮创业创新浪潮可持续发展的关键所在。杭州城西科创大走廊要充分利用互联网优势，加快探索"众包、众创、众筹"等新模式，强化对全球创新资源的利用，切实解决浙江发展中的难题，形成创新的众帮、众扶效应。一是加快形成一批类似于"猪八戒"这样的众包平台在线集聚各类专业技能服务商为全省企业面临的问题提供解决方案。二是加快形成一批面向传统制造业升级的众创空间，现有园区内孵化平台主要立足互联网产业且强调消费领域创新创业，实际上，互联网技术要发挥作用，就必须深化对传统制造部门的服务，形成供给端的变革。可鼓励园区内大型制造企业参与共建，学习英特尔等企业的孵化体系，探索形成大小企业的新型共生模式。三是立足浙江省民间资本优势，探索形成一批创业众筹融资平台。强化新型园区建设的示范效应，做到可学习、可借鉴、可复制，通过管理理念、管理制度、运营标准的输出带动全省传统园区改造提升。园区之间的竞争已从优惠政策竞争转向了制度和服务的竞争，像中关村"一区十六园"和张江高科"一区十八园"的发展格局都体现了一种管理理念、制度和标准的强势输出。目前浙江省传统开发区和工业园区普遍面临转型问题，在如何引才、育才、引资、育产等方面都亟须理念上的更新和实践上的指导。杭州城西科创大走廊发展的另一重大意义在于探索形成新型园区建设的示范样板，为省内其他传统园区的改造提升提供可学习、可借鉴、可复制的管理经验。也可立足运营公司强化制度、标准及管理人才输出实现跨区域的园区合作。在这个过程中，建议充分利用浙江大学、中共浙江省委党校、杭州师范大学等专家资源成立专业性研究机构，长期关注园区发展，探索新型园区建设内在规律，总结并推广科创大走廊发展经验。

纵观杭州城西科创大走廊建设的经验，可以凝练为如下四点。

一是人才是高质量发展的第一资源。未来科技城把海内外高层次人才作为高水平产业培育的核心环节，深化推广"人才＋资本＋民企"模式，全面推进人才特区和人才高地建设。吸引集聚以"阿里系、浙大系、海归系、浙商系"为代表的创新创业"新四军"，同步推进"精英创业"和"大众创业"。至2017年底，未来科技城累计引进海外高层次人才2720名，其中拥有博士学历的占50%以上，在世界500强等国际知名企业有过工作经历的占64%，落户海归创业项目684个，2/3已实现产业化。

二是接力式孵化经济体系是保障"从0到1再到1000"双创经济发展的基础。高质量发展的核心是形成从人才到初创企业再到上市公司（从0到1再到1000）的双创经济体系内生机制。未来科技城系统构建孵化导向的创业生态系统和覆盖企业发展各阶段的"梯队递进"孵化体系机制，整合高端人才、优质项目、资本以及孵化机构、中介机构、一流大学、龙头企业等各类要素，以海创园、梦想小镇等科创平台集群为核心，打造"种子仓—孵化器—加速器—产业园"接力式产业培育链条和政策体系。积极引进各类金融机构，促进人才链、资本链、产业链的有机融合，加速形成从人才体系到初创企业群再到新兴产业集群的完整孵化经济业态。

三是"重大科研平台＋平台型大企业"的锚机构可以强化新兴产业集群的高端集聚和产业裂变。未来科技城加快建设以之江实验室、阿里达摩院为核心的"2＋X"重大科技创新体系，加快形成"灯塔效应"，促进国内外一流科研资源集聚与整合。通过精心引进培育,加快了阿里巴巴从创新型企业成长为全球性平台企业,促进人才集聚、资本集聚以及产业裂变,带动近3000家企业的信息经济集群快速成长。同时,吸引中电52所、美国安进公司等高水平的科研机构和企业,进一步强化科技城发展的锚机构支撑。

四是以人为核心的产城人融合形成高质量城市发展的良性循环。坚持引绿入城、引水润城,在良好的生态底本上精心嵌入城市功能,紧紧以多层次人才的发展需求为核心加快城市国际化、绿色化发展,加快浙大一院余杭院区、国际教育园、国际人才社区等项目建设,统筹推进国际医院、国际学校、人才公寓等职住配套项目,以丰富的城市功能吸引国内外一流人才集聚和企业集聚,以深厚的产业集聚提升城市价值,打造"三生融合、四宜兼具"的一流城市人居环境。

三 打造宁波甬江科创大走廊"一区三高地"

宁波甬江科创大走廊位于浙江省宁波市,核心区规划总面积为136平方千米,包括了宁波江北、镇海、北仑、鄞州4个行政区及宁波国家高新区、东钱湖旅游度假区2个功能区。从甬江科创大走廊的空间布局来看,主要是"一廊两片多园":以甬江两岸为主轴,北部定位在科技成果转化,使知识源头创新能够尽快转化并落地,尽可能缩短转化周期;南部定位在知识源头创新,包括知识生产及技术研发,在这种架构下,能够尽快实现知识创新、创新孵化环节,为高层次产业发展奠定基础。宁波甬江科创大走廊拥有甬江实验室、宁波大学、浙大宁波理工学院、中科院宁波材料所等知名高校及科研院所,所以宁波甬江科创大走廊定位于新材料领域,主要聚焦在高性能磁性材料、先进碳材料、新型膜材料、海洋新材料和智能复合材料等未来重点方向,打造具有全球影响力和引领型的创新策源地,具体分解的目标包括全球新材料科创高地、全国工业互联网科创高地、全国关键核心基础件科创高地、长三角创新创业生态最优区，即"一区三高地"。按照总体设计，到2025年，重大科创基础设施建设扎实推进，前沿引领性科创产业发展取得显著成效，产业升级加速器、未来产业孵化器重要作用进一步增强，大走廊科创功能形态基本形成，基本建成长三角区域性科创策源和发展高地。到2035年，科创策源水平和产业技术服务水平能够达到国际国内先进水平，真正实现全球科创策源地这一目标。在新材料、工业互联网、关键核心基础件等领域涌现出一批全球领先的科研成果和技术领军企业。

从空间布局而言，甬江科创大走廊着力打造"一廊两片多园"的空间架构。"一廊"指的是以甬江两岸为主轴，沿甬江布局南北两个片区，部署高端功能集聚的核心区。从长远发展而言，则是向宁波市域、周边城市互动拓展延伸，从区域边界明确的科创廊道转向共享开放的创新经济带，在宁波都市圈范围内不断辐射，并且集聚更多城市进行分工与协作。"两片"指的是向南北两个区域进行拓展，北至镇海大道，南至甬台温高速公路复线，构建南北两大片区，北部片区以科技转化为主、南部片区以原始创新为主，形成从源头到孵化的全链条创新。其中，北部片区83平方千米，南部片区53平方千米。北部创新片：以宁波新材料研发园、中官路双创大街为核心，打造优势、先导产业链，突出科技成果转化，抢占新材料科研高地。南部创新片：以创智钱湖创新交流功能板块为核心，攻关重点领域的理论创新及技术应用，打造智能制造研发高地。"多园"指的是在甬江科创走廊上所布局的科技创新园区。打造科技创新园区，以此为载体集聚起创新要素，形成一批"科创微城"，并且积极吸引人才进驻，形成以人才为核心的产城人融合，从而更好地实现创新要素集聚、区域分工协作。

在重大平台建设上，甬江科创大走廊瞄准世界前沿科技，以

"增强核心区域创新浓度、辐射带动区域创新发展"为原则,聚焦重大战略需求开展关键核心技术攻坚,充分发挥高层次创新主体作用,形成一批原创性、标志性、有影响力的创新成果,助力全省自主创新能力大提升。以重大平台为驱动力,增强宁波创新的浓度。包括建设省实验室——甬江实验室,全力打造新材料科创高地;完善"研究型大学+应用型大学+中外合作大学"高水平大学体系;建设若干校企地共建共管共享的工程创新中心;支持龙头企业牵头建设专业领域产业技术研究院;加强与大走廊外部研究院开展合作,推动资源协同创新;实施甬江科技攻关计划,发挥宁波籍院士硬核创新实力,等等。

在关键核心技术领域,聚焦宁波有基础、国家有需要、市场需求大的主要领域,以技术创新为引领,瞄准高成长性、高附加值、关键核心的产业方向,强化与国家自创区和自贸区联动发展,充分发挥创新功能单元作用,建设一批具有竞争力的高端化创新产业链群,为社会主义市场经济条件下关键核心技术攻关的浙江实践贡献力量。主要建设前沿引领的新材料产业链群、特色鲜明的工业互联网链群、高级现代的关键核心基础件产业链群、高端新兴的生命健康产业链群、功能完善的创意设计产业链群。针对大走廊范围内存在空间资源碎片化、高新产业规模小、高能级平台少等发展短板,将以区块小单元为切入口,以"条抓块统"的方式精耕细作。

在人才引进上,突出"高精尖缺",着力打造全国人才生态最优区。科技创新,一靠投入,二靠人才,甬江科创大走廊围绕打造全国人才生态最优区,突出"高精尖缺"导向,加快建设高层次人才队伍,充分发挥人才在创新中的关键要素作用,以此引领高水平的创新驱动发展。重点在于引进一批处于世界科技前沿、具有国际顶尖水平的"掌舵领航"型人才;引进一批拥有"撒手锏"技术、能够突破"卡脖子"关键技术、能够引领高端产业发展的人才和团队；培育一大批高素质的企业经营管理人才、实用型高技能人才和专业化技术经纪人；将浙江宁波东钱湖院士之家（宁波院士中心）、浙江创新中心等高能级引智平台打造成具有重要区域影响力的人才发展高地；跳出宁波、发展宁波，利用好长三角区域优势、资源优势，积极打造长三角腹地、完善长三角人才互认机制，吸引长三角人才进驻，提升面向长三角的海外人才就业服务功能；建立满足不同层次人才安居需求的政策体系。同时，甬江科创大走廊将聚焦构建"转移转化+知识产权+孵化育成+开放合作"的科创服务全链条生态体系，强化科技创新开放协同合作，加快形成科创服务网络。

四 推进温州环大罗山科创走廊"三区一高地"建设

温州环大罗山科创走廊于2020年正式开始打造，科创走廊主要包括瓯海、龙湾、瑞安三地，辐射范围囊括了浙南科技城、高教园区、塘下镇等众多科创平台、城镇区域。从空间架构来看，温州环大罗山科创走廊以大罗山为中心坐标，分为科创带和外围辐射产业带。科创带主要围绕原始创新、技术突破，其包含的产业平台以科技城、高新区为主题，譬如温州国家高新区（浙南科技城）、高教园区、浙南产业集聚区核心区（温州经开区）、三垟湿地、瑞安科技城等，解决的是创新资源集聚、"卡脖子"技术突破等难题。外围辐射产业带主要以产业落地为主，通过与科创带的分工与协作，促进创新链与产业链的深度融合，所以辐射产业带主要包括产业园区、经济开发区等产业平台，譬如瓯江口产业集聚区、浙南产业集聚区（围垦区）、乐清经开区（乐清高新区）等。温州环大罗山科创走廊拥有瓯江实验室、温州大学、温州医科大学等重大科研平台，所以科创走廊瞄准生命健康、智能装备两大主导产业，主攻眼健康、基因药物、激光光电、物联网等重点领域，旨在生命健康领域有所突破，形成科技创新高地。

在总体结构上，温州环大罗山科创走廊规划布局了"一核两带多园区"，以"一核"为引领，加速"两带"互动，面向"多园"进行辐射外溢。"一核"指的是浙南科技城，"两带"指的是科创带及产业辐射带，"多园"指的是创新园区、产业园区等平台载体，最终形成"引领创新、带动产业、辐射区域"的发展格局，打通从创新链到产业链的全周期，使创新更加面向产业市场、产业发展更加依靠自主创新。基于总体布局，温州环大罗山科创走廊明确提出了具体战略目标，打造"三区一高地"，即全国民营经济科技创新示范区、世界青年科学家创新创业引领区、全球新兴科创资源集聚先导区以及全球有竞争力的眼健康科创高地。在全国民营经济科技创新示范区的定位上，温州具有民营经济先发优势，进一步促进民营经济创新发展是温州激活发展动能的潜力所在，依托科创走廊，发挥民营企业力量，推动科技创新，对于温州而言具有重要作用，即重要意义。在世界青年科学家创新创业引领区定位上，温州举办了诸如世界青年科学家峰会等国际性的平台，具有较好的世界知名程度。不仅如此，温州也是有名的侨乡，海外温州人资源广阔。以科创走廊打造为契机，不断完善城市基础设施建设，完善城市创新创业软环境，着力提高城市能级，积极吸引世界顶尖科学家尤其是青年科学家来温州发展。在全球新兴科创资源集聚先导区定位上，瞄准全球科技创新新资源，发挥好瓯江实验室、温州大学、温州医科大学等重大科研平台的吸附效应，能够建立起内聚外合的全球科创网络，跳出温州发展温州，围绕重点学科积极融入全球科技创新网络中，积极吸引全球先进技术、创新团队、创新项目等进驻科创大走廊。在全球有竞争力的眼健康科创高地定位上，发挥温州既有眼科学、眼健康等领域的基础优势，谋划高能级创新平台、创新集群，真正突破相应"卡脖子"技术，推动前沿技术取得实质性进展，为浙江省生命健康科创高地打造做出温州贡献。具体而言，温州环大罗山科创走廊也是通过一系列举措打造全球创新策源地。

在科技创新支撑体系上，引导集聚创新资源，搭建全链条科技创新平台，催生"塔尖""重器"，谋划国家级创新载体，打造创新高地。一是聚焦"一核一会一室三业三院多专业平台"（一核：浙南科技城，一会：青科会，一室：瓯江实验室，三业：生命健康产业、激光光电产业和物联网产业，三院：国科大温州研究院、浙大温州研究院、科思研究院，多专业平台：中国眼谷、基因药谷、北斗产业基地、乐清物联网传感器产业园、世界青年科学家创业园、激光产业集聚区等）等创新平台，集中力量打造重大科创载体和平台，能够真正集聚起人才、资金、项目、团队等世界级的科技创新资源，为科创走廊打造注入内生性动力和活力。二是借鉴杭州未来科技城发展的经验，并且以杭州未来科技城发展为对标对象，能够以浙南科技城为核心，发挥其引领作用，整合平台资源，打造科创高地。在此过程中，需要充分关注两个点：第一，更好地发挥民营企业、民营经济的作用，发挥市场在资源配置中的决定性作用，以此来整合温州市内甚至是周边地区科创平台资源，打造浙南科创高地；第二，积极营造良好的创新创业氛围，提高城市发展能级，能够吸引重大项目进入温州环大罗山科创走廊，以大企业、大项目、大平台来撬动板块发展，不仅如此，关注重大企业或重大平台的知识增量，不仅要将存量留住，也要将增量的孵化留在科创走廊。三是借鉴国内G60科创走廊、杭州城西科创大走廊发展经验，立足现有创新要素，能够形成2—3个科技尖峰，打造具有全球知名度的科创平台。不仅如此，进一步发挥温州都市圈的作用，不断扩展温州环大罗山科创走廊的辐射联动效应，将周边城市或区域纳入科创走廊的建设中，从而真正形成科创高地。

在优化环境上，着力从硬环境和软环境两方面入手，来提高温州城市能级,助推温州环大罗山科创走廊建设。在硬环境上,加快基础设施能级提升,尤其是交通基础设施完善,打造综合交通运输体系,形成"对外一小时、对内半小时"快速交通圈,满足科创资源要素流转速度快的特征的需要,构筑创新"强磁场"。在软环境优化上,全面推进数字化改革,以数字化改革撬动系统性变革,使得科技资源统筹、科技体制管理、科技成果转化等更为便利。在此过程中,需要在市级层面成立科创走廊领导小组,由市委主要领导亲自挂帅,进一步提高科创走廊统筹协调的力度及能力,能够在规划统一、平台布局、项目准入、创新服务等方面不断创新体制机制,不断打破现有壁垒,真正促进创新要素的自由流动、高效配置。

在园区功能上,统筹谋划,规划明确主要园区产业重点发展方向。围绕眼健康细分行业,浙南科技城加快建设中国眼谷,依托温医大眼视光医院全国领先的医教研水平和产业影响力,重点聚焦发展生物医用材料、新型高分子材料、高端医疗器材、智能健康装备、先进激光医疗等六大领域产业,打造国内首屈一指的生命健康产业发展新高地、新兴产业创新升级的引领区、产城融合发展的示范区。围绕基因药物细分行业,温州高教园区加快建设基因药谷,围绕FGF生长因子等生物医药成果的产业化,打造集研发生产、孵化办公、医学中心、人才配套为一体的生物医药产业综合体。围绕激光与光电细分行业,浙南产业集聚区整合提升现有产业基础,聚焦激光智能制造、激光表面处理专业等方向,建设贝诺激光园等重大产业项目,构筑开放式激光与光电创新网络,完善科创成果孵化、加速、投融资、产业化等产业链体系,积极打造千亿级激光与光电创新型产业集群。浙南科技城加快建设北斗产业基地和大唐5G全球创新中心中国长三角区域中心项目。正泰(乐清)物联网传感器产业园项目以物联网传感技术与应用为依托,建设物联网传感技术与应用特色小镇,把乐清市打造成全国传感器产业化示范基地、全球有影响力的电器之都。

五 布局浙中科创走廊"一廊六城"空间架构

2022年5月,浙江省发布了《浙中科创走廊发展规划》,这是继杭州城西、宁波甬江、温州环大罗山科创走廊规划之后,浙江第四个正式发布的科创走廊规划,意味着浙中科创走廊建设正式迈入新的阶段。浙中科创走廊定位"六城聚力、产业聚焦、生态聚合"的创新高地,有利于增强金义一体化拉动力,整合串联创新资源,营造更富吸引力、竞争力的开放型创新创业生态,加快浙江中部地区紧紧依靠科技创新解放和发展生产力,提升金义都市区发展水平,与杭州、宁波、温州共同形成全省四大都市区科创走廊布局,以推动全省均衡发展、实现共同富裕。

从总体空间布局而言,浙中科创走廊布局"一廊六城"。"一廊",是指贯通金义主轴北部(G60高速公路)、中部(金义东市域轨道交通、金义快速路和金义中央大道)、南部(金义东公路)等交通主干道,依托沿线各高校科研机构、创新创业平台、产业园区等资源,打造创新要素资源集聚、核心竞争力强劲的科创走廊。其中,核心区西起金华科技城,东至义乌科技城,东西向约20千米。"六城",是指以金华科技城、义乌科技城为核心引领,以师大创新城、中央创新城、金兰创新城、光电创新城为辅助支撑,构建"核心区+功能园区"的创新平台体系,突出基础创新、众创孵化、产业转化等环节的协同互补,推动形成走廊多中心、组团式布局。整个"六城"的规划总面积约179平方千米。与此同时,金华市域内构建"浦江—东阳—磐安"和"兰溪—武义—永康"两侧科创联动区,带动全市科技创新能力提升。

从目标定位而言,将浙中科创走廊打造成一个集重大科创平台、新型研发机构、高校院所、高端人才等科创资源的示范区。一是建设浙江省首个以产业应用为主、兼顾基础科研的大科学装置，将在走廊内集聚一批高水平研究团队，依托大科学装置开展研究，形成浙中科创走廊"聚能环"，提升对浙江区域的带动力；二是建设中医药领域浙中实验室，针对中医药理论传承创新、防治重大疾病、新产品研发、人工智能、生物工程技术等领域，引进一流人才团队进行建设，目标是建成全省实力最强、国内领先的集中医药基础研究、应用研究、成果转化和研究生培养为一体的创新平台，为中医药强市、强省和浙中科创走廊建设提供硬核支撑；三是建设省级现代农机装备技术创新中心，聚焦行业前沿技术需求，推动国内外一流创新资源向产业汇集，构建贯通"科学—技术—产业"的高效协同创新体系，带动全市、全省乃至全国现代农机装备整体技术水平和国际竞争力的跨越提升。

从产业平台而言，浙中科创走廊将着力打造三大产业集群，让产业集群更强更有辨识度。一是利用智能显示材料、信息技术应用创新两个省级"万亩千亿"产业平台，以此为核心，培育"芯"光电产业龙头企业，通过数字赋能商贸物流高质量发展，推动产业上下游联动，打造"芯"光电产业集群；二是抓住生命健康产业发展的机遇，利用走廊内原本的中药材种植、生物制药逐步集聚的优势，推进金华数字医共体、森山健康产业园、华润英特中医药产业中心等项目，打造生命健康产业集群；三是以现代化农机装备、新能源汽车及关键零部件、智能机器人等领域为重点，推进领跑新能源汽车（二期）、国家林草装备产业园等项目建设，打造高端装备制造产业集群。

第三节 构建"三生融合"的城市创新区

创新经济的全球化在改变全球经济格局的同时，也推动着空间格局的重大变化。城市尤其是特大城市因其对优质资源、高端人才及创新企业的吸引力，在全球创新版图中发挥出越来越重要的作用。面对激烈竞争，强化城市空间对创新活动的积极响应成为实践的重要趋势。2014 年，美国布鲁金斯学会观察到，当前无论是老工业区、大学城还是远郊科技园等都在积极重构组织及空间形态，显著强化了"城市特质"以及空间的交互、社区及文化等功能，并由此提出了城市创新区（Urban Innovation Districts）的概念。陈恒和李文硕（2017）指出，城市创新区的兴起在一定程度上体现先发地区对创新活动如何以及在哪里发生的重要反思，喻示着城市空间建设从以物质环境改造为主走向了物质、空间与人的综合性开发阶段。[①]

在创新驱动发展战略的导向下，当前中国几乎每个城市都提出了创新型城市建设的口号，其中不乏为追赶潮流，增加城市开发概念的举动，"摊大饼"式扩张现象屡禁不止。日益激烈的全球创新竞争下，面对中国中心城市创新集聚不足以及大量地处远郊的新城新区"有城无产""有城无人"现实，必须认识到统筹中心城区、新城新区发展，提高城市资源和空间利用率迫在眉睫。鉴于此，本部分从城市创新区内涵出发结合现有理论研究明确城市创新区的形成基础，通过总结杭州未来科技城实践经验，讨论城市创新区的建设路径，在此基础上就中国优化城市创新区发展进而夯实创新型城

---

① 陈恒、李文硕：《全球化时代的中心城市转型及其路径》，《中国社会科学》2017 年第 12 期。

市建设基础提出若干实践建议。

一 城市创新区的内涵及形成基础

所谓城市创新区是汇聚领先的创新锚机构（大学、科研院所、龙头企业等）、创业企业以及各类中介服务机构，推动科技、产业、文化、管理及服务等全方位创新活动产生、发展、集聚和扩散的地理区域，包含中心城区的创新街区以及郊区但具备完善城市生活功能的创新园区。国内研究尽管采用了"城市创新区""创新城区""创新街区"等不同概念，但多以 Bruce 和 Wagner 的研究为参照，因而可将相关概念统一论述。[1] 李健和屠启宇认为城市创新区是一个高端科研院所、研发机构及创业企业、孵化器及金融辅助机构等高度集聚、创新活动旺盛、各主体网络化互动特征明显的城市新经济空间。[2] 胡琳娜等认为城市创新区的本质是由大学、政府、企业等多主体之间的充分交互和知识溢出的区域创新系统。[3] 邓智团的研究略有不同，将城市创新区的范围限定在了中心城区，进一步强化了"城市特质"。[4]

有的学者认为城市创新区扮演着区域科技创新的重要策源地、新兴特色产业的集聚高地、新型城市建设的引领示范载体以及创新创业文化的核心空间载体等四大功能。与以往空间上隔离的中心城区创新园或依靠汽车通勤、综合服务功能薄弱的远郊科技园不同，城市创新区更加强化现代创新经济所需要的多要素相互影响、相互

---

[1] Bruce, J. Katz and Wagner, Julie, "The Rise of Urban Innovation Districts", *Harvard Business Review*, November 12, 2014.
[2] 李健、屠启宇：《创新时代的新经济空间：美国大都市区创新城区的崛起》，《城市发展研究》2015 年第 10 期。
[3] 胡琳娜、张所地、陈劲：《锚定＋创新街区的创新集聚模式研究》，《科学学研究》2016 年第 12 期。
[4] 邓智团：《创新街区研究：概念内涵、内生动力与建设路径》，《城市发展研究》2017 年第 8 期。

支撑的内涵,从传统的空间相对隔离、自我发展的阶段转向具有城市综合功能与开放性的"城区"阶段,突出社会整体改造概念,涉及经济产业、社会功能、文化功能等,具有物理空间紧凑、公共交通、网络通达、居住、办公与商业等功能混合布局等特点。对于城市创新区的边界,李健指出主要取决于创新基础设施布局与创新功能的空间扩散范围,由于城市创新区在管理和功能方面有更多扩展,往往覆盖面会更大。[1]

城市创新区的形成意味着推进特定区域内各类创新空间的产生和发展、进而引导城市的各方面资源有意识地向该区域倾斜。城市创新区从构成上主要包含三类要素:一是经济要素,是指驱动、培育和支持创新环境的各类主体,如企业、高校、研发机构、创业者、中介机构等。二是物理要素,包括公共及私人领域的建筑、空地、街道、设备以及与其他空间相连接的通道。在知识交互特别是默会知识的扩散过程中,地理距离有着较大影响,[2] 研究发现在创新小空间尺度上更具地理传导价值,随着距离的增加而快速消散。因而在物理空间上,城市创新区除了更具包容性、通达性,还注重高密度交互空间营造,建立丰富的合作开放空间和场地。三是网络要素,指城市创新区内经济主体内部以及与外部关键创新源之间的协作关系。网络要素是城市创新区的核心资产,本质上城市创新区是大学、政府、企业、用户等主体之间充分协同交互的创新生态系统,如果要素之间关联及相互作用不够,城市创新区的效率就会受到较大影响(如图6.1)。

对于城市创新区建设,根据不同地区的资源基础,形成了锚机构衍生、植入更新以及功能拓展三种模式:锚机构衍生模式主要是

---

[1] 李健:《创新驱动空间重塑:创新城区的组织联系、运行规律与功能体系》,《南京社会科学》2016年第7期。

[2] 转引自李健《创新时代的新经济空间——从全球创新地理到地方创新城区》,上海社会科学院出版社2016年版,第67页。

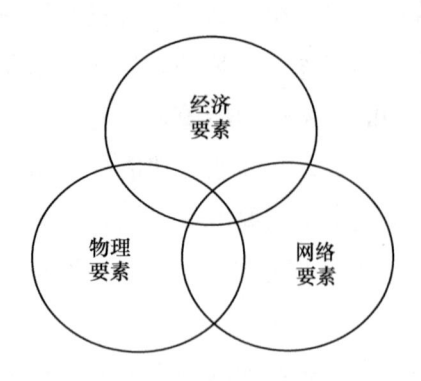

图 6.1　城市创新区三大构成要素

资料来源：笔者绘制。

强化既有的高校、科研院所以及龙头企业对周边地区的辐射与带动作用；植入更新模式是在一些中心城区通过基础设施、公共服务和生活环境等的改造升级，集聚创新人才和创业企业；功能拓展模式主要是针对远郊科技园区，通过强化生态生活功能，增强园区的城市特质。尽管每个模式中要解决的问题有所不同，但其建设面临着共同难点：一是培植经济、物理及网络三大要素；二是推动三大要素的内在协同及演进。当前创新要素的知识属性越发增强，多学科、多技术领域的深度融合越来越明显，用户参与式创新不断增强。对于绝大多数产业园区和高技术园区，随着外部经济、技术局势变化，容易出现"创新孤岛"，需要新的空间承载研究、开发、应用等多领域创新主体，实现主体间广泛思想交流与碰撞，以形成自维生、自发展鲁棒性，保持创新系统不断演化。

二　城市创新区构建需以人才为核心

城市创新区的发展突出了产城人融合，以产业为基础、以城市为前提、以人为核心，实现产业、城市、人三者之间的良性互动、融合发展，对于区域经济转型升级具有重要作用，有利于促进新型城镇化的进程。从社会福利最大化而言,"先城后产"路径比"先产后城"的路径更加有利于居民福祉的提升。产城人融合进程中,需要破解资源错配、基础设施落后等问题,必须依托好新型城镇化、产业升级等优势,进一步完善制度设计。不仅如此,产城人融合发展需要金融支撑,加快金融改革推动新型城镇化建设具有重要作用。产城人融合发展是科技新城建设的必然路径,需要在管理、财政、投资、用地和人口等领域做好体制机制的保障工作。产城人融合本质上是产、城、人三者之间的融合,产业与城市的互融共生是以人为连接点。但科技新城建设中,产城人融合更确切的应当是产城人文融合,所以产城人融合需要与生态文明相结合,践行绿色发展理念。打造一流人居环境和一流创新创业生态环境,以人才驱动推动科技新城产城人融合,以此构建城市创新区,使其成为全球创新网络的重要节点和国际创新创业资源集聚地,推动区域经济的高质量发展。

城市创新区以高技术产业为基础,高端人才是高技术产业发展的核心,所以高端人才要素是科技新城发展的关键节点。由此可知,不同于传统产城人融合以产业为主导,城市创新区的产城人融合将以人才为驱动力。增长极理论、田园城市理论、新城市主义等经典城市发展理论指出了产城人深度融合中产业、城市、人之间的互动关系,其最为直接的就是产业园区,一方面产业园区的发展有效配置了城市资源,积累了财富、吸引了人才,为城市发展提供了物质基础;另一方面,产业园区的发展吸引大量人力要素进驻,拓宽了城市的空间,延伸了城市的边界。同时,城市发展为产业发展提供了前提,城市发展能够吸引高端人才、风投资本等要素入驻,为产业发展提供充足的要素保障。而且城市发展也会促进生产性服务业,由此更好地推动产城人融合。在此过程中,人作为产城人融合中的核心,是产业和城市发展的纽带。人能够为产业发展提供充足的劳动要素，其需求也牵引着城市的发展方向。

　　传统理论为城市创新区产城人融合提供了方向，但传统的产城人融合以产业为主导来牵引产、城、人的融合，而未来科技城等城市创新区则是以人才为主体，产城人融合的机制应当更加侧重于人才驱动机制，即以人才为核心来牵引产、城、文等维度的深度融合。具体而言，高端人才进驻带来了大平台、大项目、大企业，决定了产业发展方向，同时也形成了科技新城的创新创业文化氛围。在此过程中，高端人才集聚对城市发展提出了新的需求，引导城市发展的空间规划，而政府将出台扶持政策吸引人才回归，并提供优质的基础配套设施留住人才（如图6.2）。

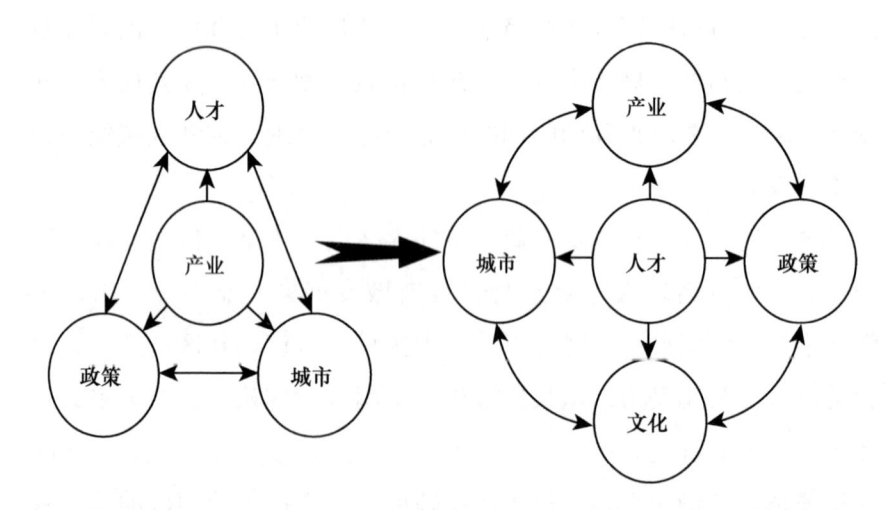

图6.2　传统产城人融合路径及科技新城产城人融合路径示意图
资料来源：笔者绘制。

　　第一，高端人才要素改变产业生产函数。高端人才是高质量产业网络和创新网络的核心，能够有效改进技术跃迁的轨道，以此改变产业生产函数，提高产业发展效率。所以高端人才是城市创新区产城人融合的核心要素，驱动着产业高质量发展的方向。一方面，人才作为智力要素，将有效改造和提升产业结构，促进产业升级，带动产城人融合的国际化进程和高端化进程；另一方面，国际一流人才引进带来国际一流学科、国际一流团队和国际一流产业的转移，推动城市创新区现代化产业体系建立，由此推进城市创新区产业结构转型升级。同时，产业转型发展将驱动城市发展，为城市发展奠定基础。产业发展为城市发展提供了物质基础，充分利用了城市的各种资源，为城市发展提供了物质基础；产业发展也会拓宽城市的边界，吸引大量劳动力进驻，要求地方政府能在产业园区周边完善基础配套设施，包括商业配套等，从而拓宽了城市的空间，延伸了城市边界。

第二，人才需求形成国际创新网络中的城市比较优势。纵观东京、纽约、旧金山等国际一流都市发展历程，高端人才集聚是这些城市快速发展的核心动因，而高端人才的进驻也促使这些城市提供与之相适应的公共服务、城市生态、文化内涵等，进而在全球创新网络中形成城市的比较优势。人才进驻科技新城不仅驱动产业发展，而且人的需求也牵引着城市的发展方向。产业发展需要人才，人才为产业发展提供要素，但最终人所生存的空间在于城市，而人的需求也是城市发展的方向。譬如产业发展需要劳动力集聚，这就要求城市能够提供完善的基础设施，包括交通、教育、医疗等公共服务及酒店、餐饮等商业配套。同时，产业高级化需要引进高端人才，而高端人才的医疗保障、子女教育问题等都需要城市发展来进行解决，从而推动了城市基础设施建设，促进城市发展。不仅如此，高端人才往往属于海归人才，其需求不仅停留在完善的医疗教育等服务，更需要与国际接轨的高水平医疗教育，这对于科技新城发展提出了更高的要求，决定了科技新城打造国际化社区的必然性。

第三，人才集聚形成创新创业文化氛围。高层次人才的集聚不仅带来了产业升级、城市发展，也将形成特有的文化氛围，而这种文化氛围将深刻影响着科技新城产城人深层次融合。譬如美国硅谷、日本筑波等科技新城吸引高层次人才，形成了创新创业的微生态创新文化氛围，包括国际文化与本土文化的相融合。通过"创业链、金融链、服务链、文化链"四链融合将其链接。创业链属于产业发展范畴，提供了产业支撑；服务链属于城市发展范畴，为企业人才集聚等提供了基础保障；金融链、文化链属于人的范畴，为创业链等企业提供了资金支持及外文化交流、文化涵养等商业设施、居住设施、文化设施，满足企业和人才发展的金融条件。

第四，配套服务政策保障人才集聚。对标国际创新型城市，科技新城是高端人才、国际化、先进文化的集合体，其制度创新也应当是最活跃的，是改革的先行区。高层次人才集聚很大程度上依赖于政府的政策扶持，尤其是科技新城在发展初期，各项配套设施并不完善，这就需要政府能够发挥作用。一方面，政府需要出台强有力的政策措施，包括财政政策、金融政策等，以此吸引高层次人才的进驻，并通过人才来引进项目和平台，带动科技新城的快速兴起与发展；另一方面，政府需要加强商业、医疗、教育等基础配套设施建设，提高公共服务的供给能力，以此满足人才集聚的需求，为科技新城发展奠定基础性保障。由此可见，城市创新区的产城人融合更加侧重于人才驱动，以人才为主导来整合科技新城的各个主体，实现融合发展。

三 城市创新区建设的杭州实践

杭州未来科技城是第三批国家级海外高层次人才创新创业基地，2011年被中组部、国务院国资委列为全国四大未来科技城之一，是浙江省、杭州市和余杭区三级重点打造的高端人才集聚区、体制改革试验区和自主创新示范区，集聚了阿里巴巴、中国移动研究院、贝达安进研究院、中电海康研究院等一批知名企业和研究机构。经过十多年的发展，未来科技城人才项目加速集聚、创新活力不断迸发、经济实力持续增长，目前注册企业达3.4万余家，2021年新增海内外高层次人才约占全杭州的1/3、全省的1/10。在此过程中，2016年，浙江提出建设包括杭州未来科技城、青山湖科技城、浙大科技城在内的杭州城西科创大走廊，规划总面积224平方千米，其中杭州未来科技城的战略定位是"一流的国际化创新创业社区、浙江转型发展的引领区与高端人才特区、杭州城西副中心和城西科创大走廊核心区、示范区、引领区"，城市创新区特征日益凸显。

1. 杭州未来科技城建设的阶段演进

自2011年以来，杭州未来科技城的发展共经历了要素导入期、网络建构期和网络拓展期3个阶段，城市创新区特征日益显著。在每个阶段经济要素、网络要素以及物理要素的发展各有侧重，推动着未来科技城逐步建设成杭州乃至全省重要创新增长极（如表6.5）。

表6.5　　杭州未来科技城建设阶段演进及代表性要素

	经济要素	物理要素	网络要素
要素导入期	海归人才	海创园	海归人才创业网络、本地资本服务网络
网络建构期	阿里巴巴、创业"新四军"、金融机构、孵化平台	梦想小镇、专业科创园区	信息产业衍生网络、创业孵化、金融服务网络
网络拓展期	之江实验室、阿里达摩院等研发平台	人工智能小镇等特色小镇群、城市交通建设、国际社区建设	生物医药、人工智能等新兴产业人才网络、产学研协作网络
演进趋势	单一──→多元	属性功能──→交互功能	简单──→复杂

资料来源：笔者整理。

一是要素导入期（2011—2013年）。在该阶段杭州未来科技城建设以海归人才引入为重点。2011—2012年，累计引进海外高层次人才288名，其中国家"千人计划"16名，省"千人计划"14名。同时发挥浙江民间资本充沛的优势，推动本地资本和海外人才合作，破解海外人才创业的资金瓶颈。在该阶段网络要素是相对比较单薄的。在发展思路上，杭州未来科技城开始从原有建园向建城转变，系统开展城市总体规划、产业功能分区规划、建筑风貌设计导则等各层次规划编制。

二是网络建构期（2014—2016年）。2013年8月阿里巴巴西溪园区正式投入使用，2014年，阿里巴巴在美上市，这对于未来科技城产业结构优化和集群发展形成了重要影响。杭州未来科技城进入龙头企业驱动发展新阶段，围绕信息经济衍生出了诸多创业企业。2012—2014年杭州未来科技城集聚电子企业数均稳定在200余家，2015年增至869家，增加了3.3倍左右。在该阶段，杭州未来科技城启动建设以梦想小镇为代表的一批特色小镇，这成为未来科技城城市功能强化的重要突破口。通过积极引进各类孵化器、金融机构以及以"阿里系、浙大系、海归系、浙商系"为代表的创新创业"新四军"，未来科技城促进了人才链、资本链、产业链的有机融合，形成了信息产业衍生网络、创业孵化网络、金融服务网络等[①]。

三是网络拓展期（2017年至今）。2017年杭州未来科技城信息产业的企业数达到2679家，收入达2952.74亿元，分别是2012年的12.6倍和20倍，信息产业的辐射面逐步加大，未来科技城以孵化企业输出及"飞地"建设等方式与周边工业园区、县（区）形

[①] 以杭州未来科技城首个特色小镇——梦想小镇为例，于2014年9月启动建设，截至2016年3月份，累计引进孵化平台15家、金融机构211家、管理资本422亿元，落户创业项目590余个，集聚创业人才近5400名。其中有56个项目获得百万元以上融资，总额达15.37亿元。

成了产业协作网络。除了信息产业，生物医疗、人工智能等新兴产业的人才流入量不断加大，形成了新的增长点。2017年，杭州未来科技城启动建设之江实验室、阿里达摩院、人工智能小镇等科技创新平台，其中之江实验室由浙江省政府、浙江大学、阿里巴巴集团共同建立，聚焦人工智能和网络信息两大领域，以创建国家实验室为发展目标。在该阶段，杭州未来科技城通过推进CBD城市综合体、生活休闲街区等商业和文体项目建设，统筹铁路、公路、水路、航空、城市交通建设以及推动医疗、教育供给和社区建设国际化对城市环境进行系统性提升，城市功能加速优化。

2. 杭州城市创新区的建设路径

从杭州未来科技城发展来看，杭州主要通过多元空间功能拓展、复合空间形态建构、"全球—本地"网络叠加以及多主体协同共治等方式推动形成了大学园区、科技园区、公共社区以及城市街区融合发展的城市创新区（如图6.3）。

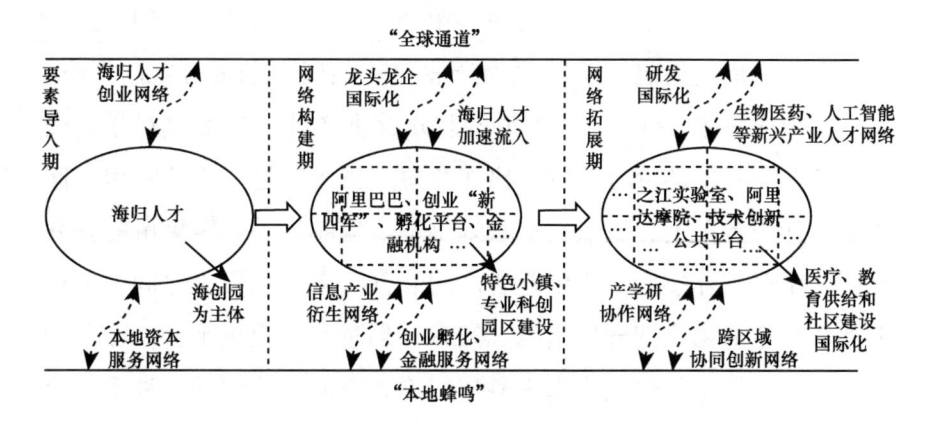

图6.3 杭州未来科技城"全球—本地"双重网络叠加

资料来源：笔者绘制。

第一，多元空间功能拓展。城市创新区内不是单一的生产、技术或服务要素集聚，而是融合汇聚，创新要素多样性更为突出。未来科技城最初的定位是海归人才集聚高地，在建设过程中，未来科技城沿着产业链、创新链进一步集聚龙头企业、资本、中介机构、科研平台等各类要素。在原有人才集聚功能的基础上衍生出了科技研发、创业服务以及产业化等功能，构建形成基础研究、应用研究及产业化有机融合的创新体系。城市特征是城市创新区的重要标识，为了增强城市功能，未来科技城充分重视创新在工作、生活和交流过程中的融会贯通和相互激发。围绕着人才需求，未来科技城又衍生出生活、生态、文旅、社交、休闲等功能，形成了生活、生产、生态"三生融合"的新型城市创新空间。

第二，复合空间形态建构。至2017年9月，未来科技城累计打造各类科创园区22个，不同科技园区有着差异化定位，比如海创园以服务海归人才创业项目为主导，梦想小镇以服务大学生创业为主导，阿里巴巴西溪园区以服务阿里巴巴及其衍生企业为主导，等等。各个平台在创新驱动上形成优势互补和错位发展，建构形成了"以众创空间为载体，以特色小镇为孵化核心，各类科创园区为加速空间，周边街道工业区块为产业化功能区"的复合空间形态。此外，未来科技城在建设过程中十分看重产业、生活、娱乐、交流、商业等功能的混合开发，比如梦想小镇中有近1/3的物理空间用于生活服务配套，重点打造众筹书吧、咖啡店、创客集市等公共空间，串联工作空间，为创业者之间、创业者和投资人之间、创业者和传统企业家之间开展信息、知识、创意交流提供平台。除了物理形态，虚拟空间也成为未来科技城创新空间建构中的一种重要形式，比如梦想小镇通过整合政府、企业、市场、投资机构等各方面资源在网络上建立了创业集市，为园区内所有创业企业提供商业、物业、政务以及提供云主机、云储存、云协同等基础设施的线上服务。

第三，"全球—本地"网络叠加。顺应创新系统生态化以及创新全球化趋势，城市创新区需要在本地网络及全球网络中建立双重链接，既要融入本地网络，以新要素、新业态带动形成更为密集的"本地蜂鸣"（local buzz），又要嵌入全球创新网络，寻求更高水平的开放，建立高质量的"全球通道"（global pipeline）。在杭州未来科技城建设初期，基于招商引才所形成的全球通道发挥了资源导入的重要作用。在网络构建期，本地龙头企业成长所形成的创业生态以及由海归人才组成的跨国创新网络形成了叠加，在此基础上未来科技城又创新性地提供了特色小镇等空间载体，为本地知识流动及创业创新环境改善提供了重要基础。在网络拓展期，浙江大学等本地高校以及阿里巴巴等企业之间的产学研协作不断深化、城市创新区和周边地区创新网络加速形成，对全球高端要素流入提供了有力支撑，高端要素引进、本地蜂鸣、创新环境和本地创新交相互动的叠加作用进一步凸显。

第四，多主体协同共治。杭州未来科技城在建设过程中，改变了以往政府主导模式，引入了多中心治理理念，其中经济要素优化充分发挥了龙头企业的产业引领作用，杭州未来科技城在2013年之后无论经济要素还是网络要素都趋于丰富，一个重要原因在于阿里巴巴上市后所形成的平台效益、外溢效益为创业者、投资者提供了良好产业空间。网络要素的优化则充分发挥了专业机构的桥接作用，借由孵化器、金融机构、人才协会等机构来协调、带动其他经济主体构建资源共享、相互依存的创新环境。"物质空间"与"规划政策"要素是城市管理者在城市尺度上提供的，城市创新区建设需要对已有基础设施及配套服务进行重大调整，并建立起与已有城市创新体系的交通和功能联系，这些都需要政府部门发挥积极作用。正如美国布鲁金斯学会的《城市竞争力的新一轮发展：市长推动创新区发展的作用》中所指出的，政府是重要催化者，需要通过强化"公共空间"规划推动城市创新区建设。

3. 杭州的实践突出了以人为核心

杭州未来科技城不断集聚人才、资金等高端创新资源,在杭州城西科创大走廊建设的时代背景下,着力打造浙江转型发展的引领区、经济高质量发展的样板、创新驱动的发动机以及杭州现代化副中心,未来科技城产城人深入融合的实现路径以人才驱动为主导,改进了传统理论所指出的以产业为主导的路径。未来科技城围绕打造科技新城的目标定位,注重"三生融合"理念①及"四宜兼具"要求②,推进产城人深度融合,建设人才理想中的创业乐园和精神家园,打造田园城市的升级版,实现城市的可持续发展(如图6.4)。

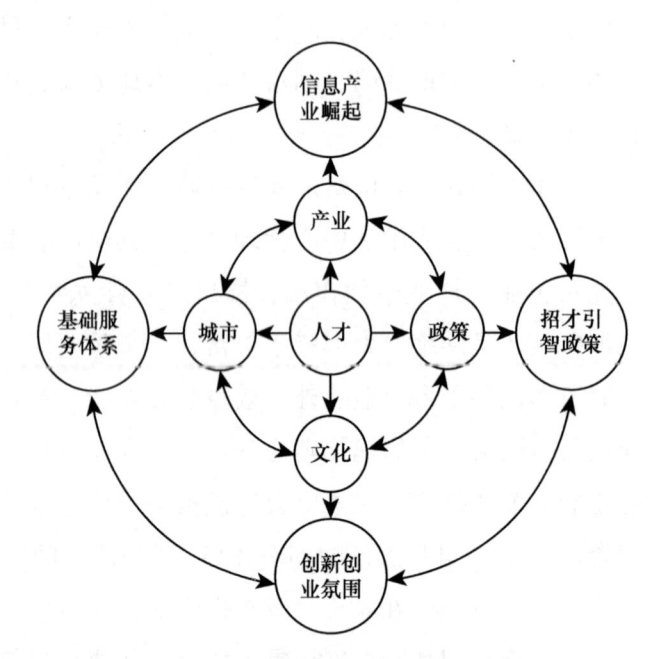

图 6.4 未来科技城产城人融合示意图

资料来源:笔者绘制。

---

① "三生融合"理念:先生态、再生活、后生产。
② "四宜兼具"要求:宜居、宜业、宜文、宜游。

第一，搭建海归高层次人才创新创业平台。浙江海外高层次人才创新园（海创园）是浙江省为贯彻国家人才战略、落实海外高层次人才引进"千人计划"、加快经济转型升级而创建的高端平台。园区定位为按全新机制运行的人才改革发展试验区，集聚海内外高层次人才的创新创业高地以及辐射长三角的西溪智力硅谷。海创园注重发挥人才特区政策、服务、机制优势，不断增强对人才的吸引力。至2017年底，未来科技城已累计引进海外高层次人才2720名，属于"国千"和"省千"层次的人才数量达289名，占海归人才总数的比例达10.6%，其中"国千"120名，"省千"169名。拥有两院院士10名，海外院士5名。梦想小镇和阿里巴巴西溪园区集聚各类高层次人才分别达到4000余名和17000余名，科技城累计新增创新创业人员超过10万人，海外高层次人才落户海归创业项目570余个。尤其是2012年至2017年，未来科技城对海归人才保持较强的吸引力，每年吸引的海归人才、"国千"人才、"省千"人才都保持较为平稳的状态。不仅如此，未来科技城研究制定了引才奖励、人才房租售、人才创业项目补助等人才引进政策，包括《未来科技城（海创园）引进人才创业资助奖励管理办法（试行）》《浙江海外高层次人才创新园人才评审管理办法（试行）》等，建立人才引进的保障机制，来促进未来科技城的产城人融合。在此基础上，未来科技城搭建了"1+7"重大科技创新平台，包括之江实验室等，与国际高端机构建立长期合作，广泛接触高精尖人才，引进重量级行业权威专家，提高科技城入驻人才的总体质量深入高校，譬如与北大工学院、清华珠三角研究院、浙大校友会等组织，建立与海外高层次人才的多渠道联系。

第二，人才驱动信息产业高速发展。高端人才集聚带来了创新型企业和高级化产业，形成企业集群和产业集聚。未来科技城依托阿里巴巴、中国移动研究院、中国电信创新园、中电海康总部基地、量子通信等重点企业不断完善新一代信息技术产业链，产业整体规模实现快速上升，物联网、云计算、大数据等新业态不断衍生。目前信息经济已经成为未来科技城第一大产业。以阿里巴巴为代表的信息经济企业发展态势良好，在全国信息经济中处于领军地位，除在纽交所上市的阿里巴巴和在创业板上市的正元智慧，13家信息经济企业在新三板挂牌，5家企业在区域股权交易市场挂牌。信息经济企业不仅贡献了未来科技城最大的产值和税收，同时也是未来科技城最知名的企业群体，引领着国内信息经济的发展方向。互联网思维正在渗透传统产业、改造传统企业，新产品、新业态、新模式层出不穷，为区域经济发展注入了全新动力，为信息经济持续健康发展提供了源源不断的新动能和新引擎。此外，未来科技城最具潜力的企业也多集中在信息经济领域。

第三，人才需求促使基础配套设施完善。随着未来科技城快速发展，未来科技城的人口流入也持续增加。近五年来，未来科技城重点开发区域的常住人口总量年均增长率达到了22.60%，人口集聚效应十分明显。在人口结构中，初中及以下受教育程度的人数占比53.74%，高中或中专的人数占比6.24%，大专及本科的人数占比11.1%，研究生及以上的人数占比5.74%，远远高于中国研究生占总人口的比例0.5%，说明人才结构呈现出不同层次的梯队。根据不同人口的多元化需求，未来科技城不断完善基础配套设施建设，也呈现了差异化的特征。创新创业人才主要集聚于以梦想小镇为核心的太炎社区，所以这片区域主要依托老街，以仓前老街为基础，打造"双创配套+仓兴街"的模式，包含餐饮、书店、健身等。同时，依托产业楼宇，沿着海创街、龙潭路等人口密集区完善商业配套设施，同时淘宝南侧以赛银等项目为主体配建商业。未来科技城很大一部分人口居住于永福村，所以依托房产配套，以大华西溪风情沿文一西路配套超市、餐饮等。而原有居民集聚主要依托农居，譬如仓溢绿苑等，主要以农居配套为主，包括餐饮、住宿、临时农贸市场等。为了提高整体城市发展水平，未来科技城不断引进建设高水平商业配套设施，大力度建设商业综合体 8 处，社区级生活配套设施 7 处（如表 6.6）。

表 6.6　　　　　　　　未来科技城商业项目一览

序号	项目名称	商业规模	商业面积（万平方米^2）
1	海港城综合体	商业综合体	12.7
2	淘宝三期	商业综合体	5.4
3	奥克斯	CBD 商业综合体	9.9
4	宝力君汇中央项目	CBD 商业综合体	5.3
5	沙田城市度假酒店	CBD 商业综合体	4.9
6	万通地块公建区	CBD 商业综合体	2.3
7	欧美金融城	CBD 商业综合体	9.9
8	未来科技城地下空间	CBD 商业综合体	0.3
9	永乐影视中心	社区级配套	3.8
10	邻里中心	社区级配套	0.4
11	北大资源商业	社区级配套	1.5
12	葛巷村	社区级配套	0.9
13	灵源村农贸市场济华贸易	社区级配套	1.8
14	周家村村级留用地	社区级配套	0.8
15	恒发商务中心	社区及配套	2.2

资料来源：杭州未来科技城管委会提供。

第四，人才集聚打造城市创新创业微生态。以平台建设为载体打造科技城城市发展的"极核"。2017 年，杭州科技城拥有浙江海外高层次人才创新园、科创中心（健康谷）、润业科技园等 16 家科创园区，其中注册企业 3854 家，营业收入高达 412.46 亿元。在杭州未来科技城建设中，海创园、梦想小镇、阿里巴巴西溪园区等科创平台与产业平台是特色产业聚焦、人才集聚、专业服务集聚、企业集聚、人口集聚、公共服务集聚的城市空间,也是科技城城市发展的"极核"与增长极,因此高水平科创平台、产业平台以及周边城市交通体系、公共服务建设、生态系统构建是科技城建设的重要"逻辑"。特色小镇等平台建设有效解决了发展过程中的不平衡问题。在城市平台建设中,特色小镇开创了城市创新区建设"小而美"的新时代,解决了城市创新区建设的诸多发展不平衡问题。特色小镇建设以生态基底保护与改造、文化基因继承与创新、传统文化继承与国际文化融合创新等新城市发展理念城市解决了保护和发展的冲突、过去和现在的冲突、老建筑与新建筑的冲突、原居民和未来创业者的冲突、原有产业和互联网产业的冲突,通过小镇建设的"织补"法在冲突间达成平衡,同时让冲突的张力成为创业创新的动力。

四 持续优化城市创新区建设路径

基于城市创新区发展的新理念,地方政府试图寻找出塑造创新经济、营造创新空间和组建创新网络的发展新模式,提升在全球创新竞争中的整体能级。全球化创新经济下低成本导向的产业转移变得十分频繁,自然资源和基础设施在维持地方竞争力方面作用削减。对于一个区域而言,持续竞争力来自远距离不能模仿的不断增长的地方知识以及具有强烈区域象征的创新文化。城市创新区作为一种新地理空间,是区域适应全球创新经济竞争的实践成果,是城市创新空间网络实现的重要抓手,背后体现了创新型城市建设思路的重要转变,从规模扩张走向存量优化,从离散发展走向综合统筹,从政府主导走向多方协同,等等。在此进程中,城市创新区以高端人才为主导,改进了新增长极理论、田园城市理论、新城市主义等传统理论所描述的以产业为主导的产城人融合路径。高端人才进驻带来了大平台、大项目、大企业,决定了产业发展方向,同时也形成了城市创新区的创新创业文化氛围。在此过程中，高端人才集聚对城市发展提出了新的需求，引导城市发展的空间规划，而政府将出台扶持政策吸引人才回归，并提供优质的基础配套设施留住人才。持续优化城市创新区仍旧需要把握以下四个方面的内容。

第一，深入识别创新基础。城市创新区建设涉及产业、交通、城市建设以及各种配套，因而要将其纳入区域创新的整体战略，统筹各方面力量，分析经济、物理以及网络各子系统现有基础及存在的问题，帮助各级各类经济技术开发区、科技园区、产业园区等找到适合的功能定位。只有充分论证，才能实现与周边功能板块的协调，避免孤立的发展，利于人才、资本、土地指标、交通等各类资源要素的有效利用，否则会因盲目追求速度导致资源浪费。

第二，探索形成区域特色。特定的生态区位是城市创新区在全球创新竞争中提升话语权的重要基础。一方面更加注重地区社会文化肌理的延续，紧密结合区域创新发展需求、社会基础以及人文氛围确定自身特色；另一方面要以更为开放的姿态积极融入并主动布局全球创新网络，探索科技开放合作新模式、新路径、新体制，通过深度参与全球创新治理，最大限度用好全球创新资源，力争在若干功能及产业领域确立起全球网络关键性节点的战略地位，力争成为若干重要领域的引领者和重要规则的贡献者。

第三，培植高端人才网络。城市创新区发展更为清楚地关注全球人才流动及其背后的关联，一方面要以人才需求为出发点优化区域内城市功能，避免传统科技园区、产业园区因远离城区、生活配套服务不足难以留住人才的发展困境；另一方面要深入培植高端人才网络，以才引才、以才聚才。以高端人才网络资产为重要内核的城市创新区将在完善区域创新服务和产业培育体系，促进科技、人才、政策等要素的有序流动,实现科技研发与产业发展无缝对接等等方面发挥积极作用。

第四,推进产城人深度融合。保持产城人融合优势,解决好区域内重大基础设施不尽完善,医疗、文体等大型优质公共服务设施缺失等问题。做好产业用地规划,对现有工业园区内企业进行重新规划设计,明确实施方案,建设用于承接未来科技城产业化项目。同时,需要以人才为核心。加大人才吸引力度,创新人才吸引模式。不仅以政策扶持、资金支持等直接举措吸引高端人才回归,而且也可以人才基金等间接形式让高端人才加盟,激活人才创新市场的活力。在此基础上,建成现代化国际新城,明确把建立与国际一流科技城市的"无缝连接"作为首要目标,加快国际化创新创业社区创建。加快支撑优势主导产业的国际化科技创新创业资源、体系与机制的系统化引进,逐渐形成国际化的高端产业、研究机构、创新创业活动和政策支撑互动的空间布局和良好环境。

第四节　融入城市群的分工网络体系

长三角地区是中国经济活力最强、开放程度最高、创新能力最好的区域之一,2018 年 11 月,习近平总书记在首届中国国际进口博览会上宣布"支持长江三角洲区域一体化发展并上升为国家战略"。目前,国际竞争日趋激烈,不断从产业竞争转向城市群竞争。纵观世界经济发展脉络,城市群是经济发展的核心增长极。随着中国经济快速发展,长三角、珠三角等区域已经成为全球竞争的高地。浙江是改革开放的先发地、市场经济的先行者,是"一带一路"与长江经济带的重要交汇点。改革开放四十余年来,浙江形成了民营经济、块状经济等诸多优势,是推动长三角高质量一体化的重要力量。早在 2003 年,习近平在浙江工作期间,便已提出"八八战略","进一步发挥浙江的区位优势,主动接轨上海、积极参与长江三角洲地区交流与合作,不断提高对内对外开放水平"。近二十年来,浙江坚持全域融入长三角分工网络体系,坚持重点突破,坚持合力推进,坚持战略协同,充分发挥绿水青山、数字经济、海洋经济、民营经济等特色优势,把大湾区、大花园、大通道、大都市区建设等重大决策部署融入长三角一体化发展国家战略,统筹推进、同步实施,共同推动长三角更高质量一体化发展。

一 浙江助推长三角高质量一体化优势显著

改革开放四十余年来,浙江经济快速发展,以中小企业为主的民营企业异军突起,成为推动浙江经济发展的"主力军"。进入21世纪,浙江经济也遇到了"成长的烦恼",产业竞争力不强、环境污染严重、资源能源制约等问题日益突出,转型升级迫在眉睫。在此背景下,浙江主动探索高质量发展新路径,不断从要素驱动、投资驱动转向创新驱动、效率驱动,从传统块状经济转向现代产业集群,形成了浙江经济发展的核心竞争力,也构筑了浙江推动长三角高质量一体化的优势。

一是市场优势:民营企业壮大崛起提升市场活力。浙江民营经济优势持续提升,不断优化的营商环境为民营经济注入了新的活力。2021年,民营经济为浙江省经济贡献了67%的GDP、73.4%的税收、87.5%的就业、81.6%的出口和96.7%的企业总量;有6家企业入围世界500强,96家企业入围中国民营企业500强,连续23年蝉联全国首位。不仅如此,民营企业也是科技创新的主力军,2021年规模以上工业企业中,有研发费用支出的民营企业数量达到3.4万家,占规模以上工业中有研发费用支出企业数量的89.8%,接近90%。浙江民营经济发展的一个重要经验是市场参与者始终活跃。浙江经济的高质量发展,关键支撑仍然在于一个充满活力和竞争力的市场体系，重点在于大型企业和中小型企业的融通发展，既有支持大企业可持续发展的大平台，也有大量适合中小企业健康发展的小微平台。

二是产业结构：数字经济牵引产业结构优化。数字经济引领浙江经济转型、产业结构优化的步伐加快。以杭州阿里巴巴为龙头企业，以乌镇互联网大会为推介平台，以"互联网+""云概念"为关键词，浙江聚集了一系列互联网创业创新公司。2021年，浙江规模以上工业实现增加值20248亿元，比2020年增长12.9%，增速高于全国平均水平和江苏、广东、山东等省。规模以上工业企业营业收入和利润总额分别为97967.6亿元和6788.7亿元，分别居全国第4位和第3位，营业收入利润率达6.9%，高于广东、江苏、山东和全国平均水平。装备制造业、高技术制造业、战略性新兴产业、人工智能和高新技术产业增加值分别增长17.6%、17.1%、17.0%、16.8%和14.0%，分别拉动规模以上工业增加值增长7.5个百分点、2.7个百分点、5.5个百分点、0.7个百分点和8.7个百分点。高新技术产业、装备制造业和战略性新兴产业增加值占规模以上工业增加值比重62.6%、44.8%和33.3%。

三是规模优势：城镇化不断提升实现区域平衡发展。浙江省相对于其他省份来看发展比较平衡，城镇化水平比较高，城乡间的差距比较小。浙江省的县域经济、乡镇经济发展水平高，2021年末，浙江常住人口为6540万人，与2020年末相比，增加72万人，人口增量位列全国第一。常住人口城镇化率和户籍人口城镇化率分别达到72.7%和54.9%，始终保持在全国第一方阵。2021年，农村居民人均可支配收入35247元，连续37年位居全国省区第一。城乡居民人均消费支出比从2020年的1.68降为1.66，城乡居民收入倍差降为1.94，较2020年下降0.02，连续9年保持缩小态势。城镇化是一个生产要素在区域空间逐渐合理的过程。城镇化有效地吸引了各生产要素向城镇靠拢，促进了产业结构调整和资源优化配置，成为解决就业，实现市场扩张，促进新型工业化的重要举措。

但不可否认的是，浙江在推进长三角一体化过程中仍旧存在诸多问题，从调研来看，营商环境优化等方面仍旧需要破解以下四个方面难题。

第一，招商引资呈现"政府热、企业冷"。各自为战，招商效率不高。据不完全统计，当前浙江各级政府在上海的招商队伍达到2500人以上，比如湖州德清驻上海招商队伍将近100人。这些招商队伍购置或租用办公楼，各自为战、无序竞争，极大地浪费了地方财政资源，但招商效果差强人意。与此同时，受经济下行压力仍旧较大、部分政策尚未真正落地、某些领域存在投资壁垒等因素影响，企业招商引资的参与度不高。招商政策的实质性内容不多。从浙北到浙南，对长三角一体化的热度层层递减。有地方虽然要抢抓长三角一体化的重大机遇，但是前期的规划尚未做深做透，"等靠要"依旧存在，主动谋划和对接不多，政策实质性内容不够，真正落地的就更少。

第二，市场标准不统一。市场标准统一是长三角高质量一体化的重要基础，也是企业最为看重的着力点，但从调研情况来看，浙江与上海、江苏等地的市场标准仍然没有达到完全统一。准入标准不统一，上海、江苏、浙江、安徽都有各自的标准，即使在一个地方的不同地区也存在准入标准不同的问题。譬如，有房地产企业反映，在报批报建等办事过程中，即使是同个地级市的不同区域，申报所需要的材料模板也存在不一致。互认机制不统一，浙江与其他地区认证认可的信息还未共享，服务流程存在不一致，影响企业办事效率。有高新技术企业将生产线从上海搬迁到浙江省，但在浙江省申报高新技术企业过程中，因为流程不一致导致企业未能申报成功，打击了企业发展的积极性。监管标准不统一，如清明团子等糕点在浙江省按照食品加工标准进行监管，而在江苏省则按照粮食加工标准进行监管，市场标准条款还需要进一步对接。

第三，高端要素流动存在障碍。高层次人才流动机制不健全。高端企业流动的核心是高层次人才互动，但公共服务等方面的脱节阻碍了人才的合作交流。企业家普遍反映，上海人才到杭州、嘉兴等地就业，医保结算虽然有所突破，但仍旧未实现全方位打通，公共服务的便利化、同城化程度不高。同时，人才培养认定机制不畅通。譬如人才进修的资质认定，浙江省医生晋升职称的进修局限于省内，尚未打通医生赴上海、江苏等其他省市高水平医院进修的认定机制，人为地设置了人才培养的障碍。创新合作平台较少、合作空间不大。南京、合肥等地企业家反映与杭州等地区之间的创新合作很难找到切入点，创新合作的大平台相对较少。同时，上海、江苏、浙江对于院士等高层次人才，分别由科协、组织部、科技厅对接联系，跨区域跨部门的沟通协调一定程度上存在不畅通问题，不利于高端要素的交流协作。三省一市对高端要素的引进政策相对独立，尚未形成更高层次平台去吸引高端要素，资源比较零散，不利于重大专项的承接与推广。

第四，重点产业的市场一体化还未破题。浙江与上海等地区的重点产业协同性不强。一直以来上海是科技创新中心，当前江苏、安徽异军突起，譬如合肥着力布局核聚变、脑科学等千亿级产业。然而，浙江省在产业协同方面已经落后，高端产业起步较晚、平台不大、实力不强。重点产业的招商机制有待统一。在生物医药、信息技术、5G等产业，三省一市是单独招标，导致市场存在分割现象，企业需要承受重复的市场成本和进入壁垒。有效规划整合长三角市场，统一政策支持、统一招标机制，做大做强长三角市场，加速高端产业的规模化、快速化发展迫在眉睫。

二 浙江推进长三角一体化的重点方向

长三角高质量一体化需要进一步发挥三省一市的优势，建立功能互补，机制协调的区域城市群。促进长三角城市群高质量协调发展是浙江提高核心竞争力，参与全球资源配置的重要载体。浙江应注重加强相关计划的有效联动和前瞻性研究，加强功能布局的互动。在现有的经济基础上，浙江省整体发展质量存在诸多瓶颈和困难，区域合作重点不集中，运行机制不灵活，合作成效有待提高。浙江省应主动与上海融合，积极参与长三角的合作与交流，利用上海开启通向世界的门窗，将自己推向世界。加强与苏皖的交流，共同规划协调发展的新突破和新重点，加强城市群在区域规划、产业发展、协同创新、基础设施等领域的分工。加快形成更有效的区域协调发展新格局。在此过程中，需要把握好如下三方面重点。

一是打造数字经济发展新高地。新经济与传统经济的最大区别在于它可以实现创业的零门槛和零成本资源，实施浙江"互联网+"行动计划，构建行业领先的电子商务、物联网、云计算、大数据、互联网金融创新、智慧物流、数字内容产业中心，发展分享经济，促进互联网与经济社会的深度融合。如今，以数字经济为主导的新经济成为推动浙江经济发展的新动力。浙江省传统工业经济与互联网经济的融合催生了许多新兴产业，为促进浙江经济发展奠定了良好的基础。由于互联网经济可以有效地降低成本，市场的广度和深度已经加大，从而为行业的转型升级铺平了道路。而且，随着浙江省互联网技术和基础设施的不断发展和完善，通信成本大大降低，企业内部的通信变得非常便利，进一步地加长了市场发展的广度，为浙江省能在较短时间内推进长三角一体化提供了可能性。与此同时，还可以利用大数据与云计算来获得大量的信息与数据，据此来分析发现其中的潜在价值，信息不对称局面得到缓解，有利于市场经济的发展。

二是推进制造业智能化改造升级。围绕推动制造业高质量发展，强化工业基础和技术创新能力，促进先进制造业和现代服务业融合发展，加快建设制造强国。推动浙江制造业高质量发展，传统产业升级是主阵地。与上海的极端制造业和江苏的先进制造业不同，浙江的制造业主要与居民的生活相关，以及与上下游产业相适应的零部件相关。近年来，浙江传统制造业加速发展，尤其是数字化转型。2018年，浙江省10个重点传统制造业增加值增长4.8%，增速比2017年提高0.3个百分点；利润增长了11.4%，对工业利润的增长贡献了60%以上。从智能制造模式的应用来看，浙江省有71000台工业机器人在服务，其中2/3是传统工业。然而，与世界制造业发展水平相比，浙江传统制造业仍存在创新能力弱、龙头企业少、品牌建设相对滞后、盈利能力不足等问题。浙江应重点实施数字经济"一号工程"，注重产业数字化转型，加快传统产业数字化水平的提升。浙江省制造业产业升级，能够加强与周边区域的合作创新，尤其是可以与长三角城市群的产业园区、科技平台等开展合作。

三是发挥港口区位优势整合经济资源。加快形成"一体两翼多联"的格局，即以宁波舟山港为主体，浙江东南沿海港口和浙北环杭州湾港口为两翼，义乌国际陆港与湖州、金华、衢州、丽水等其他内河港口联合开发。2017年是宁波舟山港实质性一体化后的第一个完整营运年，要加快把宁波舟山港建设成国际一流强港、打造成世界级港口集群。深化推进港口一体化改革，充分发挥"核心层"港口的作用，深入融合"紧密层""联动层"港口，加强"辐射层"港口布局，不断完善集输运和多式联运体系，努力提高航运服务能力。上海港是长三角港口群中当之无愧的龙头老大，成为世界最大的集装箱港已经连续七年了。依托上海这个中国经济最发达的城市，上海港的人才资源、资金支持和技术服务等港口发展的软环境质量是位于世界前列的。洋山港的建设使上海港拥有自己的深水港，保证了其在国际航运业的领先地位，并继续保持着世界最大集装箱港口的优势。上海港和宁波舟山港已成为长三角地区的双枢纽港，上海港和宁波舟山港均位于长三角城市群。但是，从长远来看，随着长三角经济一体化的深入，港口的功能定位将更加宏观科学化。长江三角洲港口群体就像一个生态系统，拥有国际枢纽港和区域枢纽港，还将有许多小港口作为该港口群生态系统的有效补充。从这个意义上说，上海港和宁波舟山港正在从简单的竞争关系转向合作竞争关系。

三 推进长三角一体化融入城市群分工网络

对于浙江而言，接轨上海，就是接轨机遇，就是接轨高质量发展，就是接轨国际化和现代化。浙江需要把握好一体化契机，借梯登高、借船出海，通过优化营商环境接轨上海，加强与江苏、安徽的合作，深度融入长三角分工网络体系，以此实现高质量发展。

1. 持续优化营商环境

第一，整合招商资源，搭建招商大平台，实现协同招商、高效招商。建设浙江大厦。江苏在上海拥有江苏大厦等标志性建筑，建议浙江省在上海建设浙江大厦，建立高效的招商队伍，有效宣传浙商品牌。由上海市浙江商会牵头成立招商大平台，对外进行统一招商，对内进行有序协调，规避无序竞争，提高招商效率。积极推进长三角地区的统一招商，譬如医药产业等，可以将长三角地区打包作为整体，先行先试统一市场，提高长三角地区招商的综合竞争实力。

第二，在市场标准方面主动接轨上海，优化营商环境。加快市场标准和模板统一。在市场模板、企业注册等标准条款方面进行适当整合，主动与上海对接，实现企业进驻"零门槛"。统一规范省、市、县各级政府的责任及权力清单，推动证照跨区互认，减少企业跨区域经营障碍。对于高新技术企业认定等工作，建议浙江省科技厅等职能部门对于上海等省市已经认定的企业，积极做好服务保障工作，尽可能简化认证流程。加速推进监管标准统一，促进产品检验标准、检验方法应用、检验结果判定等统一，实现检验结果的互认。完善浙江省与上海、江苏等地的事前沟通机制，对于监管信息发布进行事前沟通，以此应对可能引发的舆情。

第三，完善公共服务体系。建设现代化交通网络是推进长三角一体化的重要基础，有利于人才等要素资源流动，更加合理有效配置资源。在此基础上，着力推进医疗、教育等公共服务一体化水平，缩小长三角城市群间的差距。一方面，高起点规划建设长三角区域超级智慧综合交通网络，着力打通"断头路"，加速建设智能交通系统，推进长三角区域公共交通一体化，例如推动实施"ETC＋一卡通"工程，提高长三角区域交通效率。加快长三角区域跨省市大通道和各大都市区主枢纽建设。全面实现区域无障碍通行和城内重要节点"零距离"换乘。整合交通行政管理资源，建立分工明确、管理高效、决策科学的综合交通管理体制。另一方面，加快医疗、教育、旅游等方面资源的共享，着力破解公共服务领域的壁垒，长三角一体化的"红利"实现更加普惠。

2. 建设科技创新合作的大平台

第一，探索科技园区合作与协同机制。积极整合长三角地区的科技创新资源，浙江省应该积极推动浙江大学、浙江清华长三角研究院、之江实验室等新型创新平台与长三角地区的高水平科研机构合作，依托高等院校的科技力量和各类人才密集的综合优势，建立大学科技园，使科技园区具备以下功能：孵化功能，孵化高新技术企业；整合创新功能，培育能够适应当今时代发展环境的高层次人才；辐射功能，辐射园区所在地区；反馈功能，使信息不断地反馈到高校，使高校的教育朝着适应社会需求的方向调整和改革。另外，通过产学研合作，依靠科技园现有的设备条件，成立专家工作室，高校和科技园区可以共建高新技术企业孵化器，打通创新要素资源流动的瓶颈。园区所拥有的技术中心以及生产基地可以向合作高校开放，高校也应该开放校友网络，扩大各自的合作平台。

第二，打通创新要素流通机制。加强高层次人才交流与协作。推进人才制度对接，浙江省可率先对接上海等地的人才评价指标，共享医疗、教育绿色通道、人才公寓等优质资源。加快出台医生等人才的外省进修认定办法，破解人才培养的障碍。共建共享一批人才培养服务基地，譬如牵头成立长三角院士专家服务中心等，以长三角名义举办创新创业大赛等活动，加快长三角地区创新互动。加强杭州、南京、合肥等地方企业创新合作。建议浙江省科技厅与上海、江苏和安徽的科技部门进一步对接，鼓励浙江省企业使用创新券，利用好上海等地方优质的科创资源。发挥浙江省新一代信息技术优势，牵头成立集成电路、生物医药等产业联盟，强化长三角一体化的带动作用、辐射效应，提高各地区、各产业之间的信息互通、技术共享。探索浙江清华长三角研究院、之江实验室走资本化道路，通过上市来募集资金，从而进一步用于前沿研究。

3. 打造有利于民营企业健康稳定发展的环境

浙江应大力推进数字化改革带动的各项重点改革，不断优化项目投资环境，市场准入环境和人才引进环境，切实打破各种"玻璃门"、"弹簧门"和"旋转门"，让民营企业享受平等待遇。创造一个更公平、更高效、更安全的市场环境。必须坚持"两个毫不动摇"，充分尊重民营企业的市场主体地位，保护民营企业和民营企业家的合法权益。不仅如此，支持民营企业健康持续发展需要破解"融资难、融资贵"等问题。一方面，鼓励地方商业银行创新服务模式，对接民营企业融资需求，为民营企业提供金融服务；另一方面，我们将引导有条件、有实力的民营企业参与直接融资市场，继续把民营企业做大做强。

浙江是民营经济强省，民营企业占据了"半壁江山"，浙江省对于民营企业的重视和保护应当作出示范。一是破解投资类企业注册难题。明确投资类企业与P2P等互联网金融的差别，将从事股权投资业务企业的注册登记工作落在实处。建议采用注册登记承诺制，由注册登记申请主体就机构性质等事项做出符合事实和规定的承诺，登记机关加强事中监管，真正解决好投资类企业的注册难题。二是在落实环保等政策推进供给侧结构性改革的过程中，应当缩小整治范围，加强政策的连续性，坚持依法治国，建设法制社会，给民营企业可预期的发展环境。三是加强对民营企业家的保护。在公正办案的基础上，建议纪委、监察部门审慎使用留置等手段，建议公检法司审慎使用扣押、拘留、逮捕等强制措施，能用"喝咖啡"解决的问题就用"喝咖啡"解决，尽可能避免给民营企业造成负面影响，最大限度减少对企业正常生产经营的不利影响。探索取保候审等制度改革，有效加强对民营企业家的财产和人身安全保护。

4. 提升主要城市能级

提升杭州、宁波、嘉兴等主要城市能级，发挥中心城市在接轨上海融入长三角中的桥头堡作用。强化杭州、宁波双核驱动，提升杭州、宁波的城市综合能级，推动杭州与宁波一体化，特别是综合交通网络、现代产业体系等建设。充分发挥自贸区的辐射效应。当前浙江自贸区探索"一核多片"运行机制，建议将宁波、嘉兴、义乌等区域作为自贸区的新片区，提高嘉兴、湖州、舟山等地区的协同能力，让更多地方从自贸区中受益，缩小与上海的差距。

在此过程中，积极推进G60科创走廊建设。高水平谋划G60科创大走廊，着力提升浙江城市能级，打造长三角一体化重要平台。系统加强城市群一体化组织平台和制度创新，明确杭州、嘉兴、湖州、金华等城市功能定位，尤其是全面发挥嘉兴接轨上海的龙头效应，积极争取衢州加入 G60 科创走廊，强化 G60 科创走廊建设的评价与考核机制。探索 G60 科创走廊区域内的"飞地经济"发展，建立省际协同创新体系和具有全国影响力的品牌园区合作。积极整合长三角科技资源，加速浙江大学、西湖大学、之江实验室、国科大杭州高等研究院、阿里达摩院等新型创新平台与 G60 沿线城市科研机构与产业平台的要素对接。全面深化教育、医疗卫生、公共服务等领域对接，完善沿线城市市民卡的各项功能对接，全面提升公共服务的一体化水平。

第七章

构建具有竞争优势的现代化制度

浙江的高质量发展得益于具有活力和竞争力的制度体系，能够充分激发企业、个体等市场主体干事创业的热情与激情。在此过程中，政府积极落实中央改革，不断优化政府职能，从管理型转型服务型，释放出市场的活力。不仅如此，面对当前外部不稳定不确定因素、内部宏观经济下行压力，浙江也充分关注社会重大风险防范，形成一套成熟的风险防范与化解体制。在此进程中，浙江充分发挥数字技术优势，率先实施数字化改革，以数字化改革撬动整体性变革，不断提升治理体系与治理能力现代化水平，构筑更具有竞争优势的现代制度体系。本章将从浙江落实中央重大改革的实践、建立健全社会重大风险防范机制以及数字化改革赋能治理体系展开研究。

第一节 落实中央全面深化改革总要求

党的十八届三中全会对全面深化改革进行总体部署，吹响了改革的新的进军号,各领域改革不断提速,举措之多、力度之大前所未有。浙江省一直走在改革的前列,尤其是近年来,深刻把握数字化发展时代契机,以数字化改革撬动系统性变革,着力打造数字化变革高地。不仅如此,中央也赋予了浙江诸多深化改革的重大任务和神圣保障,而浙江也是全面落实,为全国改革探路,充分体现了浙江改革走在前列,体现了共同富裕先行和省域现代化先行的内涵。党的十八大以来,浙江始终按照浙江精神"干在实处、走在前列、勇立潮头"的要求落实中央改革政策,尤其是浙江省委鲜明提出"对党中央作出的改革部署、通过的改革方案,对中央放在浙江的各项改革试点,不论有多大困难,都要坚定不移抓好落实,来不得半点含糊,并把这作为根本的政治纪律和政治规矩",体现了贯彻落实中央改革政策的坚强决心和责任担当。在此过程中,浙江落实中央改革政策亮点纷呈:打造"一带一路"枢纽行动计划迅速实施,杭州、宁波跨境电商综合试验区建设成效显著,杭州互联网法院横空出世,温州首创免费开放、无人值守的城市书房……许多改革领域新、业态新、方法新,让人耳目一新;国家监察体制改革、河长制、特色小镇、"四张清单一张网"、城市数据大脑等做法和经验向全国推广。尤其是以"最多跑一次"改革为总抓手,加快建设"审批事项最少、办事效率最高、政务环境最优、群众和企业获得感最强"的省份,被中共中央、国务院充分肯定,并向全国推广。在此基础上,2021年浙江全面实施数字化改革,以此撬动各领域改革,全社会发展活力和创新活力显著增强。浙江坚决破除各方面体制机制弊端,主要领域改革主体框架基本确立,重要领域和关键环节改革取得突破性进展。

一 浙江贯彻落实中央改革政策的突出特点

创造性地贯彻落实中央的改革政策是浙江改革工作的鲜明特

点。党的十八大以来，特别是十八届三中全会以来，浙江省委通过不断完善重大改革方案科学决策机制、责任落实机制、督察协调机制、交流推广机制、考核评估机制等一系列改革工作机制，确保中央的各项改革落地生根。同时，以敢为人先、勇于探索、功成不必在我的巨大勇气，鼓励在改革中创新、在创新中改革，创造性地贯彻落实中央的改革政策，不仅使中央的各项改革政策得到了全面系统的落实，也使改革的红利效应得到了最大最充分的释放。笔者认为，在落实中央改革政策中，新时代的浙江改革，具有以下几个突出的特点。

一是集成性。即在部署落实中央改革政策时，不追求文件、形式上的一一对应，而是通过精心谋划设计关键领域、关键环节的系统性、综合性改革，集中落实中央若干项甚至一系列改革政策，既不折不扣落实了中央的改革政策，使中央的每一个政策都得到了落实，又产生了改革的集成效应，实现 $1+1>2$。推进中国特色社会主义制度更加成熟定型，这项工程极为宏大，必须是全面的、系统的改革和改进，是各领域改革和改进的联动和集成，在国家治理体系和治理能力现代化上形成总体效应、取得总体效果。党的十八大以来，面对改革进入深水区，许多改革呈现胶着状态，单兵突进、一一对应式的改革效果并不好。浙江找准重点领域、抓住关键环节推进牵一发而动全身的重大改革，通过设计一个载体，以集成的办法，一揽子推进相关领域的改革，实现落实中央改革政策效果最大化、红利最大化。如2016年底，浙江创造性地提出"最多跑一次"改革，在前些年"四张清单一张网"集成改革的基础上，进行了更大幅度、更高层次的简政放权、信息共享、流程优化，内容涵盖了中央关于"放管服"改革的各个方面。这项改革群众满意，企业称好，中共中央和国务院充分肯定，是集成性改革的典型体现。

二是创新性。即在落实中央改革政策的举措上，在改革的具体内容上不是机械地照搬照抄，在改革的深度和进度上也不是亦步亦趋，而是结合浙江实际，更进一步，更深一点，更大扩展，既落实了中央的改革政策，又有新的创造，始终走在前列。作为改革开放先行地，浙江较早遇到发展的新问题、新矛盾，但总是能较早以改革的思路和方法解决问题，并为全国改革提供示范和方案。浙江的这些改革不仅是对中央改革政策的落实，也体现了创新性，拥有"自主的知识产权"。比如，面对经济新常态，如何爬坡过坎，转型升级？2014年，杭州云栖小镇破土而出，随后，梦想小镇、基金小镇、巧克力甜蜜小镇等如雨后春笋般冒出来，浙江探索创新出"特色小镇"这种新型经济模式迅速走红，并被国家发改委、住建部等相关部门在全国推广，为中央供给侧结构性改革政策的落实提供了全新的浙江方案。浙江在"五水共治"实践中发明的"河长制"，被中央在全国推广，并推及"湖长制"，为全国治水提供了重要方法。杭州市在落实"最多跑一次"改革过程中，审时度势，创造性地设置了数据资源管理局，抓住了互联网时代政府改革的要害。绍兴市在落实农村产权制度改革过程中，进一步引申开展了农村闲置农房综合利用改革，使农村产权制度改革更加深化。舟山在落实群岛新区改革政策过程中在政府设立总规划师岗位，开全国先河。

三是自主性。即在推进落实中央改革政策的过程中，不要求各地各部门在具体改革内容、形式或进程上整齐划一，而是给各地各部门充分的自主性空间，既有基本要求上的标准化，又有具体做法上的差异性，使浙江大地的改革别样多彩、生生不息。例如，"最多跑一次"改革激发了各地各部门蓬勃生动的自主创新，有关部门在规范各地创新的基础上制定了全省基础性的"最多跑一次"改革标准，但在一些具体细节上仍然允许各地各部门具有自主性和差异性。像农村产权制度改革、土地制度改革等，各地都有各自鲜明的特点特色。杭州市在落实跨境电子商务试点改革政策过程中，充分利用好先行先试的自主权,探索出台了全国第一个跨境电子商务统计标准,为全国的跨境电子商务发展提供了基础。义乌市在深化落实国家国际贸易综合改革试点中,在完善市场采购贸易方式制度改革的基础上,顺应形势需要,主动谋划设计并向有关部门申请进行进口贸易制度改革,使原来比较单一的贸易制度改革的效应得到进一步放大。杭州互联网法院自2017年8月8日挂牌成立以来,不断进行自主创新,创新常态化的在线审理模式,目前线上申请立案数占比96%,凡当事人同意在线审理的案件,100%在线开庭审理,实现了让当事人一次都不用跑;全球首创异步审理模式,突破时空界限,各环节都可在规定期限内按照各自选择的时间登录平台以非同步方式完成诉讼,提升了审判效率。

四是群众性。即把发动群众、依靠群众、为了群众贯穿于改革的全过程,极大地激发了广大群众的改革热情,广大群众支持改革、参与改革、共享改革成为一道风景。如果说,改革开放前期浙江的市场化改革是少数人冲破姓"资"姓"社"思想束缚,大胆发展个体私营经济、民营经济,积极探索公有制有效实现形式,探索农村工业化、市场建设,等等,那么,党的十八大以来浙江的一些重大改革体现出全民支持、全民参与、全民共享的特征。尤其"最多跑一次"改革,是决策者顺应时势的决断,是上下同心同力的结果。

二 落实中央改革,取得显著成效,为制度现代化创造条件

1. 以"最多跑一次"改革为统领,全面树立了"改革强省"导向

以人民为中心,是中央全面深化改革的核心价值取向。浙江省委省政府坚决贯彻落实中央"以人民为中心"的发展思想,在全国率先推出"最多跑一次"改革,深入推动"放""管""服"改革

落地，全面推进治理体系和治理能力现代化，各项工作取得阶段性成效。

第一，围绕简政放权和优化服务，政府治理体系不断优化。从外延上看，"最多跑一次"改革致力于政务服务规范化标准化，系统集成了"放""管""服"的各个方面，推动了政府改革的整体优化。一是以"一窗受理、集成服务"为主抓手。通过"受理"与"办理"相分离来倒逼办事事项、办事材料、业务流程标准化，加快推进权力运行"业务流"整合优化。二是以数据共享推动横向部门协同。把互联网、大数据等信息技术作为推进"最多跑一次"改革的关键技术支撑，全力打通信息孤岛，建立统一架构、分级运营、便捷高效的电子证照库，推动政府部门间的协同整合，倒逼政府数字化转型，强化改革的系统联动。三是纵向层级间改革整体推进。依托省、市、县、乡、村五级联动的浙江政务服务网和基层"四平台"，把"最多跑一次"改革向基层乡镇、村社延伸，推进"放管服"改革在基层落地。

第二，强化执法监管，统筹推进"放管结合"体制改革。一是强化监督机制。以"12345"政务咨询投诉举报平台为载体，全面推行"双随机、一公开"监管模式，构建督查督办、满意度评价、考核评估一体化的监督机制。二是理顺行政审批与执法关系。推进"综合行政执法+专业部门执法"的行政执法体制改革和行政执法协调指挥机制建设，推进"最多跑一次"改革向事中事后监管延伸。宁波市因落实事中事后监管等政策措施社会各界反映良好，被国务院表扬激励。三是积极探索"最多跑一次"改革体制创新。南湖、柯桥、天台、温州开发区等四地成立行政审批局，建立了审批与监管相对分离、有机衔接的行政管理体制，为全省推进相对集中行政许可权工作提供了经验和示范。四是推进执法监督在基层落地。以综治工作、市场监管、综合执法平台为依托，统筹县、乡两级执法力量,解决了基层监管执法的"最后一公里"问题。

第三,坚持需求导向,群众和企业的满意感获得感极大增强。"最多跑一次"改革始终坚持"老百姓关心什么、期盼什么,改革就要抓住什么、推进什么"的基本原则,从与群众生产生活关系最紧密的领域和事项做起,在群众反映最强烈、最渴望解决、最难办的事情上突破,聚焦不动产交易登记、商事登记、企业投资项目审批等重点难点领域攻坚克难,啃下改革"硬骨头"。通过流程再造、"证照联办"、投资项目承诺制改革等措施,在申请材料齐全、符合法定受理条件时,群众和企业到政府办理"一件事情"全过程只需要一次上门甚至零上门。根据省统计局第2轮调查评估显示,全省"最多跑一次"改革的实现率、满意率分别达87.9%和94.7%,老百姓充分享受到改革红利。

2. 以供给侧改革牵引经济体制改革,开创高质量发展新格局

浙江积极落实中央深改小组改革任务,重点包括供给侧结构性改革、科技创新体系、要素市场化改革、乡村振兴及"一带一路"等。

第一,深化实施创新驱动战略,构建完善的科技创新体系。一是创新体制机制日益健全。省级层面加快实施创新驱动战略,建设了杭州市、嘉兴市、新昌县、长兴县、滨江区、余杭区等6个创新试验区。设立基础公益研究、重点研发、技术创新引导、创新基地和人才4类省级科技计划。二是高质量的创新平台、主体日益凸显。以重点项目为载体,补短板力度不断加大,全力推进21个重大工程,1700多个补短板重点项目。以杭州为例,着力建设杭州城西科创大走廊、未来科技城、之江实验室等众多创新平台。并且大力培育独角兽企业,撬动板块创新转型升级,杭州现有独角兽企业109家,占全省的77.8%。加强外引内培,创新智力支撑日益牢固。三是完善创新人才的智力支撑。目前,浙江已经形成"高校

系、阿里系、海归系、浙商系"的创业"新四军",助推浙江创新创业。譬如,2016年8月宁波成为全国首个"中国制造2025"试点示范城市,创新企业加快成长、制造业创新能力不断提升,已经培育形成国家级制造业单项冠军示范企业15家,12个智能制造项目列入国家级试点示范。嘉兴构建了"政、产、学、研、金、介、用"协同推进的北斗七星模式,全力推进人才工程体系建设。

第二,加速推进市场化体制机制改革,构建完善的要素市场化体系。一是深化"亩均论英雄"改革,有效提高经济发展效益。开展规上服务业企业及产业集聚区、经济开发区、高新区等"亩产效益"综合评价,建立与"亩产效益"绩效挂钩的激励约束机制,提高经济综合效益。2013年至2017年,全省规上工业企业亩均税收从12.6万元增加到21.6万元,亩均增加值从85.8万元提高到103.7万元,全员劳动生产率由每人16.9万元提高到21.6万元,R&D经费支出与主营业务收入之比由1.1%提高到1.53%。二是以"最多跑一次"为抓手,打造可复制的"标准地"试点经验。2017年,德清在全省首推"标准地"试点,在企业投资项目审批方面,统筹推进企业投资项目承诺制和标准地制度、项目审批简化优化标准化、行政审批中介服务市场化改革、投资项目信用监管等配套改革,全面实现一般性企业投资项目开工前审批"最多跑一次"。三是推进要素市场化改革,构建完善的要素市场配置机制。在海宁率先试点的基础上,全省推开要素市场化改革,淘汰落后产能,释放经济发展活力。上虞形成了以上市为引领的发展模式,助推工业转型升级,资本市场形成了"上虞板块"。

第三,以农村产权制度改革为核心,全面实施乡村振兴战略。一是创新农村产权制度,农村改革红利持续释放。明确农村产权,增加农民收入,推进美丽乡村建设。比如德清和义乌都开展农村"三块地"改革试点,德清打响了农村集体经营性建设用地入市改革的第一枪,全国第一宗农村集体经营性建设用地入市,全国第一笔农村集体经营性建设用地使用权抵押贷款。义乌农村宅基地改革在金融领域成效显著,截至2017年8月全市24家金融机构均可开展宅基地抵押业务办理,累计办理宅基地抵押登记92宗,抵押金额达1.42亿元,贷款金额1.19亿元。绍兴推行"闲置农房激活计划",为农村带来村庄美化、产业振兴、农民增收三重红利。丽水着力推进林权抵押贷款,探索公益林补偿收益权质押等新模式,不良贷款率持续保持在0.2%以下。二是以"党建+"为引领,发展乡村全域旅游,推进乡村全面振兴。绍兴加强党建引领,以"五星达标、3A争创"为路径,引领乡村高质量发展。宁海创新提出"栖谷经济"全域旅游发展模式,打造前童古镇、乡村运动等项目,完善乡村旅游,实现乡村绿色发展。

第四,以"一带一路"为统领,构建高质量对外开放体系。一是对接"一带一路"提速增效。做强开放平台,譬如义乌围绕开放的四梁八柱,建好"一区一都一港一通道一班列"开放大平台。充分发挥世界浙商作用,打造各具特色的"华商之窗",譬如温州建设世界华商综合发展试验区、衢州推进与南南合作促进会合作项目建设、丽水建设浙江(青田)华侨经济文化试验区、义乌建设捷克小镇等。二是着力推进自贸区建设。加速建设中国(浙江)自由贸易试验区,123项试点任务已经完成了60项,40项制度创新成果中20项为全国首创,把"最大试验田"的效能发挥到最大。三是大力发展跨境电子商务,构建数字贸易发展框架。杭州启动全国首个跨境电商综合试验区建设,构建起以"六体系两平台"为核心的制度体系,跨境电商"杭州经验"全面推广。依托跨境电商,培育进口商品"世界超市",进口实力显著提升,进出口贸易平衡发展。

3. 政治体制改革蹄疾步稳,开创了浙江民主法治新局面

浙江省委省政府认真贯彻落实习近平总书记全面依法治国、全

面从严治党等重要思想和中央深改小组作出的一系列重大改革部署，进一步拓展提升对法治浙江建设内涵及实践的认识和把握，浙江民主法治建设取得新突破。

第一，注重抓"关键少数"。一是深入贯彻好干部标准。先后出台了市纪委书记副书记、省纪委派驻纪检组长、省管企业纪委书记等提名考察办法，注重在改革发展主战场培养选拔干部。二是激发干事创业活力。2016年8月率先制定出台完善改革创新容错免责机制，并从干部考核和选任上作了规定。省审计厅和诸暨、义乌等单位和地方把容错纠错机制融入"最多跑一次"改革、国际综合贸易改革试点、审计工作等改革事项和具体工作中，形成了"1+X"容错纠错制度体系。三是建立干部大监督工作机制。通过大数据等建立完善干部大监督信息收集、整合、分析研判、成果运用机制。加强省纪委派驻机构建设，2016年初在全国率先实现省、市、县三级派驻机构全覆盖。省纪委共设置派驻机构35家，监督省级党和国家机关单位100家，市、县两级也实现全覆盖。四是深入治理为官不为。大力推进干部能上能下，近3年全省共调整不适宜担任现职干部2766人。

第二，司法体制改革迈出重大步伐。一是优化司法干部队伍。以员额制改革为基础，浙江三级法院已完成首批4000名员额法官遴选，率先探索建立司法雇员制度，完成了首批1845名司法雇员的招考工作，极大充实了办案力量。二是推进诉讼制度改革。全面完成以司法责任制为重点的司法体制改革，深入推进以审判为中心的刑事诉讼制度改革。严格落实立案登记制，创新网上立案、跨域立案，滨江等地探索建立跨部门刑事诉讼涉案财物管理处置工作机制，温州"家事审判"制度改革经验被《中华人民共和国反家庭暴力法》吸收。三是互联网法院试点改革有序推进。2017年8月全国第一家集中审理涉网案件的试点法院杭州互联网法院挂牌成立，依托互联网技术，实现全流程在线化，为维护网络安全、化解涉网纠纷、促进互联网和经济社会深度融合提供强有力的司法保障。

第三，法治政府和法治社会建设统筹协调相互促进的格局已基本形成。一是强化干部依法行政意识。贯彻落实《关于完善国家工作人员学法用法制度的意见》，实施全省公务员"学法用法三年轮训行动"计划，2017年共完成88379名公务员的轮训，2018年计划培训10万名。二是筑牢权力行使的防火墙。围绕权力清单、责任清单的全面覆盖，权力清单"强身"、责任清单"瘦身"，以及制度化规范化来筑牢防火墙。2014年6月，在全国率先公布了省级部门权力清单。2015年，省级全面完成涉及32个部门的214项没有法定依据暂予保留的行政权力清理工作；全省11个地级市全面完成没有法定依据行政权力的清理工作。三是大力推行"小微权力"规范化。2014年，宁海率先在全国推行村级权力清单制度，出台《宁海村级权力清单36条》，涵盖19项村级公共权力事项及17项便民服务事项，实现村干部小微权力内容全覆盖，从源头上把农村基层权力关进"笼子"。

第四，基层民主发展成效显著，城乡社区自治基础更加牢固。村级民主决策制度不断丰富和完善，凡与村民切身利益相关的村级重大事务，均按照"五议两公开"制度规定的程序进行决议。武义村务监督委员会的"后陈经验"在新时代历久弥新，"双述职两反馈"等制度创新让监督有章可循。不断加强城乡社区协商民主建设，推进基层协商制度化、规范化。象山"村民说事"创新实践，让老百姓有发声的平台，让村民有说理的地方，夯实了基层治理的民智和民意基础。浙江温岭将民主恳谈作为公共事务决策的必经程序，使民主恳谈成为中国基层协商民主的典型范式。全省还致力于打造"阳光居务"工程，健全阳光居务监督机制，推进居务公开，规范居务运作，切实保障了居民的知情权、参与权和监督权。

4. 持续推进文化体制改革，打造万亿级文化产业

浙江省围绕中央深改小组出台文化体制领域改革的要求，重点围绕文化体制改革、公共文化治理、中华文化"走出去"、传统媒体和新兴媒体融合发展等展开。

第一，提升文化产业能级，建立文化经济产业体系。一是影视产业蓬勃发展。大力发展影视等现代文化产业，促进文化产业迈向万亿级。譬如横店影视城、象山影视城、安吉影视城等建设不断推进，影视制作、影视培训等日益完善，产业收入不断提升，并由此带动了旅游收益。二是文创产业进入高速发展新时代。浙江文化创意产业规模持续扩大，产业集聚效应凸显，跨界融合日趋深入，产业支撑不断增强。三是动漫产业持续领跑全国。早在2015年浙江原创动画产量就位居全国首位，2017年第十三届中国国际动漫节继续领跑全国，无论参展国家、参与人数，还是所取得的综合效益，都引领着中国动漫专业节展的走向。

第二，加强公共文化服务有效供给，形成现代化公共文化服务体系。一是建立健全体制机制，保障公共文化服务持续推进。省级层面出台《关于加快构建现代公共文化服务体系的实施意见》《关于深入推进公共文化机构法人治理结构改革的实施方案》，为公共文化服务体系构建奠定了基础，公共文化服务向现代化迈进。二是推进文化礼堂建设，保障公共文化服务均等化。以文化礼堂作为乡村文化振兴的主要抓手，实现城市与农村的文化供给均等化。截至2017年底，浙江建成文化礼堂7916个，位居全国主要省份基层综合性文化服务项目热度对比的第一位。三是加速新兴媒体与传统媒体的深度融合，经济文化氛围日益完善。加强舆论导向，规范管理新闻报刊、广电媒体公众号，加快传统媒体和新兴媒体融合，引导树立正确的经济文化。譬如杭州日报、都市快报微信公众号影响力

名列全国前列；宁波报业集团新媒体"甬派传媒"用户数达到229万，成为国内资本市场上唯一主打移动客户端概念的挂牌公司。

5. 持续深化社会建设，进一步夯实社会和谐基石

浙江省委省政府加大协调推动、督查落实和效果评估，在提高保障和改善民生水平、加强和创新社会治理等方面取得显著成就。

第一，民生领域改革全面推进，美好生活变成现实。主要涉及教育、养老和医疗改革三大部分。一是大力推进教育公平改革。浙江立足实现教育公平，强化重点领域改革，教育管理体制逐步得到优化。目前，高考改革平稳落地，得到中央深化改革领导小组的肯定。鼓励社会力量办学，改善贫困地区办学条件，在全省全面推行乡村教师支持计划，目前两批共21个县的基础教育得到明显提升。二是全面推行养老改革。实施智慧养老，全省实现社区居家养老服务照料中心全覆盖，养老服务改革项目近日获得了国务院表扬激励。三是创造性开展医疗改革。实施健康优先发展战略，重点推进分级诊疗、三医联动改革。东阳市全面推行县域城乡医疗健康服务共同体建设，浦江县成立了全国首个县域医共体互联网医院平台，德清县在全省率先组建健康共同体。金华、德清被表彰为全国公立医院综合改革成效明显地区。

第二，城乡统筹改革有序推进，社会活力有效激发。一是实施城乡统筹的行政区划调整。杭州市先后撤销富阳市临安市，设立富阳区临安区；绍兴市通过区划调整，由"一市一区"变为"一市三区"。推进特色小镇建设，近年出台了全国首个针对特色小镇创建的专项指导文件，形成了"规划有指南、创建有导则、考核有办法、验收有标准"的特色小镇工作体系。二是积极探索户籍制度改革。进一步调整完善户口迁移制度、放宽落户政策，统一城乡户口登记制度、取消户口性质区分，全力打造升级版居住证制度，完善人口信息管理制度，省级层面出台相关配套政策20余项。

第三，改进社会治理方式，打造共建共治共享治理格局。坚持党政主导和社会协同并行、制度供给和项目投入并举，实现政府治理和社会自我调节、居民自治良性互动。一是充分发挥社会力量参与。全方位打造"枫桥经验"升级版，2017年7月顺利通过国家基层治理标准化试点的国家验收。党的十八大以来，全省仲裁机构及调解组织共处理案件58.1万件，涉及劳动者90万人，涉案金额167亿元，70%以上劳动纠纷终结在仲裁阶段，近60%劳动纠纷化解在基层。二是构建政社良好合作关系。落实行业协会商会与行政机关脱钩总体方案，省本级200家全省性行业协会商会、各市（县、区）3121家行业协会商会与行政机关脱钩。三是强化基层网格化治理。推行全科网格员制度改革。台州路桥通过强化全科网格员工作保障，规范工作事项、明确任务清单、加强教育培训，有效发挥了全科网格员治理主体作用。四是强化服务导向，寓管理于服务中。较早地启动了居民身份证跨省异地受理工作，2017年初实现全省所有户籍窗口（办证中心）100%全覆盖，为全国范围全面推开居民身份证"三项制度"建设积累了经验。

第四，扎实推进安全机制改革，五维度筑牢社会安全网。一是抓好治安防控，持续深化"雪亮工程"，聚焦"建设、联网、应用"三个关键环节，突出重点扩大覆盖面，构建起了全省统一的网络架构和标准。二是确保食品安全，建立农产品安全快速检测室和质量安全体系追溯体系，城区农贸市场快检体系建成率和质量追溯体系均已达到100%。三是健全信用机制，推动长三角信用联合惩戒试点。结合落实国家联合奖惩备忘录，推动失信黑名单制度改革，省级层面已有23个行业出台实施了黑名单制度，各设区市失信黑名单制度覆盖部门（单位）数均超过20个。加强政务诚信建设，法治政府考核中从五个维度对政府机构开展公共信用评价。四是打造"阳光执法"，全面深化公安改革，推进执法权力运行机制改革，创建了"又好又多又快"执法办案和"阳光执法"工作体系。五是推进群防群治，跳出"小治安"，建设"大平安"。全省建立了3.5万余支、230万余人的平安志愿者队伍、4.15万余个调解委员会、16.7万余名调解员。温州市成立了由5500人组成的市民监督团，对平安温州建设进行全方位监督，搭建起舆论监督和群众监督相结合的平安建设新平台。

6. 践行"两山"理念，深化生态文明体制改革

浙江积极落实中央深改小组改革措施，从保护机制、监督机制和补偿机制三个方面入手进行改革政策落地，重点包括建立河长制、湖长制等工作机制，建立综合环境评价体系，对各地进行环保督察，等等。

第一，"五水共治"成效显著，成功向全国推广经验。一是河长制、湖长制等工作机制日臻完善。以河长制、湖长制等为抓手，构建起水资源保护机制。浙江省共配备各级河长5.7万多名，实现全省河长全覆盖。省人大又颁布实施《浙江省河长制规定》，成为全国第一个河长制地方性法规，科学设置河长责、权、利，规范河长制运行体系，实现河长履职有法可依。2017年12月绍兴发布全国首张湖长地图，配备各级河长5557名、湖长3799名，截至2017年底共有226座水库、79座山塘通过标准化验收。二是"五水共治"提档升级。推进"五水共治"等环境保护重点工作，建立起完善的水资源保护体系，绿色发展有序推进。譬如杭州在全面剿灭劣V类水基础上推进"五气共治""五废共治"工作，全市域"清洁排放区"初步建立，并且初步形成了从投放收运到利用处置协同运转的完整闭环。

第二，城市化、工业化进程中的环保问题逐步破解。一是建立评价体系，不断健全生态文明考核体制。先后发布《浙江省绿色发展评价指标体系》《浙江省生态文明建设考核目标体系》等考核评

价办法，完善生态文明考核机制。2017年底国家统计局公布各省绿色发展指数排名，浙江位列第三。譬如仙居形成了一批绿色化发展改革的制度成果，在全国率先发布自然资源资产负债表、实施生物多样性碳汇交易制度等，在全省率先确定循环化的生产方式、低碳化的生活方式、生态化的空间格局、现代化的治理机制，引领绿色化发展。二是划定并严守生态保护红线，省级层面环保督察持续推进。完善环境质量自动检测网络，先后对湖州市、丽水市、衢州市开展省级环保督察。2017年，舟山和丽水上榜"全国好空气"前十位，分别位列第三和第八。三是开展领导干部自然资源资产离任审计，形成生态环境损害责任追究机制。制定《浙江省开展领导干部自然资源资产离任审计试点实施方案》等配套文件，组建生态环境损害责任调查小组，2017年对4名省管干部实施了自然资源资产离任审计；2018年对13名省管干部安排自然资源资产离任审计。

第三，完善生态补偿机制，有效推进自然生态修复工作。一是建立健全绿色发展财政奖补机制，进一步完善生态文明建设财政政策体系。尤其是在农业领域上，建立了以绿色生态为导向的财政支农政策体系、加快推动相关农业补贴改革、建立健全主要生态系统保护补偿机制、探索农业资源环境突出问题治理的有效支持政策、引导建立以绿色生态为导向的农业投融资机制等改革任务稳步推进。二是推进生态环境损害赔偿制度改革。譬如绍兴在全国率先试行生态环境损害赔偿制度，仅2017年完成29个生态环境损害案件评估，12个生态环境损害案件经磋商或诉讼得到赔偿，完成生态环境修复2次。

三 以全面深化改革推进治理体系和治理能力现代化

贯彻落实中央全面深化改革既是浙江省委省政府的重点任务，也为浙江构建优渥的制度环境奠定了基础。加快治理体系和治理能力现代化是制度现代化的基础，更是省域现代化先行的基础条件，这就需要以全面深化改革为主线，以数字化改革为抓手，进一步引领系统性变革。在此过程中，需要处理好如下五对关系。

一是改革创新与政策稳定的关系。一方面要强调改革创新，改革创新是发展的原动力；另一方面要注意政策的连续性，否则影响政府公信力。对改革政策一定要周密考虑，等试点成熟了再推行。一些地方，今天刚刚部署试点，没几天就推广；一些政策今天刚刚宣传，明天就叫停。如关于PPP项目的政策口径一直在变，地方在执行过程中也碰到各种问题。

二是依法规范与先行先试的关系。一些涉及法律法规、与地方经济社会发展不相适应的改革事项，需要逐级上报批准。先行先试往往面临改革合法性问题。因此，改革试点需要充分授权，定区域定领域定方向，只要方向正确，进行动态评估，及时纠偏，试点一定能取得成效，再推动法律的修改。

三是顶层设计与地方创新的关系。今天的改革，剩下的都是"难啃的骨头"，需要上下协同，需要自上而下和自下而上相结合。需要省里定调子的、划底线的，要及时谋划、及时部署；需要基层先探路子、创造经验的，要及时授权、充分授权。

四是执纪问责与容错纠错的关系。在"四种形态""八项规定"等纪律规矩的高压线面前，先行先试的改革面临着问责风险，而容错纠错机制往往缺乏具体操作标准，问责与容错之间的界限模糊。在日常工作和党内政治生活中，问责容易、容错较难，问责案例多于容错典型，容错的声音、氛围过于弱小。要把干部在推进改革中缺乏经验、先行先试出现的失误，同明知故犯的违法违纪行为区分开来。

五是试点成功与试点失败的关系。试点先行是改革的重要方法。一项制度的破与立需要通过试点来测试。试点，本身就带有试错的内容。试点经验被复制推广是改革的成功，它让更多人更多领域能够沿着试点的路径更快捷地到达胜利的彼岸；试点失败退出也是改革的成功，它让更多人少走弯路，另辟蹊径。要像重视试点经验复制推广一样重视试点退出和淘汰。

在把握好五对关系的基础上，全面深化改革构建现代制度体系需要做好如下五方面工作。

第一，强化改革的顶层设计。要进一步加强改革的顶层设计和总体规划，提高改革决策的科学性、加强改革的集成性、增强改革措施的协调性。首先，要划清改革的边界。真正把一般性工作与改革区分开来，真正突出重点，聚焦重要领域关键环节的改革，为改革减负。其次，要制定好改革的总体规划，尤其是要对同一领域的改革加强集成，明确改革目标、画好路线图、时间表，落实改革责任。最后，进一步完善统一、高效、权威的改革领导体制。重大改革都是牵一发而动全身的，要同时推进配套改革，光靠某个部门牵头往往力不从心，需要有统一、高效、权威的改革领导体制。比如，户籍制度改革、产权保护制度等改革需要由更高层级的领导来协调推进。

第二，提高容错免责机制的可操作性。一要给改革者"特权"。一些法律调整滞后于改革实践，许多涉及立法修法的改革任务，正常履行法律程序需跨年甚至几年才能完成，对改革形成一定制约。对一些国家试点的重大改革，如果是和省级法规冲突的，省政府要及时提请省人大授权相关法规暂缓执行；如果涉及国家法规的，要争取向国务院和全国人大申请在一定范围停止相关法律执行。二要细化容错免责实施意见，使之更具可操作性。构建与纪法相衔接、问责相配套的试错区间、宽容空间和减压空间。根据党章、国家监察法、纪律处分条例、党内监督条例等法规，建立纪法框架内的干部履责、问责、容错协同机制，明纪法底线、设试错区间、清宽容界限，界定哪些属于改革先行先试出现的失误和错误。要从制度上形成与纪法相衔接、问责相配套的试错空间、宽容空间和减压空间,防止出现"多干多错、少干少错、不干不错"的潜规则。

第三,完善改革的评估、推广、退出和纠偏机制。对于重大改革试点要进行及时动态的跟踪评估,试点好的要及时推广,让更多人共享改革红利;试点不好的,要及时终止,确立客观标准,建立试点的退出机制;对改革后出现的一些问题,要及时纠偏。

第四,制定更加科学的考核制度。考核既要坚持原则性,又要坚持灵活性。对中央和省委有具体要求的,要一竿子插到底,不折不扣落实下去;对地方改革的考核,要依据地方总体规划和改革路线图、时间表进行考核。每个地方经济社会发展情况不一样,考核也切忌"一刀切"。比如,对制造业发达的地方和生态保护地区,GDP、能耗等指标考核就应该不一样。

第五,切实增强各级改革工作力量。目前,面对十分繁重和复杂的改革任务,省及省以下各级改革办力量薄弱,普遍存在"小马拉大车"现象,越往下问题越突出。根据中央改革办要求,对比北京、上海、广东、江苏等沿海发达地区改革办配置的力量,浙江各级改革办的机构设置和人员配备力量十分单薄,建议在这一轮机构改革中统筹加强,提高改革专业化队伍建设,才能完成指导、协调、督查、推广等一系列改革工作任务。

第二节 建设社会重大风险的防范机制

习近平总书记多次强调,要坚持底线思维,增强忧患意识,提高防控能力,着力防范化解重大风险,并把防范化解重大风险摆在"三大攻坚战"的首位。[①] 作为新时代全面展示中国特色社会主义

---

① 习近平:《在北京冬奥会、冬残奥会总结表彰大会上的讲话》,《中华人民共和国国务院公报》2022年第12期。

制度优越性的重要窗口，浙江省提出要奋力推进共同富裕先行和省域现代化先行，这不仅需要高质量发展夯实基础，也需要把防范化解重大社会风险放在更加突出的位置，保障经济社会运行的安全。

一 浙江面临的社会风险点及其成因

课题组通过大量的文献梳理和两次相关议题的问卷调查，并与来自全省不同区市县镇（街）和省级机关相关领域不同层级的党校学员开展了9场、28人次的专题座谈，获得了大量的一手资料和各级领导干部对未来社会风险的基本看法，梳理出了未来发展过程中尤其是"十四五"时期浙江存在的主要社会风险点及其类型，如表7.1所示，具体包括如下六点。

表7.1 "十四五"时期浙江存在的主要社会风险点及其类型

常规风险	客观因素造成的	各类自然灾害
	主观因素造成的	1. 政府债务风险 2. 征地拆迁风险 3. 环境污染风险 4. 食品和公共卫生安全风险 5. 安全生产风险 6. 司法不公风险 7. 消极腐败风险
	第三方因素造成的	各类诈骗
新型风险		1. 新型网络诈骗风险 2. 经济下行风险 3. 产业转型风险 4. 深化改革或政策调整带来的风险 5. 信息安全风险 6. 群众对美好生活新要求新诉求带来的风险 7. 新经济新业态风险 8. 治理失灵风险
意识形态风险		1. 原生型：无主动恶意，但客观上有风险 2. 输入型：国境外输入的意识形态类风险 3. 嫁接型：一般风险被嫁接了意识形态性 4. 制造型：恶意制造、无中生有的风险

资料来源：笔者整理。

一是最危险的风险：意识形态风险。所谓意识形态类社会风险，是指有损或危及中国社会主义根本制度或社会价值规范的一类社会风险，是在中国社会体制下最重要、最危险、最根本的社会风险。一般来说，普通社会风险的处置可能只是个技术或工程问题，而意识形态风险的处置则主要是复杂的政治和价值规范问题，带有基础性、根本性特征。特别是在中国目前的社会环境下，几乎所有的社会风险如果处置不当，都有可能转化为意识形态风险。习近平主席强调，"党的意识形态工作是一项极端重要的工作"[①]。也正是因为如此，意识形态风险是一项极其重要的风险，具有特殊性，实践中必须将其作为单独的类别进行特别分析和处理。

二是最需要关注的风险：产业转型、经济下行、新经济新业态等新型风险。所谓新型风险主要是指近些年随着经济社会发展和技术进步，新出现的、过去不多见或较少出现的社会风险，新型社会风险不仅意味着新颖的社会风险结构，而且往往还意味着新的风险表现形式和新的社会危害。然而由于其"新"，其发生往往具有出其不意、不可预测性，加上缺乏历史案例和处置经验，一旦发生很容易应对失措，进而引发更大风险，所以需要特别重视关注。

三是最容易忽视的风险：深化改革、政策调整等带来的风险。在中国经济社会急剧的转型发展和进步过程中，改革只有进行时，没有完成时，政策的不断调整也势所必然。但正如邓小平同志曾经指出的，"发展起来以后的问题不比不发展时少"[②]。发展具有不确定性，有发展就有风险，发展总有风险。然而由于人们对于发展的预期总是美好的，往往容易忽视发展过程中由于发展理念不科学、发展政策执行偏差、发展本身的不确定性等带来的诸多"副作用"

[①] 《习近平出席全国宣传思想工作会议并发表重要讲话》，《实践》（思想理论版）2013年第9期。

[②] 中共中央文献研究室编：《邓小平思想年编（1975—1997）》，中央文献出版社2011年版，第719页。

与"意外性"后果,从而引发社会风险,并且一旦发生往往会给人带来心理上的反差,进而在行为上引起的剧烈反应,因而对此要有高度的警惕和警醒。

四是传播最快的风险:网络传播的各类舆论风险。在万物互联的自媒体时代,人人都是录音机,人人也是播放机,动动手指,点点鼠标,就能完成很多事。并且由于海量个体的分散性、隐秘性,管控难,舆情的网络传播呈指数式爆炸,很容易失控。因此,对于这类风险必须快速反应,源头治理,消灭其于萌芽状态。

五是具有成熟经验,相对可控的风险:自然灾害、征地拆迁等常规风险。一直以来,"八八战略"引领浙江率先全面推进法治建设,使法治越来越成为浙江核心竞争力的重要组成部分,因此浙江的治理体系和治理能力现代化建设也走在全国前列,在很多常规社会风险的防范化解方面探索形成了一系列成功的经验。如在防范自然灾害风险方面,习近平同志在浙江工作期间就已经形成了以"宁可十防九空,不可失防万一""宁听骂声,不听哭声"等为代表的一系列经验做法。[1] 在防范化解征地拆迁、环境污染、安全生产、司法不公、消极腐败等诸多常规社会风险方面也是如此。然而这并不意味着对待常规风险就可以掉以轻心,事实上,风险的不确定性要求我们丝毫不可麻痹大意,否则一不小心就会引发风险。2013年"菲特"和2019年"利奇马"台风引发的舆论风险就是明证。

六是缺乏经验、难以预料和防控的风险:新型诈骗、信息安全、新经济新业态等新型风险。这类风险或者由第三方因素引发,不在党委政府掌控当中,或者由于本身发展方向的不确定性,不可预测,因而其发生与发展和危害都具有高度的不确定性,加上缺乏现成的经验,防控难度比较大。对这类风险要更加注重基础理论研

---

[1] 习近平:《干在实处走在前列——推进浙江新发展的思考与实践》,中共中央党校出版社2006年版,第225页。

究，提升分析和预判能力，强化预警机制建设，力争防患于未然，化解在萌芽。

二 浙江所面临的社会风险趋势研判

当今世界正在经历百年未有之大变局，新冠肺炎疫情必将重塑世界格局，中华民族伟大复兴迎来了关键的时间窗口。未来一段时期浙江发展和重要窗口建设即将迎来极其难得的历史机遇，也将面临一系列重大风险挑战，机遇和挑战都将前所未有。随着国际国内形势深刻变化，"十四五"时期社会风险的复杂性、破坏性和防控的艰巨性将进一步凸显，给防范化解重大风险带来极大的挑战。以下五方面的演变趋势将是"十四五"期间浙江社会风险的显著特征。

第一，诱发因素不断增多，发生频率恐会加快。近些年，浙江除了一些常规的社会风险，如山体滑坡、泥石流、台风、环境污染、群体访、重特大交通事故等不时发生造成重大人员伤亡、经济损失和冲击社会秩序，以邻避冲突、P2P爆雷、网络舆情、网络诈骗、网络安全等为代表的新型社会风险开始显现。预计"十四五"期间浙江社会风险总体上诱发因素仍会继续增长，触点增多、燃点降低，风险多发易发，将呈现出从个别性到系统性连锁反应的演变趋势，而且新型社会风险会持续出现，发生的频率可能会更快。

第二，跨国风险持续出现，联动效应更加明显。近些年，社会风险的跨国性、跨界跨域传播特征日益明显，从一地爆发，迅速跨国跨洲甚至在全世界范围内传播，呈现出从区域性到无边界性的演变趋势。最典型的就是此次新冠肺炎疫情成为自二战之后世界各国遭遇的最重大公共卫生事件，引发了社会危机、民生危机、舆情危机等，影响非常广泛而深远。由于以出口外向型经济为主、开放程度高、浙商及其产业遍布"一带一路"沿线甚至全球等因素叠加，预计"十四五"期间浙江更易遭受各种跨国性、跨界性社会风险的威胁，社会风险的联动效应会更加明显。

第三，社会脆弱性进一步增强，风险灾害损失更大。技术的进步具有双刃剑的效应，如果使用不当，技术本身就会成为风险源，而且一旦高端技术被别有用心的人利用，其破坏力也是难以想象的。从温岭"6·13"爆炸以及系列P2P爆雷事件来看，生产技术、运输设备容量、信息技术、传播媒介等创新的同时也导致社会脆弱性的增强，使社会风险的危害性呈增长趋势，呈现出从大规模到超规模的演变趋势，灾害损失会更大。

第四，风险传播不断加速，社会影响更加恶劣。全媒体时代风险扩散传播速度、深度、广度发生深刻变化，风险防控面临新的挑战。一是新媒体自媒体具备了日益强大的社会动员能力。课题组针对邻避冲突的问卷调查结果显示，87.8%的被调查者认为微信及朋友圈是邻避冲突最主要的动员途径，其次是网络论坛（64.2%）、QQ群（43.4%）、微博（38%）、电话短信（25.7%）和纸质传单标语（26.6%）。可见，邻避冲突的动员媒介已发生了根本性变化。二是突发事件一旦发生，马上就会进入视频直播、滚动直播、全程直播阶段，社会风险扩散传播已呈现出从迅捷性到即时性的演变趋势。"十四五"期间信息技术革命、大数据与经济社会的融合会更加深入，各种新型风险必然会大量涌现，而且社会风险交织叠加效应会更加明显。

第五，难以预见的风险明显增多，不可控因素更多。社会风险究竟在何时何地以何种方式爆发具有高度的不确定性，更重要的是，近些年难以预见的新型社会风险明显增多，给防范化解重大风险带来了巨大挑战。与此同时，社会风险的复杂性也在显著增长，各种原因、各个领域交织叠加、常规风险与新型风险交织叠加、现实风险与网络风险交织叠加、现实风险与意识形态风险交织叠加，衍生、次生风险大量出现，而且复杂多变甚至云谲波诡，呈现出从复杂性到不可预知性的演变趋势。

三 社会风险易发多发的原因分析

社会风险的发生具有客观必然性，如课题组问卷调查结果显示，80.6%的被调查者认为"邻避冲突是社会转型的必然结果"，但社会风险易发多发还与各级政府和领导干部意识不强、底线思维和能力不足密切关联。

第一，风险防范化解意识不强是社会风险多发高发的前提。从"十三五"期间浙江各地发生的各类突发事件看，各级党委政府和领导干部仍然存在精神懈怠和忧患意识不强的问题，没有采取积极有效措施落实风险防范化解的各项举措，致使小病酿成大疫、小灾积成大灾。丽水2015年"11·13"、2016年"9·28"山体滑坡，天台足馨堂2017年"2·5"火灾，以及温岭2020年"6·13"槽罐车爆炸，等等事件，从事件演变过程来看，基本都有迹象或预兆，或基层干部风险意识、忧患意识不足，或监管者安全监管的弦不够紧绷，或企业安全生产意识不到位，凡此种种不一而足，教训极其深刻、惨痛。

第二，风险防控能力不足是社会风险此起彼伏的重要原因。以此次疫情为例，在面临急难险重任务之际，不少党员干部暴露出了风险防控和应急管理能力上的短板，特别是在疫情防控初期，一些干部手忙脚乱、顾此失彼，甚至方法手段过激，激起了不少社会争议。课题组问卷调查结果显示，61.6%的被调查者认为领导干部应急管理能力不足主要是"物资储备和保障能力不足"，46.4%认为是"协同应急能力不足"，40.4%认为是"预测预警预防能力不足"（见图7.1）。从图7.1中可以看出，此次疫情防控暴露出干部应急能力不足涉及多个方面，但突出问题集中在物资储备和保障、协同应急和预测预警预防能力上。此外，依法防控、舆情引导等能力也有进一步提高的空间。

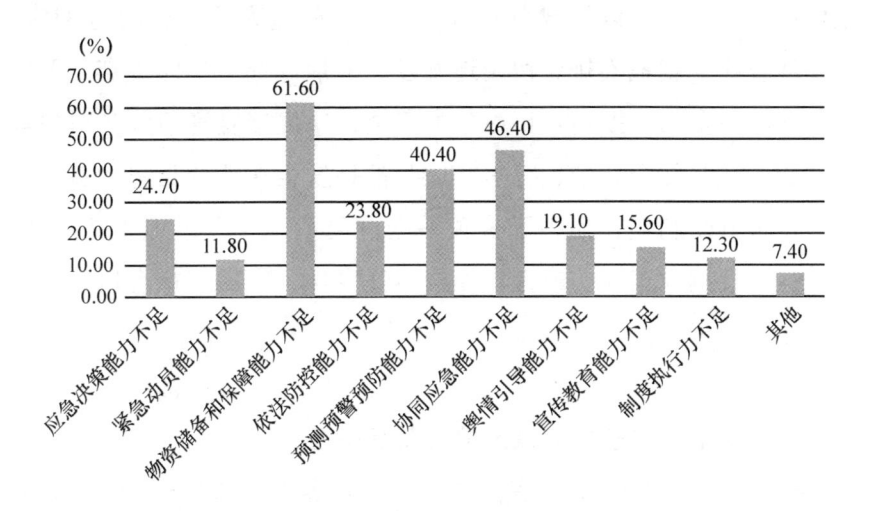

图 7.1　干部应急能力不足的表现

资料来源：笔者根据调研结果绘制。

第三，地方政府政策不当是激发社会风险的一个重要原因。政府重大行政决策一旦存在程序不当或损害群众利益，就极易引发社会冲突，最典型的就是近些年大规模邻避型冲突大量爆发。从厦门反 PX 游行、江苏启东事件、镇海炼化事件、四川什邡事件到江门反核事件等此起彼伏。而地方政府在处理这一类冲突时，几乎都陷入了"决策—抗议—停止"的消极应对模式。究其根本，在于地方政府出台涉及众多利益相关者利益的公共政策之际，法定行政决策程序履行不到位，漠视群众利益诉求、侵害群众权益是引发社会风险的关键因素。

第四，党员干部的消极腐败是诱发社会风险的一个重要因素。消极腐败是一段时期内中国共产党面临的突出风险之一，自党的十八大以后，党风政风有了明显改善，然而不得不指出，近些年，浙江基层仍然不断暴露出一些违法乱纪的案例。如杭州市纪委披露的数据显示，2012—2015年杭州市查处的违反中央八项规定精神问题案件中，乡科级及以下被查处的"四风"问题人数占比约为83%，主要涉及在宅基地安排、留用地开发、征地拆迁、集体资产处置中以权谋私，贪污、挪用、挤占各类资金，违规接受管理服务对象宴请并收受礼品礼金礼卡，等等。这些都是发生在群众身边的关键小事，侵害群众利益，损害干群关系党群关系，社会影响非常恶劣，而且往往会诱发集体访或大规模群体性事件，容易使社会风险进一步凸显。

四 防范和化解社会风险的机制及路径

转型期社会风险易发多发高发，具有客观必然性。"明者防祸于未萌，智者图患于将来"。增强忧患意识，做到居安思危、防患于未然，是忠诚践行"八八战略"、奋力打造重要窗口和省域治理现代化必须贯彻的一个重大原则。未来一段时期内，建议进一步健全社会风险防控的物资储备体系，完善"关口前移、重心下移"的社会风险评估和预防治理体系，增强见微知著、防微杜渐的预防化解能力，实现从被动的应急管理向主动的风险治理转变。具体而言，浙江需要把握好如下四个重点。

第一，防范化解社会风险是党委政府的主体责任。我们理解的社会风险一定是与党委政府有关的，即由于党委政府的行政行为不到位或失当而引起的、以党委政府为主要矛头的社会性或群体性事件。比如，自然灾害本身不是社会风险，社会群体不会因不可抗力的自然灾害而迁怒于党委政府。自然灾害引发社会风险通常有三个因素：其一，自然灾害的产生与党委政府的行政行为不当有关，如无序的发展建设破坏了环境从而引发泥石流、山洪暴发、大坝垮塌等；其二，自然灾害的产生属于不可抗拒的自然力量，但灾害发生前党委政府的预警或响应不到位，如对于台风、山洪等自然灾害预报失误或预报不及时，或者虽预报及时准确却缺乏及时转移群众等防范措施，从而产生本可避免的生命财产损失；其三，灾害发生后处置不当或应对不力从而引发舆情事件和群体性事件等。可见，自然灾害的发生具有客观性，但其引发社会风险却具有一定的主观性。再如，社会群体大多不会对由于发展的不确定性而带来的"副作用"和"意外性"后果而简单地迁怒于党委政府，只有当这种"副作用"和"意外性"是由于党委政府的行政行为不当带来时才会质疑问责党委政府。还有，一些第三方因素造成的群众利益受损，虽然与党委政府没有直接关系，党委政府也没有责任，似乎承担了"背锅"之冤。但一直以来我们坚持以人民为中心的发展理念，"群众利益无小事"，不管有关没关，群众的事都是党委政府自己的事。不管什么原因造成，如果漠视群众利益就会引发社会风险。因此，从这个意义上讲，所有的社会风险都是主观的，党委政府具有责无旁贷的主体责任。

第二，防范化解社会风险是最基础最重要的执政能力。正如上文指出的，几乎所有的社会风险都与党委政府的行政行为有关，也正是从这个意义上讲，防范化解社会风险是极其重要的执政能力。事实上，正如党中央早就指出的，精神懈怠、能力不足、消极腐败和脱离群众是我们党始终面临的四大风险，防范这四大风险是党的执政能力的体现。另外，无论什么社会风险，从其产生与发展的过程、机制、影响因素看，都与这四大风险密切相关，这也证明社会风险的产生与防范是执政能力的重要体现。因此，我们必须要站在加强党的执政能力建设和确保中国共产党长期执政的高度来认识防范化解社会风险的重大意义、历史意义和全局意义。

第三，要站在意识形态的高度看待所有风险。维护意识形态安全在中国具有最根本最基础的意义。近年来日益严峻的国际形势和愈演愈烈的反华浪潮，充分暴露了因为我们的"不同"而成为敌对势力反华、敌视、仇恨的根源，也是他们反华、敌视、仇恨的动力，同时成了他们反华、敌视、仇恨的方向。因此，我们发生的所有的社会风险都会被敌对势力极力引向意识形态方向，也因此，我们所有的社会风险都可能转化为意识形态风险。因此，我们一定要站在维护意识形态安全的高度看待、重视所有的社会风险。

第四，精准识别风险类别才能提升风险防范的针对性有效性。虽然不同的社会风险之间不仅是可以相互转化的，而且往往也是错综复杂地交织叠加在一起的，因此不同社会风险之间的边界并不清晰，要进行精准的识别和分类并不容易。但对社会风险进行分门别类仍然是十分重要的，不仅具有深刻的理论探索价值，也具有很强的政策意义。我们可以通过进一步分析不同类型社会风险在生成机制、传播方式、危害程度等方面的不同特点，诸如传播的快慢、危害的大小等，从而为能够建立一个系统化、规范化甚至标准化的社会风险防控体系打下基础，比如可以从传播速度、危害大小、可控程度、应对强度、防控力度等方面，给不同的社会风险赋以不同的等级，从而实现分类分级管理，既能强化防范的针对性，也能提升防范的有效性、经济性。目前，中国在各类自然灾害的防范上，已经有了比较成熟的做法，但在各类社会风险的防范上还非常不够，需要更多更深入的研究与探索。

从逻辑上分析，主要包括事前的物资储备能力、风险防范化解能力、事发的预防预测预警、事中的决策指挥和应急处置能力以及舆情引导能力。围绕上述四大重点，强化社会风险防控需要做好如下六方面工作。

第一，完善风险防控物资储备体系，增强社会风险防控保障能力。一是整合发改、应急、商务、经信各部门之间的物资储备和保障职能，增强社会风险防控物资保障能力。推进全省公共安全防控体系、应急基础设施、应急产业和物资储备数字化平台和数据库建设，实现省市县乡物资储备、调拨管理全面覆盖、上下贯通、横向互联、迅捷高效。二是健全全省统一的应急物资生产、储备、保障和调配体系，尽快完善应急规划、应急基础设施建设、仓储分布并提升储备容量；推进应急产业园建设，实现产业集聚和规模效益，优化重要应急物资产能保障和区域布局。三是健全全省统一的物资储备体系，打造协议储备、企业代储、生产能力储备和家庭储备多种方式相结合的应急储备新格局，实行储备品种、规模、结构的动态更新机制，增强应急物资供应保障能力。

第二，强化大数据＋风险防控融合机制，夯实社会风险防控的技术支撑能力。一是加快推动5G、人工智能、工业互联网等高精尖领域的技术研发，系统整合各类高端科技资源，加强应急管理科技自主创新和高端技术装备支撑，加快数据应用场景的搭建，推动政法、公安、应急、卫健、疾控等部门数字基础设施的迭代升级，为社会风险防控大数据赋能风险感知、风险研判、智能流转、灵敏反馈、迅捷处置提供强有力的技术支撑。二是加快推进社会风险防控大数据平台和基层应急指挥调度中心建设，强化社会风险防控指挥力度和统筹调控手段。统一社会风险数据标准，加大力度打通公安、卫生、交通、经信、应急等部门的专业数据库、数据仓，深度挖掘和分析社会风险数据，依靠科技提高重大社会风险研判与预警的科学化、专业化、智能化、精细化水平。三是综合运用大数据、区块链、人工智能等前沿技术构建社会风险防控数字化应用体系，鼓励公众通过数字化应用参与社会风险防控，进一步形成社会风险数据采集、分析、研判、预警、追踪、反馈的联动闭环管理。四是加强"健康码""安全码"等社会风险防控数字化应用的常态化管理机制，推动"健康码""企业码"等数字化防疫应用进一步向办公、出行、公共服务、政府监管、就餐等生产与生活场景拓展，整体提升社会风险防控数字化应用的运行效能。

　　第三，完善社会风险评估和治理体系，提升预防化解能力。一是狠抓敏感信息直报体系建设，增强上下灵敏反应速度。充分发挥大数据+网格化管理、集成式防控的优势，运用大数据、人工智能技术完善并推广"村情通""智安小区"运行模式，延伸敏感信息采集覆盖面和神经末梢，增强基层防控触角和纵向联动、横向联动的敏锐性，提高社会风险发现和识别能力。依托浙江政务网，开发全省统一的社会风险防控大数据平台，打造提升统一的敏感信息直报系统，完善敏感信息智能流转、灵敏反应、及时处置、效果评估的信息技术、处置流程和紧急信息一键发布功能，增强各级政府、各个部门社会风险分析、研判、排查和灵敏反应能力。二是完善监测预警机制，增强社会风险预警能力。进一步挖掘枫桥经验在风险治理中的功能，贯彻落实"治未病、治未乱"思想，增强社会矛盾调处化解能力。推进社会矛盾纠纷调处化解中心建设和"最多跑一次"改革，系统集成、充分整合各类矛盾调处化解资源和力量，形成矛盾调处化解合力，实现矛盾纠纷"一站式受理、一揽子调处、全链条解决"，把矛盾问题吸附和解决在基层。明确统一的社会风险和突发事件分级预警标准及第一时间发布机制，推行风险评估五色图，加快实施"社会风险智能防控"战略。三是健全风险防控机制，提高风险防控能力。着力健全公共安全隐患排查和预防控制体系，完善公共治安防控体系建设，通过人防、物防、信防、技防四位一体提升各类风险精密智控、精准治理水平。积极开展危化品生产储存、运输、使用和废弃处置等全生命周期重点整治和风险排查工作，充分调动各级党委政府、企业、社会、公众各主体的积极性，提高风险防控立体化、专业化、精细化、智能化水平。建构群众自防自治、社区群防群治、部门联防联治、相关单位协防协治的风险防控体系，强化重点行业领域的风险评估和监测预警，不断推进全灾种、全过程、全方位、全社会的灾害链综合监测和风险早期识别体系建设，提升政府、市场、社会、公众多主体参与的监测预警能力，提高预测预警、预防化解社会风险能力。

第四，健全社会风险协同防控体系，提高协同防控能力。一是完善社会风险防控指挥部的设置和运行机制，构建统一高效的大风险、大防控、大应急管理格局。系统整合政法、卫健、应急、公安、发改、经信、大数据局等部门职能，充分发挥各部门在社会风险评估、安全隐患排查、应急决策、疾病监测、医疗救治、联防联控、网络舆情引导上的联动作用，优化专班运作机制，构建制度化常态化的社会风险防控和应急指挥体系。二是强化社会风险协同防控，推进应急管理体系现代化、科学化、规范化。完善统一指挥、专常兼备、上下联动、反应灵敏的社会风险防控和应急管理体系，提升各层级各部门协同应急能力。打破部门和层级壁垒，建立统一高效的应急指挥和信息平台，强化应急处置信息资源技术互通共享和深度应用。健全区域协作和部门联动机制，强化应急联动中心建设和网上网下配合机制，进一步整合各部门资源力量，形成部门合力，实现政府预警、社会动员、快速反应、应急处置的整体联动。三是健全社会多元主体间的联动机制，提高社会应急协同能力。着力激发市场、社会等多元主体在风险防控体系建设中的协同作用，不断提升社会组织的社会公信力和专业化运作水平，加强对诸如民间救援队、民间慈善团体和基金会等社会力量统筹调度、协同参与风险防控和应急救援，优化社会风险防控和应急处置绩效。

第五，完善宣传教育体系，增强公众抵御风险能力。一是加大《突发事件应对法》《传染病防治法》《野生动物保护法》等法律法规宣传力度，增强公众忧患意识，安全意识，依法防控、依法表达、依法维权意识以及野生动物保护意识，提高公众自救互救、理性维权、第一时间应急响应和协同应急能力，特别是要强化公众卫生素养、减少杀害、烹食野生动物行为，从源头上降低公共卫生风险传播可能。二是完善公共安全和风险防控宣教体系。学习日本等西方发达国家先进经验，公共安全教育从娃娃抓起，把安全教育作为提升社会风险防控和整体抗风性能力的抓手，常抓不懈，久久为功。进一步推行公共卫生教育、安全教育进校园、进社区活动，建立健全以中小学为主的学校公共卫生教育和安全教育体系，各级各类学校应把应急知识、公共安全教育纳入实体教学内容，学生必须系统修习公共安全课程，并开展经常性的应急演练，培养学生的安全意识和自救互救能力。在各个县（市区）大力推进融应急产业、宣教和培训于一体的应急体验中心建设，推进政府搭台、市场主导、社会参与的立体多元的社会风险防控和应急宣教体系建设。三是创新公共安全和风险防控宣教形式。充分利用政务新媒体、新型主流媒体和融媒体技术创新公共卫生、安全和社会风险预防与应急、自救与互救的宣教活动，通过多元渠道提升公众公共卫生素养、安全意识和防控技能。各级政府和基层自治组织应积极组织开展社会风险防控和应急宣教活动，采取桌面推演、应急演练等创新形式健全突发事件应急培训，并使培训演练制度化、长效化，切实提升公众安全素养和抵御风险能力。

第六，完善应急管理培训体系建设，增强干部风险防控和应急管理能力。"十四五"时期应不断完善干部应急管理培训体系建设，大力打造一支专常兼备、反应灵敏、作风过硬、本领高强的社会风险防控和应急救援救治队伍。一是强化顶层设计，理顺应急管理培训体制。针对现有应急管理培训资源分散和培训力量不强的现状，建议对应急管理培训职能、资源和力量进行系统整合，完善覆盖全省的应急培训网络，建议大力推进省级应急管理培训基地建设，创新现行应急培训体制，以应急管理培训基地实体化运行整合各级党校（行政学院）、应急厅、卫健委（疾控）、市场监管局等部门的培训和宣教力量，集中优势资源，形成科学严谨的课程体系、培训体系，实现常态化运作。二是优化资源配置，打造层次分明、分工明确、职责清晰、相互衔接的应急培训体系。积极打造"政府统筹、党校牵头、部门配合、社会参与"的新型应急培训体制，建构分类指导、分层次培训、业余学习、网络培训与社会培训对接的培训体系。打通各级领导干部网络学院、应急管理网络学院以及各高校网络教育和学习平台，实现优秀课程、师资、资源共享，学分、学习机制无缝衔接，从机制体制上保障干部应急培训和宣教绩效。三是强化需求导向，切实做到有的放矢。增强应急管理体系和干部应急管理能力建设的现实性、针对性，课题组问卷调查结果显示，72.9%的被调查者希望能够增强应急决策和指挥能力；68%希望能够增强协同应急能力；55.5%希望能够增强预测预警预防能力；48.2%希望能够增强媒体沟通与舆情引导能力；42.7%希望能够增强风险治理能力（详见图7.2）。

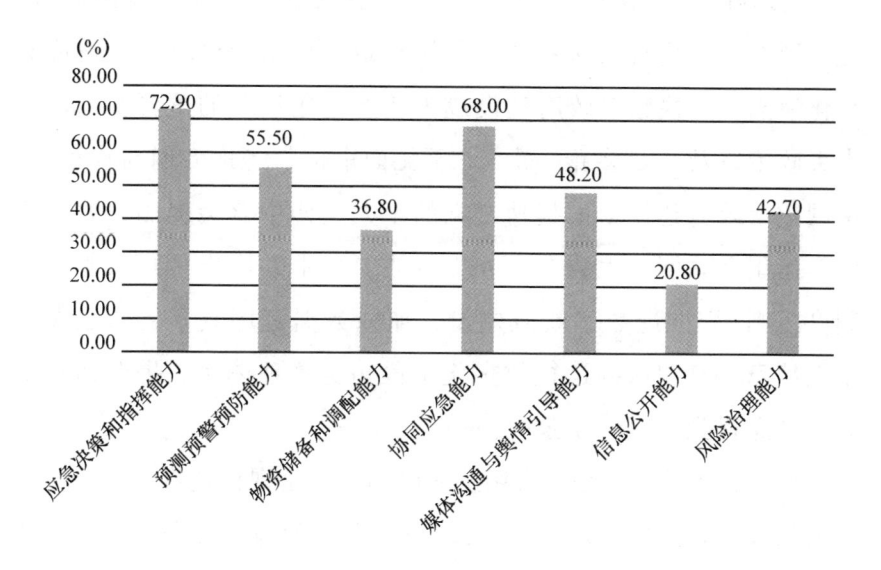

图7.2 干部期望增强的应急管理能力

资料来源：笔者根据调研结果绘制。

第三节 数字化改革赋能治理体系现代化

当前中国经济发展进入以数字经济为核心动力的新阶段，数字经济占GDP的比重超过30%，对GDP增长的贡献率达60%以上。区别于传统经济，数字经济以数字化的知识和信息作为关键生产要素，通过数字产业化和产业数字化两种方式推动数字技术和实体经济的深度融合、快速发展。大数据、人工智能、区块链等新技术以及共享经济、无人驾驶、数字货币等新业态的涌现引发了市场体系特征的巨大变化，同时也给原有的治理模式带来较大挑战。面对数据产权模糊、平台企业垄断、电商假货横行、共享单车泛滥等各类现象，政府治理普遍面临服务缺失、规则缺乏、监管缺位等问题。

处理好政府与市场关系是经济行稳致远、健康发展的关键。经济形态的变化自然而然会对上层建筑提出新的要求。为适应数字化浪潮，加快数字政府建设成为政府优化治理的重要实践。在中央政策以及"最多跑一次""不见面审批"等地方创新推动下，中国数字政府建设全面提速。党的十九届四中全会提出，要建立健全运用互联网、大数据、人工智能等技术手段进行行政管理的制度规则。[1]推进数字政府建设，加强数据有序共享，依法保护个人信息，表明深入运行数字化手段拓宽治理体系、提升治理能力的理念得到了进一步强化。

政府职能设置能否与市场发展协调一致是现代化进程中最重要因素和最明显标志。数字技术赋予了政府治理新的工具与手段，不

---

[1] 《中共中央国务院关于新时代加快完善社会主义市场经济体制的意见》，人民出版社2020年版，第17页。

少学者围绕数字政府的业务流程、技术架构、平台组件等具体问题进行了诸多讨论，但一定程度上忽略了数字政府建设应以更好促进市场发挥作用为立足点的根本取向。弱政府难以支撑强市场，但强而无道的政府也不可能支撑强的、好的市场。正如党的十八届三中全会所强调的，以深化经济体制改革为牵引加快发展方式转变的关键在于充分发挥市场在资源配置中的决定性作用以及更好发挥政府作用。当仅强调大数据的精准性、可预测性，甚至如乐观者认为有望解决计划经济所需信息问题时，数字政府建设无疑会偏离方向，并对市场作用带来严重僭越。立足数字经济发展的现实诉求，笔者认为，数字政府建设的实质是在推动生产关系同生产力、上层建筑同经济基础相适应的过程中，政府如何用现代化、数字化的理念和方法优化与市场的关系，以市场机能增进为关键目标，创造性推动数字经济竞争力全面提升、实现高质量发展的重要实践。如何让数字政府成为有为政府，加快培育支撑数字经济高质量发展的有效市场成为本节讨论重点。

一 数字经济下市场体系特征呈现新变化

自20世纪70年代以来，数字经济发展经历了以单机应用为主要特征的电子化阶段以及以互联网应用为主要特征的网络化阶段，目前正进入了以大数据驱动为主要特征的智能化阶段。电子化、网络化和智能化的进程改变了市场体系中商品以及生产者、消费者的行为，形成了区别于以往的市场客体、市场主体和市场载体结构。在数字经济条件下市场体系特征变化。

第一，数据作为关键生产要素的客体结构。在要素市场上，数据成为劳动、资本、技术、管理和自然资源之外的关键要素，对数据的分析、挖掘与利用蕴含着巨大价值。2019年，中国大数据产业产值达到了8500亿元，2020年有望突破万亿元。党的十九届四中全会首次提出健全数据要素由市场评价贡献、按贡献决定报酬的机制，这表明数据要素已经从投入阶段发展到了产出、分配阶段，资本化诉求强烈。在产品市场上，数字经济发展衍生出诸多智能产品以及以软件服务、电子商务、数字文创为代表的新型服务。据统计，2018年，中国信息消费规模约为5万亿，其中信息服务消费规模首超信息产品，出现了结构性变化。更为重要的是，无论是智能产品还是数字服务都在源源不断产生大量数据，呈现出"产品即要素"的发展态势。

第二，平台企业主导的主体结构。数字经济下的交易主体规模极其庞大，长尾理论已充分表明数字化极大拓展了消费者参与的范围，让很多利基市场成为可能。在供给端，平台企业的崛起是全球数字经济发展中的突出现象。所谓平台企业是指连接两个或多个特定群体，通过满足各群体需求，激发跨边网络效应从中获利的组织。哈佛大学的托马斯·艾斯曼研究发现，全球最大的100家企业中有60家企业的主要收入来自平台商业模式。截至2019年12月，全球市值前十的企业中有8家为平台企业，市值规模达到6.23万亿美元。

第三，无边界、全天候泛在的载体结构。在数字经济中，互联网天然的无边界打破了市场交易的地域和时间限制，全球性、全天候泛在市场的形成改变了传统市场的载体结构。全球已有超过12%的跨境货物贸易通过数字化平台实现，而在中国，2019年社会消费品网上零售额超10万亿元，占零售总额比例已达25.8%。交易市场的泛在和联通带来了市场资源的广泛重组与聚合，市场交易越发便捷，市场主体的互动行为趋于高频且多元，在线协作大幅增加，企业间竞合复杂化，而企业的兴衰成败呈加速趋势。

市场体系特征变化也会引致政府治理的新挑战，尤其是在数字化时代。在数字经济现有市场条件下，要素和商品流动的自由性、企业和消费者选择的自主性、市场竞争的公平性都面临着巨大挑战，形成了对政府赋能的迫切诉求。

第一，数据要素市场建设的滞后性。要素的自由流动是高质量发展的基础保障，对照数字经济的快速发展，中国数据要素的市场建设明显滞后。一是企业、政府及社会的诸多业务尚未数据化，而已有的数据多数格式单一、时效性弱，质量参差不齐；二是数据交易存在价值不确定性和权利范围模糊性，市场交易缺乏准入、隐私保护、安全分类、质量价值评估以及数据接口等各类标准。产权明晰的最大价值是促使市场主体形成投资动力，但现有条件下各类主体并不愿意花大成本投入或将已有的高质量数据拿出来交易。受限于数据的规模、种类以及数据的质量，企业的数据应用主要集中在精准营销等有限场景。而非法来源以及未经加工的黑市数据主要用于商业杀熟、精准诈骗、人肉搜索等不良行为，进一步引发了数据要素市场的乱序。

第二，平台企业引致的市场垄断。数字技术赋权所形成的市场主体结构催生了新的权力结构。平台企业成了一个局部市场，有众多市场主体从中进行经济活动和社会交往。面对国际竞争压力，即便如阿里巴巴、腾讯等互联网巨头所面临的生存威胁也十分严峻。目前这些平台企业正通过并购、业务拓展加快进入工业互联网、数字政府以及智慧城市等领域。丰富应用场景、进一步做大生态成为平台企业竞争的不二选择。但由于平台企业具有市场交易主体和市场裁决者双重身份，其行为存在天然的局限性。[①] 当前存在的大数据杀熟以及对中小商户、创业者的权益侵犯等现象都表明，机会均等、公平竞争等问题影响着数字经济的高质量发展。

第三，契约有效执行的监管不足。契约的签订并不意味着契约

---

① 唐要家：《数字平台的经济属性与监管政策体系研究》，《经济学家》2021年第4期。

的有效执行。在市场从有界走向无界的过程中，由于信息不对称以及法律制度的不完善，市场交易很容易出现道德风险，引发市场治理的乱象。数字经济市场载体结构的变化增强了交易的便利性，但交易主体的多元化、复杂化、虚拟化、隐蔽化也产生了广泛的信用风险。在泛化的市场关系中，声誉、互惠、信任等社会资本难以发挥作用，导致假货销售、信用炒作、网络诈骗等非法行为大行其道。据统计，2018年全国市场监督管理部门共受理假冒伪劣、虚假广告等网络购物投诉168.20万件，同比增长126.2%。对于监管部门而言，面对在线化、跨领域、跨地区的海量交易，传统"以批代管"、"重审批轻监管"、属地化管理模式已经远远跟不上节奏和步伐。

第四，政策制定部门快速响应能力偏弱。数字经济发展中产品和产业更新换代的速度远超以往。市场的快速变化对政府制定部门提出了更高要求，不仅要在市场准入、流通、监管、社会诚信、市场退出及市场激励等环节建立起有效规则，还要有快速响应、迭代创新的政策调整能力。而且数字经济是融合性经济，很多新业态如工业互联网、共享经济等均涉及多部门的协调。但传统治理中政府的反应普遍滞后，众多新问题难以找到相对应的法律法规条文，或是出现政出多门，不同部门之间政策、标准要求相抵触的现象。从中反映出，政策制定部门对新技术、新经济理解不到位，面临服务对象模糊不清、原有规制原则和方法难以适应的尴尬局面。

二 数字政府赋能数字经济发展的内在逻辑

数字政府建设是政府部门通过使用数字技术改善信息和服务的供给，鼓励民众参与决策，使政府更具责任感，更为透明和有效的过程。与数字经济发展阶段相对应，数字政府建设也经历了政务电子化、网络化以及智能化三个阶段。在大数据、云计算、人工智能等新一代信息技术的支撑下,整体型政府、服务型政府以及开放型政府的实践理念不断强化,政府部门具备了进一步优化与市场关系的可能性,为赋能数字经济发展提供了现实基础。

1. 数字政府的运行原理

Tomasz 根据数字化影响的程度将数字政府建设区分为转型（transformation）、参与（engagement）以及场景化（contextualization）三大变化,其中"转型"主要体现在政府自身,"参与"主要表现为政府与民众、经济社会部门的关系变化,而"场景化"圈定了数字政府建设的应用导向,比如面向可持续发展以及追求特定公共政策等。[1] 对照中国数字政府建设过程,这三大变化与数字政府建设所经历的政务电子化、政务网络化以及政务智能化三个阶段存在内在耦合。

中国数字政府建设起步于 20 世纪 80 年代初,党政机关办公自动化、部门信息化以及 1993 年启动的金关、金卡、金桥"三金工程"都标志着政务电子化深入推进,但这个阶段以政务内网建设为基础,重点在政府内部转型。从 1999 年起,全国范围内兴起"政府上网"工程,政府网站建设延伸至乡镇部门。2002 年,国务院信息化工作办公室成立,随后出台《国家信息化领导小组关于我国电子政务建设指导意见》,"一站、两网、四库、十二金"的基本框架加速了政务服务网络化。也正是在这之后的十余年间,中国网民数量迎来爆发式增长,特别是 2014 年手机上网比例首次超过台式电脑上网比例,为公众、企业在线获取以及灵活参与政务服务提供了基础。2015 年 3 月,"互联网+"在政府工作报告中首次出现,同年 7 月《国务院关于加快推进"互联网+政务服务"工作的

---

[1] Janowski, Tomasz, "Digital Government Evolution: From Transformation to Contextualization", *Government Information Quarterly*, Vol. 32, No. 3, July 2015, pp. 221–236.

指导意见》出台，表明政府部门在推动政务网络化中的积极导向。2016年底，"最多跑一次"改革在浙江首次被提出，意味着中国数字政府建设的场景化创新加速。在原有电子化、网络化基础上，政府朝着更高政策供给和服务水平方向发展。在这个阶段，场景化成为主导，在数据智能的定义下倒逼政府加快内部转型。同时面向公众开放数据，共同寻求解决方案成为该阶段数据应用的重要内容（如图7.3）。

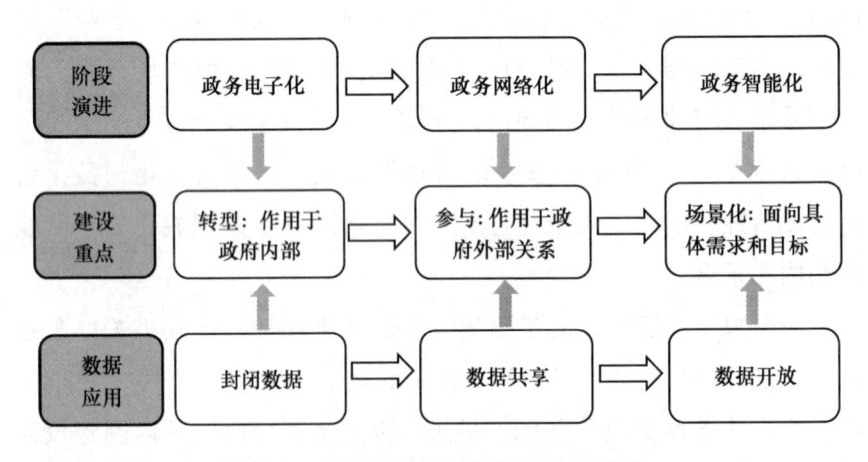

图7.3 数字政府演进阶段及运行原理

资料来源：笔者绘制。

2. 数字政府赋能数字经济的根本取向

所谓赋能是指为行动主体实现目标提供一种新的方法、路径和可能性。[1] 回顾数字政府演进历程，可以看出数字政府的兴起是政府部门对经济演进到数字形态的自我适应。但被动的、简单化的适应难以支撑数字经济的有序发展：一是处于转型期的经济发展必然面临着游戏规则、利益格局的改变，需要政府部门参与消除对改革

---

[1] 孙新波、苏钟汉、钱丽、张大鹏：《数据赋能研究现状及未来展望》，《研究与发展首任》2020年第4期。

的阻碍与反抗；二是越高级的经济体系越要求高水平地协调多样化市场活动。相比传统经济，数字经济的协调活动更为复杂，市场主体的多元、信用风险的泛化与平台垄断的加剧都充分说明了这一点。面对市场的协调失灵，政府部门必须也必然要在市场体系培育中发挥出积极作用。但这种积极作用绝不是对微观经济过程的全面干预。在数字技术的作用下，政府比以往更接近市场，能够以更便捷的方式、更低的成本实时获得市场主体的行为数据、经营数据。当实践中过于强调全流程、全方位、"天罗地网"式介入市场获取数据，甚至受资本力量、技术平台的俘获形成主动、被动式合谋时，数字政府应有的"扶持之手"将演变成"掠夺之手"，市场主体的安全感以及创新活力将受到严重抑制。

关于这一点，青木昌彦的"市场增进论"为理解数字政府赋能应把握的根本取向提供了重要视角。市场增进论超越了"亲善市场论"（market-friendly view）与"国家推动发展论"（developmental state view），认为政府与市场之间并非相互替代、非此即彼。经济发展普遍存在协调失灵，作为经济体系的参与者，政府同样面临信息不充分问题，当无法判断什么才是最佳方案时，过多干预会限制市场的多样化以及各类协调试验。但这并不是否定政府的作用，而是应该将作用的重点转变为推动企业、金融中介等民间部门发展以及相互间协调，引导民间部门增强解决市场失灵的能力。激励市场主体对协调活动的多元尝试及渐进摸索是增进市场机能的关键所在。[①] 该理论所探讨的是工业经济发展，但在数字经济环境下相关立论仍然成立。首先，数字经济协调失灵广泛存在；其次，即便拥有大量数据的政府也不能覆盖所有的解决方案并从中选出最佳路径。面对数字经济市场体系发育程度不高、要素资源缺乏、市场秩

[①] 李浠、黄卓：《数字经济与高质量发展：规制与证据》，《经济学（季刊）》2022年第9期。

序不稳定的现实,数字政府建设的根本取向仍然是促进市场更好发挥作用,其赋能的有效性判定在于是否为政府部门增进市场机能,推动市场体系发展与市场秩序扩张提供了一种新的方法和路径。如果无法达到这一点,所谓的治理模式创新或优越性均无从体现。

3. 数字政府赋能数字经济的关键环节

要素和商品的自由流动、企业的自主经营、公平竞争以及消费者自主选择、机会均等是市场在资源配置中发挥决定作用的前提,也是市场体系逐步完善的重要表征。在数字经济现有市场条件下,针对发展所面临的挑战,加快要素释放与主体培育、强化市场秩序有序维护以及公共政策的动态调整与创新构成了数字政府赋能的关键环节(如图7.4)。

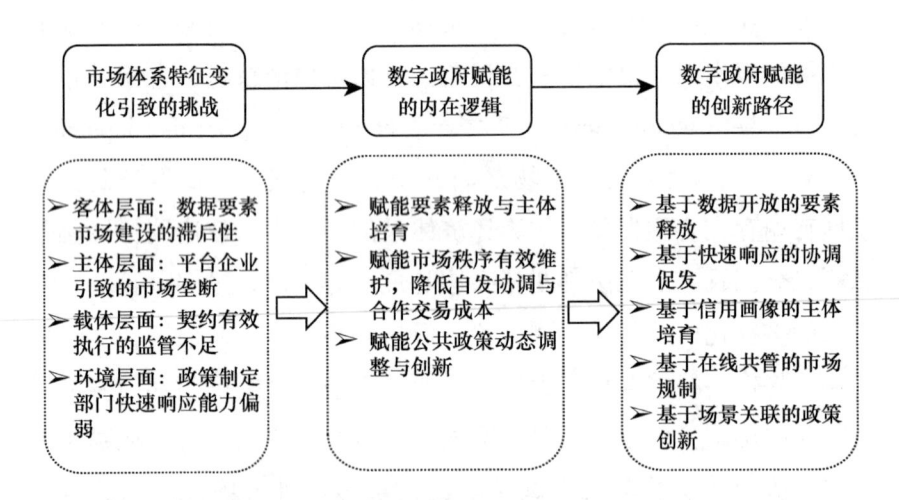

图 7.4　数字政府赋能内在逻辑和创新路径

资料来源:笔者绘制。

第一,赋能要素释放与主体培育。在市场增进逻辑下政府不再经营竞争性物品和服务的生产供给,市场主体是市场体系生成和扩展的核心,当大量企业在"无意识协作的海洋中建立有意识力量的岛屿"时,辅以充裕的生产要素,市场自主协调的可能性大幅提升。

第二，赋能市场秩序的有效维护。政府最积极的作用在于增强和发展每个主体的意志行使能力和经济活动能力。一个稳定、规范、公正、透明的制度环境将大幅降低经济主体自发协调与合作的交易成本，为分散化的协调试验及破解市场失灵创造有利条件。

第三，赋能公共政策的动态调整与创新。政府能力在很大意义上体现为有效制定和实施公共政策的能力。协调失灵的逻辑并不能证明政策干预的合理性，但也不能被看作削弱政府作用的理由。增进市场导向下政府倾向于利用市场机制来解决协调问题，但具体效果取决于市场体系的完善程度。只要存在外部性或多主体协调性问题就有公共政策的作用空间。在市场发展各个阶段及重要环节，数字政府建设能否审时度势，依据民间部门能力和实际需求的变化进行公共政策的动态调整与创新，有效地发挥出市场发展引导者和助推器作用至关重要。

三 数字政府赋能数字经济发展的创新路径

据统计，2018年全国政府资金招投标项目中涉及信息化行业采购1496.46亿元，同比增长28.62%，其中物联网、大数据、信息安全、人工智能等热点数字技术采购309.85亿元，同比增长41.64%。可见数字政府建设本身为数字经济发展提供了稳定需求源。但更为重要的是，立足公共数据开放、市场需求快速响应、市场主体信用画像、在线协同共管以及场景关联下的政策创新，中国数字政府建设逐步探索形成了赋能数字经济发展的创新路径。

第一，基于数据开放的要素释放。经过政务电子化、网络化阶段，政府内部累积了大量基础数据、流程数据和结果数据，同时政府部门是链接经济、社会部门重要节点，从企业到居民，从服务到消费，能够触达的数据可谓包罗万象。数据开放是政府部门主动供给公共物品，释放数据这一核心要素的重要选择。数据开放赋予了市场主体调用政府数据的权利，鼓励其利用技术优势和服务经验对公共数据的潜在价值进行挖掘。类似于苹果的 App Store，政府数据开放平台变成了"Gov Store"，大量的应用创新促进了数据要素的流动与组合，为数据市场的形成与完善提供了条件。目前数据开放成为各地数字政府建设的重要突破口。以上海市为例，2019 年 9 月出台全国首部公共数据开放规章，重点开放金融、医疗、旅游、交通、能源、城市管理等领域数据，并利用联合创新实验室推动公共数据的价值创造。比如在金融普惠领域，集中开放了纳税、社保缴纳、住房公积金、市场监管、发明专利、科创企业认定、环保处罚、商标、司法判决等 300 多项数据，为银行部门丰富信贷产品体系，加强对中小企业服务提供了支持。

第二，基于快速响应的协调促发。面对市场主体交互行为的敏捷化、交互关系的迭代化，强化快速响应成为政府部门推动市场协调的重要导向。数字政府建设实现了政府与市场主体的"双在线"，面对多样化需求，政府通过跨部门、跨系统、跨辖区的业务整合推进"前台一口受理，后台协同办理"，原有职能框架下的稳态服务转为需求框架下的敏捷服务，"移动办""24 小时在线办""政府秒批"等模式提供了多类别、多渠道的便捷服务。由于市场的动态变化，很难说数字政府实现了精准服务或需求预测，但确实带来了政府服务能力的快速迭代和持续调整。业务的在线流动能够及时发现行政审批过程中繁复的流程、冗余的环节和多余的证照。当现有服务与企业需求不匹配时，可以利用数字技术应用和大数据分析查找问题、快速适配。企业开办程序简化、项目审批流程缩减、企业办事"只进一扇门""最多跑一次"等所降低的交易成本和节省下的时间为市场主体加速自主协调、开展分散化试验提供了巨大的空间。

第三，基于信用画像的主体培育。在数字政府的实践中，关于市场主体信用信息的开发、共享以及开放更为便利，基于信用监管价值进一步凸显。一是部门之间实现信用信息的快速共享，红黑名单、信用评价、信用档案的完善等为部门业务协作提供了支撑。二是政府与企业"双在线"为信用评价的透明化和场景创新提供了可能。以杭州市为例，在本次疫情中率先推出了政商平台"亲清在线"，其中一项功能为"企业不需要提交任何材料，政府政策在线兑付"，其间，一些企业违背承诺，政府部门依托数据技术及时发现并公开了其失信行为。这种"直通车式"的在线服务为政府提供了多元的信用评价维度和评价渠道。对于企业而言，诚实守信成了最好的竞争通行证。三是公共信用数据的开放有效激发了社会信用评价机构的积极参与，有利于社会信用体系的加快完善。对市场主体的信用画像为政府实施联合奖惩和科学监管提供了支撑，也为数字经济发展营造了良好的信用环境。在2019年政府工作报告中，信用监管的提法首次出现，这意味着以信用评价为核心的监管机制将成为数字经济市场主体培育的重要抓手。

第四，基于在线共管的市场规制。应对数字经济无边界、全天候泛在的载体结构，政府部门也以在线化联合执法以及社会参与共管为突破口加强市场规制。以浙江省为例，2018年，成立了全国首个市场监管互联网执法办案平台，实现了从举报、立案、调查、送达、举证、告知、核审、处罚、缴款、公示等各环节的全流程在线，以此加速推进市场监管综合执法，着力破解传统涉网案件中发现难、落地案、取证难、执行难的问题。与此同时，数字化变革为市场主体及社会力量在更大范围和更深层次上参与治理创造了条件。社会参与的在线共管模式汇聚了不同主体以及多元化监管思路、方法和工具，有利于政府部门更为准确地发现问题以及寻找切实可行的解决方案。在平台化、生态化的运行逻辑下，数字政府以"平台对平台""生态对生态"理念充分利用了市场和社会部门参与动力，构建形成了与平台企业相互制衡、相互作用的监管格局，对加强平台治理和保障参与用户权益方面有积极作用。

第五，基于场景关联的政策创新。在协调市场的过程中，政府部门只有提供市场上得不到的信息才有参与的价值。数字政府是服务场景的综合，场景的多样化推动了政府数据从单一来源转向了多源异构，不同场景的数据关联为政府构建了一个感知社会、经济、环境等方面的"神经系统"。对于政府自身而言，强化对宏观经济走势的监测、预报和分析能力，有利于优化决策。对于市场主体而言，数字政府汇聚并协调了来自不同企业、行业的信息，基于场景关联的综合信息披露以及政策创新能够为市场决策提供多样化、多侧面的认知参考。以杭州为例，本次疫情期间率先推出健康码，短时间内成为全国标配。健康码综合运用了政务、电信运营商、互联网企业等多方数据，根据"数据可用不可见"的原则，设定"红黄绿码"生成规范，有效区分密切接触人员、重点疫区来杭人员、健康人群，极大便利了企业复工管理。此外，各地推出的产业链电力复工指数也为市场复工决策提供了重要参考，形成了良好的市场引导作用。

四 以数字化改革为抓手赋能数字政府建设

诚然中国数字政府建设还处于起步期，而上述有关创新路径的概括多源于对部分发达地区的实践观察，包含了理想化的构念和潜在可能性的探讨。对照现实，可以发现中国数字政府建设面临着顶层设计不够完善、部门业务应用条块化、政务服务分割化、数据资源开发利用水平低、对科学决策支持有限、区域发展水平严重失衡等问题，数字政府赋能数字经济发展的潜力还远远没有发挥。为改变这一格局，进一步提出以下四点建议。

第一，以政务服务一体化平台建设增强区域间联动协同。为提升不同区域以及各级政府部门之间的协同联动以及"一站式"服务能力，在更大范围实现对数字经济发展的赋能，应进一步优化顶层设计，推动中国政务服务公共支撑和综合保障的一体化建设。一是推进基础设施整合和集约建设，充分发挥出国家政务服务平台作为公共入口、公共通道、公共支撑的总枢纽作用，防止重复建设、投资浪费；二是加快推进政务数据资源跨地区、跨层级、跨部门共享和交换，加快构建基础性、主题性和业务性信息资源目录，进一步明确无条件、有条件以及不予共享的范围；三是对政务资源的配置由条块分割转为全局化部署，全面推进"一网通办"，除法律法规另有规定或涉及国家秘密等，政务服务事项全部纳入平台办理，并在全国范围内推进服务事项以及办事流程的标准统筹。

第二，以服务场景的创新竞赛提升数字政府的应用效能。在全国一体化政府服务平台深入推进的背景下，地方政府成为链接本地需求和全国政务资源的重要接口，相应的也就成了政务服务场景创新的竞争者。当前政务服务正从单一、浅层次的需求满足逐步转向多元、深层次的需求满足，业务的复杂性、创新性要求不断提高。能否源源不断地推出类似于"最多跑一次""政府秒批""健康码""电力复工指数"等新应用场景成为各地优化营商环境的新基石以及数字政府有效赋能的重要标识。在这个过程中，无论是数据开放、政务服务、信用画像、市场监管还是政策创新各个环节都需要政府部门强化生态建构的理念。换言之，谁能在更大范围内、最大限度地调动内部和外部主体的参与动力和信息共享，谁将在这场竞赛中胜出。因而，为提升数字政府建设的应用效能，应以场景创新和生态建构一体化为导向构建激励制度，鼓励地方政府打造出更多"爆品"。

第三，以技术保障和制度性规范强化数字政府的可信度。数字政府建设的可靠性面临两方面考验：一是安全性，数字技术的广泛应用存在基础设施安全保护、政府敏感数据、个人隐私数据泄露等问题；二是规范性，在数字技术助力下，如何防止政府的"扶持之手"变成"掠夺之手"？为此，在驱动数字政府赋能的过程中，要同步强化技术的安全性以及制度的规范性：一是树立安全的底线思维，坚持技术的自主可控，建立健全安全防护体系，保障物理设施、网络、平台、应用、数据等各个层面的平稳、高效、健康运行；二是建立数据流动的安全评估机制，明确不同数据资源的安全级别和流动机制，强化对数据市场交易的引导作用以及个人和法人信息的隐私保护；三是增强数字政府运营的法律保障，依据法律法规优化业务流程，做到法无授权不可为、法定职责必须为，同时加强数字政府运维中的执法监督，依托电子监察实现全程留痕和有据可查，规范和约束权力运行。

第四，以领导干部数字能力培养提升数字政府的自主性。数字政府建设中庞大的技术架构体系对于工作人员的科技素养和能力提出了很高的要求，善于获取数据、分析数据和运用数据成为领导干部的基本功。而传统领导干部培养体系中，主要着眼于干部队伍的政治素养、领导能力以及协调能力提升，与数字政府运营所需理念、知识以及能力相去甚远。此外，数字政府建设主要依赖外部承包商，各级政府内部普遍缺乏技术性人才，难以审查外部人员的专业性和规范性，而"算法黑箱"等问题的存在很大程度上给数字政府建设的自主性带来较大挑战。政府部门应加快培养和建设一支业务熟、技术精、素质高的年轻化、专业化队伍，切实提高数字政府运营和管理能力。

第八章

展　　望

一　高质量发展为省域现代化先行奠定基础

浙江现代化先行可分解为"现代化""先行"2个关键词。浙江的现代化既有特殊性又有一般性,其特殊性源自与西方现代化范式的比较,是中国式现代化新道路在省域层面的有效展开;其一般性指向世界现代化道路,蕴含"世界有我"的意义。现代化之"先行",置入的是国家现代化的宏大格局与全球区域竞争的恢宏视野,强调先行探索、先行示范、先行带动、先行展示。

第一,敢闯敢试、先行探索打造社会主义现代化的省域"样板"。先行探索是浙江一以贯之的行动定位,遵循"两个十五年"的时间节点先行开展基本现代化探索,符合现代化的区域率先规律性,体现为国家发展探路的自觉性。现代化先行要求以敢为人先勇于试错容错,以"一子突破"求得"全盘皆活",围绕亟须突破的重点和难点敢闯敢试,为全国改革开放再出发探索新路子,旨在为全国现代化提供看得见、摸得着、感受得到的生动示范,展现中国特色社会主义的未来形态。

第二,服务全局、先行示范率先形成更多可复制、可推广经验。较之全面小康,基本现代化的标准更高、内涵更丰富。"先行示范"强调的是全方位、全过程的"先行示范",不只是满足争当"单项冠军",而是注重贯彻新发展理念,统筹推进"五位一体"总体布局、协调推进"四个全面"战略布局,确立全面建成社会主义现代化强国、实现中华民族伟大复兴实践新征程的战略步骤。现代化先行强调由"领跑者"到"示范者",这意味着浙江的发展道路要从特殊走向一般,以一域服务全局,形成更多可复制、可推广的经验和制度,率先展现向社会主义现代化强国进军的清晰路径,为中国社会的制度变迁与现代化建设提供更具说服力的实践模式与理论支撑。

第三,以点带面、先行带动助力全国层面、全体人民共同富裕。浙江的发展不是一城一地的发展。现代化先行要求浙江由"先富者"转变为"带富者",不光自己富裕,更要具备全国视野,坚持以先富带后富,与其他区域通力合作,一起携手探索建设共同富裕。现代化先行体现的是浙江以"一马当先"带动"万马奔腾",通过抓实国家东西部协作、省内山海协作等工作,切实扛起相对发达区域的担当作为,助力全国层面、全体人员共同富裕的实现。

第四,后发赶超、先行展示为世界现代化模式多元发展提供新选择。中国式现代化道路,摒弃了西方以资本为中心的现代化、两极分化的现代化、物质主义膨胀的现代化、对外扩张掠夺的现代化老路。如何在纷繁复杂的国际社会形形色色的发展道路中凸显中国自身的发展特色,并影响世界现代化历史进程和方向仍然需要充分的实践。这就要求浙江的现代化先行由"后发优势的利用者"转为"先发优势的创建者",更加强调内生性、自主性和创新性,探索出一条与众不同的发展新路。通过先行展示,丰富世界现代化模式的多样性,拓宽发展中国家、区域走向现代化的途径,为世界现代化模式多元发展提供全新选择。

二 高质量发展推进省域现代化先行态势良好

本部分重点参考英格尔斯现代化指标体系、联合国人类发展指数体系以及中国科学院《中国现代化报告》指标体系（表8.1），在综合考虑相关数据可得性、可比性的基础上，将现代化的关键指标确定为人均GDP、城市化率、服务业占比、研发投入强度、高等教育毛入学率、高等教育生师配比、预期寿命、医院床位数等8个指标。

表8.1　　　　　　　　　现代化指标体系参考

指标体系	关键指标
英格尔斯现代化指标体系	人均GDP、农业增加值占比、服务业增加值占比、城市化率、成人识字率、高等教育毛入学率、每个医生服务的人数、人均预期寿命、婴儿死亡率、人口自然增长率
联合国人类发展指数体系	预期寿命、预期受教育程度、25岁以上劳动力受教育程度、人均GNI
中国科学院《中国现代化报告》指标体系	人均GNI、人均制造业增加值、服务业增加值占比、服务业劳动力比例、城市化率、医生比例、婴儿死亡率、能源使用效率、知识创新经费投入、人均知识产权费用、高等教育普及率、互联网普及率

资料来源：笔者整理。

基于国研网数据库中国际货币基金组织（IMF）、世界银行（World Bank）、世界教育数据库、联合国《2020年人类发展报告》等数据资料识别43个发达国家（如表8.2），并对关键指标进行对比分析（如表8.3），形成如下判断：2021年浙江人均GDP达发达国家起步水平的87.6%，其他关键指标接近或超过发达国家的平均水平，具备在2027年率先全国基本实现现代化的良好条件。

表 8.2　　　　　　　　　全球 43 个发达国家

标准	经济体	人均 GDP
6万—13万美元	卢森堡、爱尔兰、瑞士、挪威、美国、冰岛、丹麦、新加坡、澳大利亚、卡塔尔	8.06万美元
4万—6万美元（不含6万美元）	瑞典、荷兰、奥地利、芬兰、加拿大、圣马力诺、德国、比利时、以色列、新西兰、英国、法国、阿拉伯联合酋长国、日本、安道尔	4.95万美元
2万—4万美元（不含4万美元）	意大利、韩国、波多黎各、文莱达鲁萨兰国、马耳他、西班牙、塞浦路斯、斯洛文尼亚、科威特、巴哈马群岛、爱沙尼亚、巴林、捷克共和国、阿鲁巴、葡萄牙、沙特阿拉伯、立陶宛、斯洛伐克共和国	2.85万美元

资料来源：笔者整理。

表 8.3　　　浙江省与 43 个发达国家关键指标的比较①

类别	人均GDP（万美元）	城市化率（%）	服务业占比（%）	R&D占GDP比重（%）	高等教育毛入学率（%）	高等教育生师配比（%）	人均预期寿命（年）	每个人医院床位数（张）
最高值	13.13	100	77.31	4.94	115.95	4.43	84.36	12.98
最低值	2.14	43.7	41.51	0.06	18.43	21.86	73.92	1.25
中位数	4.73	83.9	65.5	1.94	73.52	12.42	81.71	3.155
平均值	4.79	81.54	63.31	1.94	70.67	12.64	80.61	4.15
中国	1.05	64.7	53.3	2.44	54.4	18.37（2020年）	77.3（2020年）	6.46（2020年）
浙江	1.752	72.7	54.6	2.9	64.8	16.31	79.5	7.13

资料来源：笔者整理。

---

① 国际数据中人均 GDP 为 2021 年数据，城市化率、服务业占比为 2020 年数据，受教育年限、高等教育毛入学率、人均预期寿命、婴儿死亡率为 2019 年数据，研发投入强度、每个人医院床位数为 2018 年数据，高等教育生师配比为 2017 年数据。全国数据中除受教育年限、高等教育生师配比、人均预期寿命、婴儿死亡率、每个人医院床位数为 2020 年数据，其余均为 2021 年数据。浙江数据中除了高等教育生师配比、婴儿死亡率以及每个人医院床位数为 2020 年数据，其余均为 2021 年数据。下同。

2021年浙江GDP总量已超过诸多发达国家水平，达7.35万亿元，约为1.14万亿美元，根据国际货币基金组织数据，超过荷兰，接近印度尼西亚，位居全球第17位，占美国GDP的4.97%、日本的22.34%、德国的26.95%、英国的36.67%、法国的38.77%、意大利的53.77%、韩国的62.51%（如表8.4）。

表8.4　　　　　　　　2021年浙江GDP总量的国际比较

位次	国家	GDP（万亿美元）	浙江占比（%）
1	美国	22.93958	4.97
2	日本	5.10311	22.34
3	德国	4.23017	26.95
4	英国	3.10842	36.67
5	法国	2.94043	38.77
6	意大利	2.12023	53.77
7	韩国	1.82385	62.51

资料来源：笔者整理；限于数据可得性，各国2021年GDP总量为国际货币基金组织公布的预测值。

2021年浙江人均GDP达发达国家起步水平的87.6%，平均水平的36.55%。2021年浙江人均GDP达11.3万元，约为1.752万美元，根据世界货币基金组织（IMF）数据，2021年浙江人均GDP接近拉脱维亚（1.954万美元）、希腊（1.9827万美元），与发达国家排序仅差两个位次，达到发达国家起步水平（2万美元）的87.6%，43个发达国家平均水平（4.79万美元）的36.55%，为美国人均GDP的25.25%、德国的34.50%、英国的37.92%、法国的38.91%、日本的43.04%、意大利的49.23%、韩国的49.78%（如表8.5）。

表 8.5　　2021 年浙江人均 GDP 的国际比较

位次	国家	人均 GDP（万美元）	浙江占比（%）	该国同等水平年份
1	美国	6.94	25.25	1984—1985 年
2	德国	5.08	34.50	1989—1990 年
3	英国	4.62	37.92	1988—1989 年
4	法国	4.50	38.91	1986—1987 年
5	日本	4.07	43.04	1986—1987 年
6	意大利	3.56	49.23	1989—1990 年
7	韩国	3.52	49.78	2004—2005 年

资料来源：笔者整理；限于数据可得性，各国 2021 年人均 GDP 为国际基金货币组织（IMF）公布的预测值。

参考其他关键指标，浙江发展水平高于人均 GDP 相近国家，接近或超过发达国家平均水平。在其他 7 项关键指标中，城市化率、服务业占比、高等教育毛入学率、高等教育生师配比、人均预期寿命等指标接近发达国家平均水平，研发投入强度、每个人医院床位数已超过发达国家平均水平，为 2027 年浙江基本实现现代化奠定扎实基础（如表 8.6）。

表 8.6　　2021 年浙江其余关键指标的国际比较

国家或地区	城市化率（%）	服务业占比（%）	R&D 占 GDP 比重（%）	高等教育毛入学率（%）	高等教育生师配比（%）	人均预期寿命（年）	每个人医院床位数（张）
美国	82.66	77.31	2.83	87.89	12.02	78.79	2.87
日本	91.78	69.3	3.28	64.1	6.88	84.36	12.98
德国	77.45	63.35	3.13	73.52	7.59	80.94	8
英国	83.9	72.79	1.7	65.77	15.56	81.2	2.5
法国	80.97	71.16	2.19	68.36	—	82.58	5.91
意大利	71.04	66.75	1.39	66.05	20.12	83.2	3.14
韩国	81.41	57.02	4.53	98.45	14.28	83.23	12.43
浙江	72.7	54.6	2.9	64.8	16.31	79.5	7.13

资料来源：笔者整理。

基于浙江现代化发展水平的总体判断，本部分根据2016—2021年平均名义增速对2027年浙江、全国及主要发达国家经济指标进行预测，形成如下判断：浙江人均GDP预计于2023年突破2万美元，2027年人均GDP预计超2.6万美元，为全国预测值的1.5倍左右，达到美国、日本、德国、英国、法国等国家20世纪90年代的水平，达到意大利21世纪初的水平，与韩国差距在15年左右。其他关键指标维持良好发展态势，为2035年高水平实现现代化奠定扎实基础（如表8.7）。

表8.7　　　　　　　　2027年浙江关键指标预测及比较

类别	2021年浙江	2027年浙江	国际比较	2035年全国比较
人均GDP（万美元）	1.752	2.6	2027年占美国的31.02%、德国的41.85%、日本的55.47%、韩国的60.79%、英国的54.82%、意大利的62.84%、法国的48.98%	为全国2027年预测值的1.5倍左右
城市化率（%）	72.7	76	低于韩国、英国、日本、美国，高于法国、德国、意大利同历史时期水平	高于全国2035年72%—75%的预测水平
服务业占比（%）	54.6	64.31	低于美国、法国、英国，高于意大利、日本、韩国、德国同历史时期水平	高于全国2035年60%的预测水平
R&D占GDP比重（%）	2.9	3.5	低于韩国，高于其他6国同历史时期水平	接近全国2035年3.5%的预测水平
高等教育毛入学率（%）	64.8	74	低于韩国、美国，高于其他5国同历史时期水平	
高等教育生师配比（%）	16.31	18.44	低于日本、美国、韩国、法国，高于英国、意大利、德国同历史时期水平	
人均预期寿命（年）	79.5	81	接近韩国、意大利，高于其他5国同历史时期水平	接近全国2030年预期目标
每个人医院床位数（张）	7.13	10.03	低于日本，接近韩国、德国，高于其他4国同历史时期水平	接近全国2030年预期目标

资料来源：笔者整理。

预计2025年浙江GDP超过10万亿元，2027年突破12万亿元，占全国及发达国家GDP比重较2021年持续上升。2016—2021年浙江GDP平均名义增速为9.44%，按照这一增速进行预测，浙江GDP总量将于2025年达到1.59万亿美元（约为10万亿元）；到2027年为1.88万亿美元（约为12万亿元）。2027年浙江GDP预测值占全国比值的7.308%，较2021年所占比重上升0.548%。较2021年，GDP占美国、德国、日本、韩国、英国、意大利、法国比重分别上升1.515%、8.148%、19.514%、9.567%、19.736%、22.227%、13.828%，如表8.8所示。

预计2023年浙江人均GDP突破2万美元，领先全国6年左右达到中等发达水平，2027年达2.6万美元。2016—2021年浙江人均GDP平均增速为6.66%，按照这一增速进行预测，2023年浙江将跨越2万美元门槛。从全国层面来看，中国人均GDP将于2029年达到2万美元，这意味着浙江领先全国整体水平6年左右。2027年浙江人均GDP将达到2.6万美元，与美国、日本、德国、英国、法国等国家差距在30年左右，与意大利差距在20年左右，与韩国差距在15年左右。从所占比重来看，2027年浙江人均GDP为美国、日本、德国、英国、法国、意大利和韩国的31.02%、55.47%、41.85%、54.82%、48.98%、62.84%和60.79%，较2021年所占比重分别提升5.77%、12.43%、7.35%、16.90%、10.07%、13.61%和11.00%（如表8.9）。

2027年浙江其他关键指标接近发达国家历史时期水平，为2035年浙江实现高水平现代化奠定良好基础。根据2016—2021年平均增速对2027年浙江其他关键指标进行预测，在此基础上对照发达国家同历史时期的水平，可以看到浙江在每个人年有医院床位数、人均预期寿命、高等教育毛入学率、研发投入强度方面有较大优势，为2035年浙江实现高水平现代化提供了有力支撑。但值得注意的是，城市化率、研发投入强度、高等教育毛入学率以及高等教育生师配比均低于韩国同历史时期水平（如表8.10）。

表 8.8　2022—2027 年浙江省及各国 GDP 总量预测

单位：十亿美元

时间	浙江	中国	美国	德国	日本	韩国	英国	意大利	法国
2022	1238.86	18094.62	23854.49	4400.36	5227.4	1893.98	3147.16	2175.66	3037.98
2023	1346.8	19416.22	24805.89	4577.4	5354.71	1966.81	3186.38	2232.53	3138.76
2024	1464.14	20834.34	25795.23	4761.57	5485.13	2042.44	3226.1	2290.89	3242.89
2025	1591.71	22356.04	26824.04	4953.14	5618.72	2120.98	3266.3	2350.78	3350.47
2026	1730.39	23988.88	27893.87	5152.42	5755.56	2202.54	3307.01	2412.24	3461.62
2027	1881.16	25740.98	29006.37	5359.72	5895.74	2287.24	3348.23	2475.3	3576.46
2027年浙江GDP占比（%）	—	7.308	6.485	35.098	56.184	31.907	82.246	75.997	52.598
2027年浙江GDP占全国比重较2021年上升的幅度（%）	—	0.548	1.515	8.148	19.514	9.567	19.736	22.227	13.828

资料来源：笔者测算而得。

表 8.9　2022—2027 年浙江省及各国人均 GDP 总量预测

单位：美元

时间	浙江	中国	美国	德国	日本	韩国	英国	意大利	法国
2022	18761.5421	12707.24462	71784.91637	52659.97866	41782.66452	36453.57654	46524.86597	36586.52325	46401.74525
2023	20089.82522	13579.29106	74278.14043	54601.10649	42889.59776	37756.60205	46851.75263	37616.36076	47817.11494
2024	21512.14837	14511.1825	76857.95881	56613.78729	44025.85659	39106.20394	47180.93603	38675.18614	49275.65696
2025	23035.16942	15507.02585	79527.3791	58700.65859	45192.21793	40504.04706	47512.43229	39763.81534	50778.68818
2026	24666.0176	16571.20987	82289.51334	60864.45518	46389.47925	41951.8558	47846.25766	40883.08727	52327.56562
2027	26412.32686	17708.42451	85147.58164	63108.01264	47618.4592	43451.41616	48182.42851	42033.86447	53923.6877
2027 年浙江人均 GDP 占比（%）		149.15	31.02	41.85	55.47	60.79	54.82	62.84	48.98
2027 年浙江 GDP 占全国比重较 2021 年上升的幅度（%）		1.81	5.77	7.35	12.43	11.00	16.90	13.61	10.07

资料来源：笔者测算而得。

第八章 展望

表8.10 未来五年浙江关键性指标与各国历史同时期水平比较

国家或地区	2.6万美元年份	城市化率（%）	服务业占比（%）	R&D占GDP比重（%）	高等教育毛入学率（%）	高等教育生师配比（%）	人均预期寿命（年）	每个人年有医院床位数（张）
美国	1992—1993年	76.1（1992年）	71.81（1997年）	2.45（1996年）	77.74（1992年）	12.46（2014年）	75.62（1992年）	4.9（1992年）
日本	1990—1991年	77.34（1990年）	62.93（1994年）	2.69（1996年）	29.36（1990年）	7.12（2013年）	78.84（1990年）	15.6（1993年）
德国	1991—1992年	73.27（1991年）	56.37（1991年）	2.14（1996年）	33.66（1991年）	23.18（1991年）	75.32（1991年）	10.1（1991年）
英国	1996—1997年	78.41（1996年）	64.84（1996年）	1.58（1996年）	50.08（1996年）	20.4（1996年）	77.09（1996年）	4.6（1996年）
法国	1994—1995年	74.74（1994年）	64.95（1994年）	2.22（1996年）	49.54（1994年）	16.61（1994年）	77.65（1994年）	9.1（1994年）
意大利	2002—2003年	67.38（2002年）	63.75（2002年）	1.08（2002年）	55.55（2002年）	23.09（2002年）	80.23（2002年）	4.44（2002年）
韩国	2012—2013年	81.85（2012年）	61.69（2012年）	3.85（2012年）	97.43（2012年）	14.6（2012年）	80.82（2012年）	10.25（2012年）
浙江	2027年	76	64.31	3.5	74	18.44	81	10.03

资料来源：笔者整理。

三 高质量发展推进省域现代化先行实现路径

浙江省第十五次党代会明确提出共同富裕先行和省域现代化先行，并且为"两个先行"提出了"五个工作导向"及具体工作的"10个着力"，包括着力推动全面转入创新驱动发展模式、着力推进数字化改革引领系统性变革、着力服务和融入新发展格局、着力塑造引领未来的新增长极、着力推进更高水平城乡一体化等。具体而言，推进高质量发展实现省域现代化先行需要把握以下五点。

第一，深化供给侧结构性改革，强化创业创新更大程度激发人的积极性、创造力，以更多原创成果支撑高质量发展。一是强化就业优先导向。将更充分更高质量就业作为经济社会发展的优先目标，坚持创造更多就业岗位和稳定现有就业岗位并重。打造科技、教育、产业、金融紧密融合的创新体系，以智力密集型产业、现代服务业以及新业态、新模式为重点，开发更多适合高校毕业生的高质量就业岗位。提高劳动密集型产业附加值，大力发展生活性服务业，提高就业吸纳能力。二是激发社会创业活力。完善创业政策体系，加强双创载体建设，加大创业服务供给，推动创业服务重心下沉、关口前移，进一步向社区、校区、园区、商区延伸，为有创业意愿和已创业的劳动者提供创业培训、政策咨询、融资对接、风险防范、救助维权等"一条龙"服务。支持返乡创业平台建设，加强返乡创业重点人群、贫困村创业致富带头人、农村电商人才等培育。三是完善创新要素参与分配机制。加快探索知识、技术、管理、数据等要素价值的实现形式，在全社会形成知识创造价值、价值创造者得到合理回报的良性循环。四是强化科技向善理念。规范科技伦理秩序、解决科技与伦理风险冲突，敬畏"人性之善"，营造一流科技创新生态。增强科技为社会服务的效能。引导、鼓励互联网平台企业强化源头创新，带动相关领域小微企业共同建设创新生态。

第二，发挥全过程民主先行探索地的系统优势，奋力打造全过程人民民主实践新高地、强化现代政治的制度体系供给。一是发挥全过程民主先行探索地的系统优势，奋力打造全过程人民民主实践新高地。发挥人民代表大会作为全过程人民民主实践的主渠道作用，人民代表大会职能发挥、运行过程更加彰显人民意志，体现人民要求，回应人民呼声。推进代表联络站、代表之家、代表工作室等基层平台标准化建设，支持和保障人大代表在全过程人民民主中发挥作用。构建更加完善的协商民主内容体系、程序体系、平台载体体系，推进"委员会客厅""请你来协商""民生议事堂"等政协组织化平台同全过程人民民主的深度融合。推进"民主恳谈"形式和类型的多样化，加快推进告知、决策、监督全过程无缝对接的民主恳谈成熟、定型。二是强化现代政治的制度体系供给，打造制度创新的"重要窗口"。着力培育一批制度创新的增长点。建立地方制度创新培养清单、推进共同富裕制度体系建设、启动地方制度创新试验区，力争形成新一轮的制度创新热潮。推进存量特色制度创新向纵深发展。加快推进数字化改革、为民办实事长效机制、亲清政商关系等具有浙江特色的地方治理制度向实、向细、向深发展，擦亮浙江制度创新的金字招牌，抢占制度创新的理论研究制高点。建立若干浙江制度创新研究基地，加强制度研究的人才队伍建设，提升制度创新的研究质量，增强浙江制度创新的理论解释力和话语影响力，强化理论创新对制度创新的支撑作用。三是积极构建"亲""清"政商关系，打造一流营商环境。聚焦权力与资本、政府与企业的边界，构建"亲""清"政商关系的制度政策体系，推出政商交往从关系型向制度化转型，深入推进温州新时代"两个健康"先行区建设。以数字化手段助推"一件事"集成改革，加快实现个人和企业全生命周期"一件事"全流程"最多跑一次"。推进服务型、场景化、法治化、市场化、国际化的一流营商环境建设，加大杭州营商环境创新试点城市建设力度，打造营商环境最优省，为中国营商环境建设提供浙江经验。

第三，生产群众喜闻乐见的差异性、个性化和多样化文化产品和服务，发动广大群众积极参与弘扬文化、创造文化。一是强化公共文化基本保障体系。推进城乡公共文化服务体系一体化建设，健全现代公共文化设施体系，扩大高品质公共文化供给。二是建设优势文化品牌。围绕以红船精神为代表的红色文化、以浙江历史为依托的优秀传统文化、以浙江精神为底色的创新创业文化等浙江优势文化做好品牌建设，提高对外文化话语权。三是壮大数字文化。适应消费结构的变化，打造行业引领、国内领先的数字文化发展高地。加快发展新型文化企业、文化业态、文化消费模式，壮大数字创意、网络视听、数字出版、数字娱乐、线上演播等产业，扩大和引导数字文化消费需求，让数字文化产品服务以更便捷的方式抵达用户。四是培育老龄文化推动文化养老。以文化建设引领老龄事业发展，从文化上应对老龄社会，从文化上塑造理想老龄社会。加大老年人公共文化服务供给、推动老年文化产品创作和产业发展、引导老年人更多参与文化建设。

第四，实现政府治理同社会调节、居民自治良性互动，建设人人有责、人人尽责、人人享有的社会治理共同体。一是"健标准、补短板"完善基本公共服务供给。推动基本公共服务实现目标人群全覆盖、服务全达标、投入有保障，加强大都市区、一体化合作先行区、城乡融合发展试验区公共服务标准统筹。补齐基本公共服务的软硬件短板和弱项，促进公共服务资源向农村、山区、海岛等地倾斜。二是系统提升公共服务效能。以数字社会建设全域拓展公共服务数字场景应用，推动数字化服务普惠应用，强化教育、医疗卫生、社会保障、社会服务等重点领域数据信息交换共享，提高公共服务便利共享水平。三是推动民营经济拓展中高端服务、优质公共服务供给。支持民营经济参与养老、住房、健康、环保等社会民生领域投资发展，同时围绕边缘人群、少数人群、特殊人群需求探索普惠产品和服务，以供给主体、供给方式的多元化以及更高水平的均等化品质助力社会问题的创新性解决。四是以数字化助推治理模式创新。加快建立"全省一盘棋、市级抓统筹、县级负主责、基层强执行"的省域社会治理工作机制，分级分类推进新型智慧城市建设，加快推进数字乡村建设，提升城乡社区智慧治理现代化水平，积极构建多方参与共建共享共治格局。

第五，完善生态治理长效机制，通畅生态产品供需关系，全面推进生产生活方式绿色转型，夯实生态文明建设之"基"。一是建立生态环境治理长效机制。推进生态文明立法及规章制度出台，建立健全各部门生态环境保护工作协同机制，健全生态环境保护督察长效机制。二是通畅的生态产品供需关系。以调节服务和做优生态农产品、生态旅游为重点，推动生态产品价值实现。健全自然资源资产产权制度，建立生态产品价值实现机制，拓展生态农产品价值链，壮大生态旅游产业链，建立促进生态产品价值实现的保障机制。三是全面推进生产生活方式绿色转型。把握低碳技术、零碳技术、储能技术、替代能源技术等前沿导向，加速核心技术创新进程，建立以新能源为主体的绿色低碳现代能源体系。大力推行简约适度、绿色低碳、文明健康的生活方式，广泛开展绿色生活创建行动。四是健全生态补偿等制度。探索建立区域合作、区际生态补偿等机制，完善新安江等跨流域共治共保共享机制。积极探索建立跨省域、跨区域排污权等交易市场，深化交易市场等领域数字化改革。

参考文献

《邓小平文选》第3卷，人民出版社1993年版。

《习近平谈治国理政》第1卷，外文出版社2018年版。

《习近平谈治国理政》第4卷，外文出版社2022年版。

习近平：《高举中国特色社会主义伟大旗帜 为全面建设社会主义现代化国家而团结奋斗——在中国共产党第二十次全国代表大会上的报告》，人民出版社2022年版。

习近平：《在庆祝中国共产党成立100周年大会上的讲话》，人民出版社2021年版。

习近平：《出席第三届核安全峰会并访问欧洲四国和联合国教科文组织总部、欧盟总部时的演讲》，人民出版社2014年版。

习近平：《干在实处 走在前列——推进浙江新发展的思考与实践》，中共中央党校出版社2006年版。

《中共中央关于党的百年奋斗重大成就和历史经验的决议》，人民出版社2021年版。

《中共中央关于制定国民经济和社会发展第十三个五年规划的建议》，人民出版社2015年版。

《中共中央国务院关于新时代加快完善社会主义市场经济体制的意

见》，人民出版社 2020 年版。

《中国共产党第十九届中央委员会第四次全体会议公报》，人民出版社 2019 年版。

《中华人民共和国国民经济和社会发展第十四个五年规划和 2035 年远景目标纲要》，人民出版社 2021 年版。

中共中央文献研究室编：《邓小平思想年编（1975—1997）》，中央文献出版社 2011 年版。

中共中央文献研究室编：《十二大以来重要文献选编（上）》，人民出版社 1956 年版。

中共中央文献研究室编：《邓小平同志论改革开放》，人民出版社 1989 年版。

中共中央宣传部、国家发展和改革委员会：《习近平经济思想学习纲要》，人民出版社 2022 年版。

李健：《创新时代的新经济空间——从全球创新地理到地方创新城区》，上海社会科学院出版社 2016 年版。

［美］约瑟夫·熊彼特：《经济发展理论》，何畏等译，商务印书馆 1990 年版。

［日］青木昌彦：《政府在东亚经济发展中的作用》，张春霖等译，中国经济出版社 1998 年版。

《习近平致信祝贺第四届世界互联网大会开幕强调：尊重网络主权 发扬伙伴精神 共同搭乘互联网和数字经济发展的快车 王沪宁出席开幕式并发表主旨演讲》，《中国信息安全》2017 年第 12 期。

习近平：《在北京冬奥会、冬残奥会总结表彰大会上的讲话》，《中华人民共和国国务院公报》2022 年第 12 期。

《习近平出席全国宣传思想工作会议并发表重要讲话》，《实践》（思想理论版）2013 年第 9 期。

白俊红、蒋伏心：《协同创新、空间关联与区域创新绩效》，《经济研究》2015年第7期。

曹湛、彭震伟：《全球城市与全球城市—区域"属性与网络"的关联性——以上海和长三角为例》，《经济地理》2017年第5期。

陈广胜：《以"互联网+"撬动政府治理现代化——以浙江政务服务网为例》，《中国行政管理》2017年第11期。

陈贵梧、胡辉华、陈林：《行业协会提高了企业社会责任表现吗？——来自中国民营企业调查的微观证据》，《公共管理学报》2017年第4期。

陈恒、李文硕：《全球化时代的中心城市转型及其路径》，《中国社会科学》2017年第12期。

陈红霞：《开发区产城融合发展的演进逻辑与政策应对——基于京津冀区域的案例分析》，《中国行政管理》2017年第11期。

陈劲、阳镇、尹西明：《双循环新发展格局下的中国科技创新战略》，《当代经济科学》2021年第1期。

陈立书：《美国硅谷成功的经验借鉴》，《法制博览》2015年第10期。

陈琦：《硅谷模式对上海创建全球科创中心的政策启示——基于区域创新网络理论》，《商业经济研究》2017年第1期。

陈妍：《中国式现代化新道路的内生动力》，《现代商贸工业》2022年第15期。

陈昭、陈钊泳、谭伟杰：《数字经济促进经济高质量发展的机制分析及其效应》，《广东财经大学学报》2022年第3期。

程恩富、张峰：《"双循环"新发展格局的政治经济学分析》，《求索》2021年第1期。

褚孟形：《加快建设高质量发展的国内一流强区》，《政策瞭望》2020年第12期。

丛海彬、段巍、吴福象：《新型城镇化中的产城融合及其福利效应》，《中国工业经济》2017年第11期。

邓智团：《创新街区研究：概念内涵、内生动力与建设路径》，《城市发展研究》2017年第8期。

董慧、胡澜予：《中国式现代化道路的历史脉络与经验启示》，《理论与改革》2022年第1期。

段显明、陈蕴恬：《长三角城市群经济网络结构特征及影响因素——基于社会网络分析方法》，《杭州电子科技大学学报》（社会科学版）2016年第6期。

冯留建、马雪梅：《全面建设社会主义现代化国家的逻辑理路》，《新视野》2022年第1期。

冯文彬：《社会责任信息披露影响因素实证研究》，《改革与开放》2009年第10期。

高帆：《基于社会主要矛盾转化深刻理解我国高质量发展内涵》，《上海经济研究》2021年第12期。

关婷、薛澜、赵静：《技术赋能的治理创新：基于中国环境领域的实践案例》，《中国行政管理》2019年第4期。

郭洪涛：《不同所有制企业承担社会责任的具体形式探讨——基于创新型CSR模型基础之上》，《经济问题探索》2011年第2期。

何传启：《中国现代化进程的阶段划分与模式演进》，《人民论坛》2021年第24期。

何圣东、杨大鹏：《数字政府建设的内涵及路径——基于浙江"最多跑一次"改革的经验分析》，《浙江学刊》2018年第5期。

何寿奎、薛琼琼、马维文：《国家高新区高质量发展内在机理及发展路径研究》，《资源开发与市场》2022年第7期。

洪银兴：《关于市场决定资源配置和更好发挥政府作用的理论说明》，《经济理论与经济管理》2014年第10期。

胡鞍钢：《中国式现代化道路的特征和意义分析》，《山东大学学报》（哲学社会科学版）2022 年第 1 期。

胡大平：《人的现代化与全面建设社会主义现代化国家》，《思想理论教育导刊》2021 年第 2 期。

胡琳娜、张所地、陈劲：《锚定+创新街区的创新集聚模式研究》，《科学学研究》2016 年第 12 期。

胡伟：《中国共产党与中国的现代化：百年探寻和思想》，《科学社会主义》2021 年第 6 期。

黄亮、王振、陈钟宇：《产业区的产城融合发展模式与推进战略研究——以上海虹桥商务区为例》，《上海经济研究》2016 年第 8 期。

黄祖辉：《浙江乡村振兴战略的先行探索与推进》，《浙江经济》2017 年第 21 期。

金碚、李钢：《企业社会责任公众调查的初步报告》，《经济管理》2006 年第 3 期。

孔令刚、吴寅恺、陈清萍：《长三角高质量一体化发展论坛综述》，《区域经济评论》2019 年第 5 期。

雷达、程万昕：《"双循环"新格局的经济思想史解析》，《南开学报》（哲学社会科学版）2021 年第 1 期。

雷小苗：《社会主义市场经济条件下科技创新的新型举国体制研究》，《经济学家》2021 年第 12 期。

李本松：《习近平关于新发展格局的重要论述探讨》，《理论研究》2022 年第 2 期。

李海波、李桂茹、龚著燕、高晓瑾：《自主创新驱动区域发展的路径与对策研究——以山东省创新型企业为例》，《科技进步与对策》2013 年第 1 期。

李海波、李苗苗、汝绪伟：《创新城区：区域创新驱动集聚发展的新空间载体》，《经济与管理评论》2018年第1期。

李海超、彭尔霞：《社会资本对企业创新发展的影响机理研究——以阿里巴巴为例》，《当代财经》2015年第5期。

李宏贵、谢蕊、陈忠卫：《多重制度逻辑下企业创新合法化战略行为——基于阿里巴巴案例分析》，《经济与管理研究》2017年第7期。

李健：《创新驱动空间重塑：创新城区的组织联系、运行规律与功能体系》，《南京社会科学》2016年第7期。

李健、屠启宇：《创新时代的新经济空间：美国大都市区创新城区的崛起》，《城市发展研究》2015年第10期。

李金华、黄光于：《供应链社会责任治理机制、企业社会责任与合作伙伴关系》，《管理评论》2019年第10期。

李靖华、韩莹、刘树龙：《科创走廊的特点及建设机制研究——以"128号公路"创新廊道和广深科创走廊为例》，《创新科技》2022年第1期。

李娟、刘爱峰：《数字经济驱动中国经济高质量发展的逻辑机理与实现路径》，《新疆社会科学》2022年第3期。

李雷、赵先德、简兆权：《网络环境下平台企业的运营策略研究》，《管理科学学报》2016年第3期。

李田伟：《基于高质量发展要求的思政课教学逻辑与实施路径》，《四川文理学院学报》2022年第4期。

李万：《加快提升我国产业基础能力和产业链现代化水平》，《中国党政干部论坛》2020年第1期。

李文茜、刘益：《技术创新、企业社会责任与企业竞争力——基于上市公司数据的实证分析》，《科学学与科学技术管理》2017年第1期。

李响：《基于社会网络分析的长三角城市群网络结构研究》，《城市发展研究》2011 年第 12 期。

李响、严广乐、蔡靖婧：《多层次治理框架下的区域科技创新系统治理——理论、实践比较及对中国的启示》，《研究与发展管理》2013 年第 1 期。

李小康、胡蓓：《大企业衍生创业对创业集群形成的影响研究》，《科研管理》2013 年第 9 期。

李云龙：《基于生命周期理论的我国航空产业集群演化分析》，《天津科技》2017 年第 2 期。

李增福、汤旭东、连玉君：《中国民营企业社会责任背离之谜》，《管理世界》2016 年第 9 期。

李哲、苏楠：《社会主义市场经济条件下科技创新的新型举国体制研究》，《中国科技论坛》2014 年第 2 期。

李正：《企业社会责任与企业价值的相关性研究——来自沪市上市公司的经验证据》，《中国工业经济》2006 年第 2 期。

李钻、刘琪、周艳丽：《基于社会责任与盈余管理关系的企业社会责任动机分析》，《统计与决策》2017 年第 10 期。

梁正：《新型举国体制驱动国家尖端核心技术的实践与思考》，《国家治理》2020 年第 47 期。

刘冬荣、毛黎明、李世辉、颜敏：《基于企业价值的上市公司社会责任信息披露实证分析》，《系统工程》2009 年第 2 期。

刘凤朝、孙玉涛、李滨：《以企业为主体的城市创新模式分析与能力评价》，《大连理工大学学报》（社会科学版）2009 年第 3 期。

刘乃全、吴友：《长三角扩容能促进区域经济共同增长吗》，《中国工业经济》2017 年第 6 期。

刘世锦：《"新常态"下如何处理好政府与市场的关系》，《求是》2014 年第 9 期。

刘淑春：《高质量发展的浙江实践与启示意蕴》，《治理研究》2019

年第 1 期。

刘伟：《经济高质量发展：现实基础、价值引领和宏观经济政策设计》，《石河子大学学报》（哲学社会科学版）2022 年第 7 期。

刘智景、刘文俊：《双循环背景下的经济高质量发展：经济史的启示》，《法制与经济》2021 年第 11 期。

吕铁、徐梦周：《数字经济领先市场建构：支撑机制与实践策略》，《学习与探索》2019 年第 7 期。

孟凡新、涂圣伟：《技术赋权、平台主导与网上交易市场协同治理新模式》，《经济社会体制比较》2017 年第 9 期。

潘家栋：《锚企业驱动科技新城发展的机制研究》，《治理研究》2018 年第 6 期。

潘家栋、储昊东、胡嘉妍：《促进数字经济与实体经济深度融合的实践路径》，《江南论坛》2022 年第 7 期。

潘家栋、韩沈超：《创新驱动战略下企业社会责任提升研究》，《科技与经济》2018 年第 2 期。

潘家栋、韩沈超：《锚企业与科技新城共生模式研究：以阿里巴巴和杭州未来科技城为例》，《科技进步与对策》2019 年第 5 期。

潘家栋、韩沈超、肖文：《企业创新质量对企业社会责任表现的影响研究——来自深圳 A 股上市公司的证据》，《宏观质量研究》2021 年第 3 期。

潘锦云、丁羊林：《新型城镇化视角下产城融合理论与发展路径研究》，《安庆师范学院学报》（社会科学版）2016 年第 5 期。

彭兴莲、陈佶玲：《产城融合互动机理研究——以苏州工业园区为例》，《企业经济》2017 年第 1 期。

齐丽云、李腾飞，尚可：《企业社会责任的维度厘定与量表开发——基于中国企业的实证研究》，《管理评论》2017 年第 5 期。

全裕吉：《企业社会责任、R&D 投入与专利产出效率研究——基于中国上市公司的数据检验》,《会计之友》2019年第11期。

邵鹏:《深刻认识新型举国体制的重大时代意义》,《国家治理》2020年第42期。

盛朝迅:《现代化经济体系视野的"创新创业升级版"路径找寻》,《改革》2017年第12期。

史宝娟、邓英杰:《资源型城市发展过程中产城融合生态化动态耦合协调发展研究》,《生态经济》2017年第10期。

舒鑫、林章悦:《平衡与深化:产城融合视角下新型城镇化的金融支持》,《商业经济研究》2017年第18期。

宋旭光、何佳佳、左马华青:《数字产业化赋能实体经济发展:机制与路径》,《改革》2022年第6期。

宋艳华:《论中国式现代化的科学内涵、实践优势与价值超越》,《思想教育研究》2021年第12期。

孙晨光、朱文一:《布鲁斯·卡兹"城市创新区"理论的解读及其对北京的启示》,《城市设计》2018年第1期。

唐建荣、潘洁:《基于CSR视角的中小企业技术创新驱动研究》,《管理现代化》2016年第5期。

田秀娟、李睿:《数字技术赋能实体经济转型发展——基于熊彼特内生增长理论的分析框架》,《管理世界》2022年第5期。

田野:《习近平关于中国式现代化新道路重要论述的理论贡献》,《天津行政学院学报》2022年第2期。

汪青松、陈莉:《社会主义现代化强国内涵、特征与评价指标体系》,《毛泽东邓小平理论研究》2020年第3期。

王乐鹏、李春丽、王颖:《论电子商务生态系统的构建和变革——以阿里巴巴为例》,《科技广场》2015年第7期。

王立刚:《中国特色社会主义现代化战略发展的历程与展望》,《重庆理工大学学报》(社会科学版)2022年第3期。

王维平、薛俊文：《中国式现代化新道路的"总体性"阐释》，《北京行政学院学报》2022年第1期。

王学定、韩金雨、高峰、范宪伟：《中小企业为主体的西部中小城市创新体系构建——以白银市为例》，《财会研究》2010年第22期。

王英俭、陈套：《面向高质量发展的人均劳动生产率及其提升路径》，《科技智囊》2022年第6期。

王永进、盛丹、李坤望：《中国企业成长中的规模分布——基于大企业的研究》，《中国社会科学》2017年第3期。

王祖强：《培育壮大中等收入群体 加快形成橄榄型社会结构》，《政策瞭望》2022年第3期。

魏贺、何颖：《城市创新能力比较分析：以北京和上海为例》，《工业技术创新》2015年第4期。

魏巍、李强、张士杰：《交通基础设施、产业聚集与经济增长——基于省级面板数据的经验研究》，《地域研究与开发》2014年第2期。

吴玉鸣：《大学、企业研发与首都区域创新的局域空间计量分析》，《科学学研究》2006年第6期。

吴跃农：《民营经济在构建"双循环"新发展格局中的新机遇新作为》，《中共南京市委党校学报》2021年第2期。

武英涛、刘艳苹：《习近平新时代区域经济协调发展思想研究》，《上海经济研究》2019年第6期。

夏杰长、刘诚：《迈向2035年：世界经济格局变化和中国经济展望》，《全球化》2022年第1期。

项国鹏、张志超、罗兴武：《利益相关者视角下开拓型制度创业机制研究——以阿里巴巴为例》，《科技进步与对策》2017年第2期。

谢呈阳、胡汉辉、周海波：《新型城镇化背景下"产城融合"的内在机理与作用路径》,《财经研究》2016 年第 1 期。

谢富胜、潘忆眉:《正确认识社会主义市场经济条件下的新型举国体制》,《马克思主义与现实》2020 年第 5 期。

徐梦周:《培育实验室经济引领支撑高质量发展》,《浙江经济》2021 年第 2 期。

徐梦周、曹达:《工业互联网发展新态势及对浙江的实践启示》,《浙江经济》2016 年第 12 期。

徐梦周、胡青:《城市创新区的形成基础与建设路径——基于杭州实践的观察》,《治理研究》2018 年第 6 期。

徐梦周、吕铁:《赋能数字经济发展的数字政府建设:内在逻辑与创新路径》,《学习与探索》2020 年第 3 期。

徐梦周、吕铁:《数字经济的浙江实践:发展历程、模式特征与经验启示》,《政策瞭望》2020 年第 2 期。

徐梦周、王祖强:《创新生态系统视角下特色小镇的培育策略——基于梦想小镇的案例探索》,《中共浙江省委党校学报》2016 年第 5 期。

徐珊、刘笃池、梁彤缨:《大企业创新投入驱动区域产业升级效应研究》,《科学学与科学技术管理》2016 年第 10 期。

徐维祥、陈斌、李一曼:《基于陆路交通的浙江省城市可达性及经济联系研究》,《经济地理》2013 年第 12 期。

薛澜、李宇环:《走向国家治理现代化的政府职能转变:系统思维与改革取向》,《政治学研究》2014 年第 5 期。

杨雪锋、徐周芳:《科技新城产城融合的区位类型、路径选择及政策支持》,《学习与实践》2017 年第 4 期。

姚莲芳:《新城新区产城融合体制机制改革与创新的思考》,《改革与战略》2016 年第 7 期。

袁红英:《新时代中国现代化的理论范式、框架体系与实践方略》,

《改革》2021年第5期。

袁家军：《数字经济引领浙江创新发展》，《浙江经济》2017年第23期。

曾国屏、苟尤钊、刘磊：《从"创新系统"到"创新生态系统"》，《科学学研究》2013年第1期。

曾鹏、李晋轩：《城市创新空间的新发展及其生成机制的再讨论》，《天津大学学报》（社会科学版）2018年第3期。

张大璐：《发挥新型举国体制优势　大力提升科技创新能力》，《宏观经济管理》2020年第8期。

张磊等：《产城融合导向下城市扩张多智能体模型——以天津市为例》，《干旱区地理》2017年第4期。

张立群：《新发展阶段要坚持不懈推动高质量发展》，《人民论坛·学术前沿》2020年第24期

张新、刘德胜、张玉明：《积极还是消极：小微企业社会责任与开放式创新》，《科学学研究》2019年第6期。

赵黎明、李振华：《区域经济发展中的城市创新》，《天津大学学报》（社会科学版）2004年第6期。

郑磊：《开放不等于公开、共享和交易：政府数据开放与相近概念的界定与辨析》，《南京社会科学》2018年第9期。

钟廷顺：《关于高质量发展的逻辑探略》，《农村经济与科技》2021年第22期。

周学武、潘家栋：《浙江助推长三角高质量一体化的机制与路径》，《全国流通经济》2019年第14期。

朱明皓：《关于新型举国体制下的科技创新》，《经济导刊》2020年第4期。

朱永竹：《数字经济的浙江探索和实践》，《中国外资》2022年第8期。

习近平：《中国发展新起点 全球增长新蓝图——在二十国集团工商峰会开幕式上的主旨演讲》，《人民日报》2016年9月4日第3版。

包海波、潘家栋：《拓展高质量发展新空间》，《浙江日报》2018年5月14日。

丁茂战：《以科技自立自强支撑新发展格局》，《经济日报》2021年1月25日第10版。

何立胜：《健全新型举国体制提升创新能力》，《经济日报》2021年1月19日第11版。

康义：《坚持以习近平经济思想为引领推动我国经济高质量发展》，《学习时报》2022年7月6日第1版。

袁家军：《忠实践行"八八战略"坚决做到"两个维护"在高质量发展中奋力推进中国特色社会主义共同富裕先行和省域现代化先行——在中国共产党浙江省第十五次代表大会上的报告》，《浙江日报》2022年6月27日第1版。

欧轩琦：《推动数字经济与实体经济深度融合的路径探索》［EB/OL］，国脉电子政务网，转引自经济参考网，http://www.jjckb.cn/2021-03/10/c_139799679.htm，2021-03-10。

Banister, D. and Berechman, J., *Transport Investment and Economic Development*, London: UCL Press, 2000, pp. 138–139.

Bathelt, H., Malmberg, A. and Maskell, P., "Clusters and Knowledge, Local Buzz, Global Pipelines and the Process of Knowledge Creation", *Druid Working Papers*, Vol. 28, No. 1, 2004, pp. 31–56.

Boamet, M. G., "Spillovers and the Location Effects of Public Infrastructure", *Journal of Regional Science*, Vol. 83, No. 3, 1998, pp. 381–403.

Bruce, J. Katz and Wagner, Julie, "The Rise of Urban Innovation Districts", *Harvard Business Review*, November 12, 2014.

Chatterjee, B. and Mitra, N., "CSR should Contribute to the National Agenda in Emerging Economies-the 'Chatterjee Model'", *International Journal of Corporate Social Responsibility*, Vol. 2, No. 1, 2017, pp. 1 – 11.

Cowen, S. S., Ferreri, L. B. and Parker, L. D., "The Impact of Corporate Characteristics on Social Responsibility Disclosure: A Typology and Frequency-based Analysis, Accounting", *Organizations and society*, Vol. 12, No. 2, 1987, pp. 111 – 122.

Das, D., Sharma, SK., Parti, R., et al., "Analyzing the Effect of Aviation Infrastructure over Aviation Fuel Consumption Reduction", *Journal of Air Transport Management*, No. 57, 2016, pp. 89 – 100.

Dhaliwal, D. S., Li, O. Z. and Tsang, A., "Voluntary Nonfinancial Disclosure and the Cost of Equity Capital: The Initiation of Corporate Social Responsibility Reporting", *The Accounting Review*, Vol. 86, No. 1, 2011, pp. 59 – 100.

Fombrun, C. J. and Gardberg, N., "Who's Tops in Corporate Reputation?", *Corporate Reputation Review*, No. 5, 2000, pp. 13 – 17.

Garman, G., Petersen, J. and Gilliard, D., "Economic Integration in the Americas: 1975 – 1992", *Journal of Applied Business Research*, Vol. 14, No. 3, 2011, pp. 1 – 12.

Gil-Garcia, J. Ramon, Sharon, S. Dawes, Theresa, A. Pardo, "Digital Government and Public Management Research: Finding the Crossroads", *Public Management Review*, Vol. 20, No. 5, May 2018, pp. 633 – 646.

Ioannou, I. and Serafeim, G., "The Impact of Corporate Social Responsibility on Investment Recommendations: Analysts' Perceptions and Shifting Institutional Logic", *Strategic Management Journal*, Vol. 36, No. 7, 2015, pp. 1053 – 1081.

Janowski, Tomasz, "Digital Government Evolution: From Transformation to Contextualization", *Government Information Quarterly*, Vol. 32, No. 3, July 2015, pp. 221 – 236.

Kaiser, P., Prange, H., "Managing Diversity in a System of Multi-level Governance: The Open Method of Co-ordination in Innovation Policy", *Journal of European Public Policy*, No. 4, 2004, pp. 249 – 266.

Kim, Y., "Corporation Social Responsibility (CSR) Driven Innovation", *Post-Print*, No. 4, 2011, p. 36.

Klein, J. and Dawar, N., "Corporate Social Responsibility and Consumers' Attributions and Brand Evaluations in a Product-harm Crisis", *International Journal of Research in Marketing*, Vol. 21, No. 3, 2004.

Liu, D. X., "Analysis on the Reconstruction of Management Accounting Framework from the Angle of Corporate Social Responsibility", 3rd International Conference on Social Science and Technology Education (ICSSTE 2017), 2017, pp. 318 – 322.

Luo, X. and Bhattacharya, C. B., "Corporate Social Responsibility, Customer Satisfaction, and Market Value", *Journal of Marketing*, Vol. 70, No. 4, 2006, pp. 1 – 18.

Mahoney, L. S. and Thorne, L., "Corporate Social Responsibility and Long-term Compensation: Evidence from Canada", *Journal of Business Ethics*, Vol. 57, No. 3, 2005, pp. 241 – 253.

Martono, A., "Good Governance and Pro-Active Implementation of Corporate Social Responsibility in Indonesia", International Conference on Ethics in Governance (ICONEG 2016), 2017, pp. 212 – 216.

Stiglitz, J. E. and Weiss, A., "Credit Rationing in Markets with Imperfect Information", *The American Economic Review*, Vol. 71, No. 3, pp. 393 – 410.

Taylor, P. J. and Hoyler, M., "The Spatial Order of European Cities under Conditions of Contemporary Globalization", *Tijdschrift voor Economische en Sociale Geografie*, Vol. 91, No. 2, 2000, pp. 176 – 189.

Vance, "Are Socially Responsible Corporations Good Investment Risks?", *Academy of Management Review*, Vol. 64, No. 8, 1975, pp. 18 – 24.

Wareham, J., Fox, P. B., Cano Giner J. L., "Technology Ecosystem Governance", *Organization Science*, Vol. 25, No. 4, 2014, pp. 1195 – 1215.

Zhang, M. Q., "The Impact of Female Leaders on Corporate Social Responsibility Performance On the Basis of Feminine Ethics of Care", *International Journal of Education and Management*, Vol. 6, No. 2, 2017, pp. 4 – 20.

后　　记

改革开放四十多年来，浙江经济社会快速发展，尤其是近二十年来，浙江沿着"八八战略"所指引的路子前进，高质量发展走在了时代前列。浙江省第十五次党代会明确提出共同富裕先行和省域现代化先行，这是对中国式现代化道路的有益探索，为浙江未来发展指明了方向。[①] 浙江高质量发展为走好中国式现代化道路提供了先行探索经验，也为共同富裕先行和省域现代化先行奠定了扎实基础。

本书基于前期研究成果，在探讨高质量发展和中国式现代化道路逻辑关系的基础上，梳理和总结了浙江高质量发展的实践及成效，包括坚持创新核心地位、构建现代产业体系、持续壮大民营经济、构建新型生产空间及具有竞争力的制度体系等。本书部分理论研究成果已经刊发于《光明日报》《科学学研究》《中国软科学》《学习与探索》《科技进步与对策》《宏观质量研究》等国内权威期刊，部分观点被《新华文摘》和人大复印报刊资料等转载；部分政

---

① 袁家军：《忠实践行"八八战略"坚决做到"两个维护"在高质量发展中奋力推进中国特色社会主义共同富裕先行和省域现代化先行——在中国共产党浙江省第十五次代表大会上的报告》，《浙江日报》2022年6月27日第1版。

策研究成果提交相关职能部门，并多次获得国家领导人、省部级领导等肯定性批示，具有理论价值和实践意义。

作者在书稿完成过程中，得到了所在单位中共浙江省委党校及专家学者的大力支持。感谢浙江省委党校对书稿出版所做出的贡献；感谢中国社科院吕铁教授，浙江省委党校胡承槐教授、王祖强教授、包海波教授、刘力锐教授、陈锦其副教授、胡青副教授、杨大鹏博士、周梦天博士等专家学者对本书撰写及前期成果的助力；感谢卢慧航、朱永竹、储昊东、胡嘉妍等研究生所做的基础工作。

本书虽然探讨了高质量发展与中国式现代化道路的内在联系，较为全面系统地总结了浙江高质量发展的实践及对于中国式现代化道路的探索，但不论是高质量发展还是中国式现代化道路，都是系统性工程。同时，浙江对于高质量发展的实践及中国式现代化道路的探索是动态过程且正在不断推进，浙江省第十五次党代会明确提出了"八个高地""十个着力"，已经开启了未来发展的新篇章。由于本书已完成终稿，付梓在即，对于这些问题未能完全穷尽，敬请学术界和实务界的同仁提出宝贵意见，为作者后续研究提供更为广阔的思路和方向。

作者

2022 年 8 月